Leonard und Virginia Woolf heirateten im August 1912; ihre Ehe dauerte beinahe dreißig Jahre, und in diesem Zeitraum erschienen ihre großen Romane, die Erzählungen, Kritiken und Essays. Ein authentisches Zeugnis vom Leben und Schreiben Virginia Woolfs vermittelt die Autobiographie ihres Mannes, auf der dieser Band basiert. Er beginnt mit dem Jahr 1911, als Leonard Woolf aus dem Kolonialdienst aus Ceylon zurückkehrt, und endet 1941, dem Jahr von Virginias Freitod. Leonard Woolf berichtet von ihrer Familie, ihren Freunden und der berühmten Bloomsbury Group sowie von der Gründung ihres eigenen Verlages, der Hogarth Press. Seine Erinnerungen fügen dem Bild der Schriftstellerin wichtige biographische Einzelheiten hinzu und sind das Zeugnis eines liebenswerten, klugen und mutigen Mannes, der ihr immer wieder die Kraft gab, ihre Depressionen zu überwinden und ihre schriftstellerische Arbeit wieder aufnehmen zu können. Ihm gehörte ihr ganzes Vertrauen, und so schreibt sie denn auch in ihrem Abschiedsbrief: »Du weißt, daß ich alles Glück in meinem Leben nur Dir verdanke.«

Leonard Woolf, 1880–1969, absolvierte eine akademische Laufbahn in Cambridge und arbeitete sieben Jahre als Kolonialbeamter in Ceylon. Nach seiner Rückkehr heiratete er 1912 Virginia Stephen. Über seine Erfahrungen in Ceylon schrieb er den Roman ›Das Dorf im Dschungel‹ (Fischer Taschenbuch Bd. 5849), zahlreiche Bücher zu historischen, politischen und literarischen Themen folgten. Seine fünfbändige Autobiographie erschien in den Jahren zwischen 1960 und 1969.

INHALTSVERZEICHNIS

Internetseiten:
- daswort.tv
- joelmedia.de
- defacto.media
- christlicheressourcen.com

Vorbemerkung

Leonard Woolf wurde 1880 als eines von neun Kindern des jüdischen britischen Kronanwalts Sydney Woolf geboren. Bis zum Tode seines Vaters im Jahre 1892 führte die Familie ein großes Haus in Kensington mit zahlreichen Dienstboten und Erziehern für die Kinder. Sydney Woolf ließ seine Familie ohne ausreichende Mittel zurück, so daß sich der aufwendige Lebensstil nicht fortführen ließ. Mit Hilfe von Stipendien besuchte Leonard Woolf die St. Paul's School und später das Trinity College in Cambridge. Hier schloß er sich dem Kreis um Lytton Strachey, Saxon Sydney-Turner und Thoby Stephen an. Diese Freunde führten ihn in die Kreise der intellektuellen Aristokratie Englands ein. Über Lytton Strachey wird Leonard Woolf zum sonntäglichen Tee bei Lady Strachey gebeten, bei Thoby Stephen trifft er dessen Vater Leslie Stephen, den eindrucksvollen Herausgeber des *Dictionary of National Biography*.

Über Thoby Stephen lernte er auch dessen Schwestern Vanessa und Virginia Stephen, seine spätere Frau, kennen. Schon bei ihrer ersten Begegnung – Vanessa und Virginia Stephen besuchten unter der Obhut ihrer Tante Katherine ihren Bruder im College – ist er von der außerordentlichen Schönheit der beiden Schwestern tief beeindruckt:

»Sie trugen weiße Kleider, große Hüte und Sonnenschirme in der Hand, und ihre Schönheit verschlug einem buchstäblich den Atem. Man war wie vom Blitz getroffen, und alles, einschließlich des Atems, kam für eine Sekunde ins Stocken. Vergleichen kann man das nur mit dem Moment, in dem man in einem Museum plötzlich vor einem großen Rembrandt oder Velasquez steht ...«

Der Besuch von zwei jungen Damen in einem englischen College war im Jahre 1901 an sich schon nicht üblich. Selbst wenn sie nur ihren Bruder besuchten, war das ohne Anstandsdame – in diesem Fall Tante Katherine – völlig undenkbar. Leonard Woolf erkannte bei den Stephen-Schwestern die berühmte und vielfach portraitierte weibliche Schönheit der Pattle-Schwestern, ihrer Vorfahren mütterlicherseits, vereinigt mit dem charaktervollen Äußeren der Stephens:

»Als ich sie kennenlernte, waren sie junge Frauen von erstaunlicher Schönheit, aber sie hatten nichts von der Lieblichkeit einer fromm-schmachtenden Puppe an sich, die für einige ihrer weiblichen Vorfahren so typisch war. Sie waren ebenso Stephens wie Pattles. Als Mann konnte man gar nicht anders als sich in sie zu verlieben, und ich glaube, ich tat es sofort.«

Der Abschluß seiner Studien trennte Leonard Woolf für längere Zeit von seinen Freunden aus Cambridge und damit auch von den Schwestern Stephen. Seine Noten waren so mittelmäßig, daß er sich für den Staatsdienst in Ceylon bewarb. Mit den Miniaturausgaben der Oxford Press von Shakespeare und Milton in vier Bänden, einer Voltaire-Ausgabe in neunzig Bänden aus dem 18. Jahrhundert und einem Drahthaar-Foxterrier bestieg er im Oktober 1904 den Zug nach Tilbury Docks, um von dort aus nach Ceylon zu fahren. Dort lebte er sechseinhalb Jahre, während für seine Studienfreunde in London das begann, »was später Bloomsbury genannt wurde«. In seinem Roman *Das Dorf im Dschungel* beschrieb er seine Erfahrungen in diesen sechseinhalb Jahren.

F. G.

Am 24. Mai 1911, einem Mittwoch, verließ ich nach sechseinhalb Jahren Staatsdienst Ceylon. Ich hatte ein Jahr Urlaub. Ich reiste auf der *Staffordshire*, zusammen mit meiner Schwester Bella, die R. H. Lock geheiratet hatte, den Stellvertretenden Direktor des Botanischen Gartens Peradeniya. Siebzehn Tage später, am Samstag den 10. Juni, erreichten wir Marseille. Es war eine langweilige und ziemlich trübselige Reise gewesen. Ich mag Reisen, die in die Zukunft hinausführen, in das Unbekannte, oder zu einem erweiterten Horizont. Dadurch sind alle Heimreisen irgendwie deprimierend, selbst wenn man ein Jahr Urlaub hat und ganz ungeduldig ist, anzukommen und wieder daheim zu sein. Man kehrt zu dem zurück, was man kennt – der Horizont verengt sich. Ich glaube, daß an diesem Mittwoch, dem 24. Mai 1911, meine Jugend gewissermaßen zu Ende ging: Obwohl ich schon einunddreißig Jahre alt war, war ich ein junger Mann, als ich Colombo verließ, aber leicht mittelalt, als ich in Marseille ankam.

Natürlich war es seltsam und aufregend, in Marseille die Straßen entlangzugehen. Was uns auf den ersten Blick an Europa am meisten verblüffte und entzückte, waren die Läden voll von Pralinen aller Art; auf der langen Zugreise nach Paris aßen wir sie unentwegt. An das Frankreich und Europa meiner Heimreise erinnere ich mich nicht, nur an diese Pralinen. Als wir in Folkestone von Bord gingen, holten uns meine Brüder Herbert und Edgar ab – sie waren in den sechseinhalb Jahren für mich Fremde geworden. Und als wir in Charing Cross ein Taxi bestiegen und über den Trafalgar Square fuhren, spürte ich sofort am Pulsieren des Straßenverkehrs, daß ich in eine veränderte Welt zurückgekehrt war. Die Welt der altmodischen Droschken und der Hansoms, die ich 1904 verlassen hatte, gab es nicht mehr. Ich kam mir in dem Augenblick wie ein Relikt aus einem langsameren Zeitalter vor, denn das Leben, in das ich eintauchte, als ich die Bahnstation Charing Cross verließ, hatte ein deutlich höheres Tempo und war lauter, als ich es gewohnt war. Ich betrachtete es mit Vorsicht, Zurückhaltung und einer gewissen Melancholie.

Wir fuhren nach Putney hinaus; es war ein Londoner Sommernachmittag mit dem herrlichsten Sonnenschein – 1911 war eins dieser seltenen Jahre: Ein endloser Sommer über Wiesen ohne Schlangen, ein Sommer, der im frühen Frühling begonnen hatte und erst im Spätherbst sanft erlosch. Als ich 1904 in Colombo gelandet und durch die Sonne zwischen fremden Sehenswürdigkeiten, Geräuschen und Gerüchen Asiens zum Sekretariat gegangen war, um meine Ankunft zu melden, war es mir vorgekommen, als ob mein ganzes vergangenes Leben in London und Cambridge plötzlich verschwunden wäre, sich in Unwirklichkeit aufgelöst hätte. Und doch waren Colombo und ich, als ich durch seine staubigen Straßen wanderte, nie ganz und gar wirklich gewesen. Damals, und während all meiner Jahre in Ceylon, fühlte ich eine gewisse Unwirklichkeit, als ob ich mich selbst aus dem Augenwinkel beobachtete, wie ich eine Rolle spielte. Das Merkwürdige an meiner Rückkehr nach England war, daß ich, als ich von Charing Cross durch das motorisierte, gepflasterte, sonnige London nach Putney fuhr, fast genau dasselbe fühlte, wie sieben Jahre zuvor in Colombo. Mein Leben in Ceylon, in Jaffna, Kandy und Hambantota, verschwand in die Unwirklichkeit, aber London und ich selbst, der ich durch seine häßlichen Straßen fuhr, waren noch nicht in die sichere Realität zurückkehrt. Aus dem Augenwinkel schien ich mich wieder zu beobachten, wie ich erneut eine Rolle in demselben komplizierten Stück spielte, aber vor einem neuen Hintergrund und mit anderen Schauspielern und vor einem anderen Publikum.

Ich war als introspektiver Intellektueller geboren, und wer – ob Mann oder Frau – von Natur aus der Selbstbeobachtung verfallen ist, gewöhnt sich im Alter von fünfzehn oder sechzehn Jahren an, sich selbst oft sehr intensiv als »Ich« und gleichzeitig aus dem Augenwinkel heraus als »Nicht-Ich« zu empfinden, als einen Fremden, der auf der Bühne eine Rolle spielt. Von einem Augenblick zum anderen kommt es mir oft vor, als ob mein Leben und das Leben um mich herum unmittelbar und außerordentlich konkret wären, und als ob zugleich etwas absurd Unwirkliches daran wäre, weil ich es nicht lassen kann, mir selbst dauernd dabei zuzusehen, wie ich meine Rolle auf einer Bühne spiele. Das ist das Ergebnis, wenn man sich selbst objektiv betrachtet, und es hat eine seltsame psychologische Auswirkung; es hilft einem, glaube ich, mit einiger Gleichmut sowohl die Übel, unter denen man leidet als auch die, von denen man nichts weiß, zu ertragen. Wenn man sich selbst objektiv zu betrachten beginnt, merkt man bald, daß das, was für einen subjektiv so ungeheuer wichtig ist, für das objektive Selbst reichlich belanglos ist.

So kam es, daß ich mir, als ich am Sonntag, dem 11. Juni 1911, gegen vier Uhr nachmittags nach Putney hinausfuhr, in der Fulham Road plötzlich abermals einer Art Spaltung meiner Persönlichkeit bewußt wurde, der Spaltung in mein wirkliches Ich, das in dem Taxi saß und mit meiner Schwester Bella und meinen Brüdern Herbert und Edgar sprach, und das andere Ich, das schon eine neue Rolle im ersten Akt, erste Szene eines ziemlich neuen Stücks zu spielen begonnen hatte. Heute, einundfünfzig Jahre danach, im Juni 1962, spiele ich noch immer meine Rolle in jenem Stück.

Als wir unser Ziel, das Haus in der Colinette Road in Putney, erreichten, war diese Mischung von Wirklichkeit und Unwirklichkeit, von Vertrautheit und Fremdheit, bestürzend. Dies war das Haus, in das meine Mutter mit ihren neun Kindern vor zwanzig Jahren umsiedelte, als wir nach dem Tod meines Vaters über Nacht vergleichsweise arm geworden waren. Es war das Haus, von dem aus ich sieben Jahre zuvor nach Ceylon aufgebrochen war. Oberflächlich hatte sich in dem Haus, dem Garten und an seinen Bewohnern wenig geändert – sie waren nur älter geworden. Die Möbel im Haus, der Birnbaum im Garten, meine Mutter, meine Brüder und Schwestern und ich selbst waren alle 20 Jahre älter. Da waren wir also, alle zehn, alle um denselben Eßtisch versammelt wie sieben Jahre zuvor und siebzehn Jahre zuvor. Nur die Katze und der Hund fehlten, sie lebten nicht mehr, und Agnes, das Hausmädchen, hatte sich nach fünfundzwanzig Jahren »Dienst« zur Ruhe gesetzt. Ich spürte eine leichte Klaustrophobie. Nach dem endlosen Dschungel, den großen Lagunen, dem gewaltigen Meer, das unterhalb meines Bungalows an die Küste schlug, den großen, offenen, fensterlosen Räumen in Hambantota hatte ich das Gefühl, daß die Wände des Eßzimmers in Putney mich bedrängten, die Decke mich niederdrückte und die Vergangenheit und zwanzig Jahre auf mich einstürzten. Ich ging ein bißchen deprimiert ins Bett.

Während der nächsten paar Tage hielt eine leichte Niedergeschlagenheit an. Trotz einiger Befürchtungen – ich wußte nicht, was mich dort erwartete – beschloß ich, wieder in das Cambridger Leben einzutauchen.

Drei Tage nach meiner Ankunft in Putney nahm ich den Zug nach Cambridge, um Lytton Strachey zu besuchen, der eine Wohnung an der King's Parade gemietet hatte. Es war ein großartiges Wiedersehen. Ich speiste am High Table im Trinity, ich suchte McTaggart und Bertrand Russell auf, und ich spielte Boule in Fellow Bowling Green mit G. H. Hardy, einem bemerkenswerten Mathematiker, der Professor in Oxford wurde und einer der seltsamsten und bezauberndsten Menschen war. Ich besuchte meinen Bruder Cecil, der im Trinity war und später dort Dozent wurde, und Walter Lamb, den späteren Sekretär der Royal Academy, sowie Francis Birrell. Am Samstag aß ich mit Lytton und Rupert Brooke zu Abend, und hinterher gingen wir zu einer Versammlung der »Society«...

Lytton und Rupert, Bertie Russell und Hardy, Sheppard und Goldie [G. Lowis Dickinson] in der »Society« am Samstagabend – all dies war nach drei Jahren Hambantota ein wundervolles Eintauchen. Erst im Zug zurück nach London tauchte ich atemlos und ein bißchen benommen wieder auf. Gleichzeitig spürte ich eine Art beruhigender Wärme. Ich hatte das Wochenende genossen. Cambridge und Lytton und Bertie Russell und Goldie, die Society und der Great Court von Trinity, Hardy und Bowling – all die ewigen Werte und Wahrheiten meiner Jugend –, es gab sie noch genauso, wie ich sie sieben Jahre zuvor zurückgelassen hatte. Obwohl ich frisch vom Strand von Jaffna und Hambantota und der Kiplingschen Anglo-Indischen Gesellschaft Ceylons kam, sah ich, daß ich noch immer ein Sohn von Trinity und King's College war, ein Cambridger Intellektueller. Meine Jahre in Ceylon hatten ein Übriges zu meiner Verschlossenheit und Zurückhaltung beigetragen, aber ich hatte keine Schwierigkeiten, die Fäden der Freundschaft oder Verständigung mit Lytton und den anderen da wieder aufzunehmen, wo ich sie 1904 durchtrennt hatte.

Als ich aus Cambridge zurück war, widmete ich mich eifrig all den Vergnügungen des Londoner Lebens und den alten Freundschaften. Ich suchte Leopold Campbell auf, der jetzt Pfarrer war, und Harry Gray, inzwischen ein erfolgreicher Chirurg, und Saxon, jetzt Beamter im Finanzministerium. Ich sah mir das russische Ballett an, Shaws *Fannys erstes Stück*, *La Traviata* und die Tänzerin Adeline Genee im Coliseum. Ich ging zum Corona-Club-Dinner, wo ich viele Verwaltungsbeamte aus Ceylon traf, unter ihnen J. P. Lewis. Am nächsten Abend ging ich zum Society-Dinner, wo ich zwischen Lytton und Maynard Keynes saß und Moore und Desmond MacCarthy wiedersah. Und alles das innerhalb von vierzehn Tagen. Dann, am Montag, dem 3. Juli, nur drei Wochen, nachdem ich in England angekommen war, war ich zum Dinner beim Vanessa und Clive Bell am Gordon Square. Während des Essens war ich mit ihnen allein, aber später kamen Virginia, Duncan Grant und Walter Lamb dazu. Das war, soweit ich das beurteilen kann, der Anfang dessen, was später »Bloomsbury« genannt wurde.

»Bloomsbury« hat nie in der Form existiert, wie es die Außenwelt gesehen hat. Denn »Bloomsbury« war und wird noch immer benutzt als – meist herabsetzend gemeinte – Bezeichnung für eine im wesentlichen imaginäre Gruppe von Leuten mit im wesentlichen imaginären Zielen und Eigentümlichkeiten. Ich gehörte zu dieser Gruppe und auch zu der kleinen Zahl von Menschen, die schließlich tatsächlich eine Art

Freundeskreis in oder um diesen Londoner Bezirk Bloomsbury herum bildeten. Auf diesen Kreis kann der Name Bloomsbury mit Recht angewendet werden, und das wird er auch auf diesen Seiten. Bloomsbury in diesem Sinne gab es 1911, als ich aus Ceylon heimkehrte, noch nicht; das entstand erst in den drei Jahren von 1912 bis 1914. Wir selbst benutzten diesen Namen für uns, bevor es die Außenwelt tat, denn in den zwanziger und dreißiger Jahren, als eine jüngere Generation heranwuchs und heiratete und die ersten aus unserer Generation bereits starben, pflegten wir von »Old Bloomsbury« zu sprechen und meinten damit die ursprünglichen Mitglieder unseres Freundeskreises, die zwischen 1911 und 1914 in und um Bloomsbury herum wohnten.

Old Bloomsbury umfaßte folgende Personen: Die drei Stephens, Vanessa, mit Clive Bell verheiratet, Virginia, die Leonard Woolf heiratete, und Adrian, der Karin Costello heiratete; Lytton Strachey; Clive Bell; Leonard Woolf; Maynard Keynes; Duncan Grant; E. M. Forster (von dem ich in diesem Buch als von Morgan Forster oder Morgan sprechen werde); Saxon Sydney-Turner; Roger Fry. Desmond MacCarthy und seine Frau Molly wohnten zwar eigentlich in Chelsea, wurden aber von uns immer als Mitglieder von Old Bloomsbury betrachtet. In den zwanziger und dreißiger Jahren, als Old Bloomsbury erst schrumpfte und sich dann zu einem neueren Bloomsbury erweiterte, es verlor Lytton und Roger durch Tod, dafür kamen Julian, Quentin und Angelica Bell dazu, und David (Bunny) Garnett, der Angelica heiratete.*

---

* Es gibt einen Beleg für diese chronologische Unterscheidung. Es gab da etwas, das wir den Memoirenclub nannten, das heißt, wir trafen uns von Zeit

An jenem Montagabend, dem 3. Juli 1911, als ich mit Vanessa und Clive Bell am Gordon Square speiste, bestand dieses Bloomsbury in Wirklichkeit noch nicht. Der Grund dafür lag in der Geographie. Zu der Zeit wohnten nur Vanessa und Clive und Saxon in Bloomsbury. Virginia und Adrian lebten am Fitzroy Square und Duncan in einer Mietwohnung in der Nähe. Roger wohnte in einem Haus außerhalb von Guildford, Lytton in Cambridge und Hampstead, Morgan Forster in Weybridge, Maynard Keynes als Dozent am King's College in Cambridge. Ich kam aus Ceylon zu Besuch. Zehn Jahre später, als Old Bloomsbury bestand, wohnten Vanessa, Clive, Duncan, Maynard, Adrian und Lytton alle am Gordon Square, Virginia und ich am Tavistock Square, Morgan am Brunswick Square, Saxon in der Great Ormond Street, Roger in der Bernard Street. Damit wohnten wir alle in Bloomsbury, nur wenige Minuten Fußweg voneinander entfernt.

Ich will in diesem Buch nicht eine Geschichte Bloomsburys in irgendeiner seiner Gestalten oder Ausformungen, ob real oder imaginär, schreiben und werde nach diesen paar Seiten kaum noch etwas dazu sagen. Ich versuche meine Autobiographie zu schreiben, einen wahrhaftigen Bericht meines Lebens im Zusammenhang mit den Zeiten und der Gesellschaft, in denen ich lebte, mit der Arbeit, die ich tat, und mit den Menschen – engen Freunden, Bekannten, Persönlichkeiten des öffentlichen Lebens. Die zwölf, die ich als Mitglieder von Old Bloomsbury benannt habe, haben großen Einfluß auf mein

zu Zeit und lasen jeder ein Kapitel oder so aus unserer Autobiographie vor. Die ursprünglichen dreizehn Mitglieder des Memoirenclubs waren die oben genannten dreizehn Mitglieder von Old Bloomsbury. Zwanzig Jahre später gehörten die vier Jüngeren dazu.

Leben gehabt. Mein Bericht über die zehn, zwölf Jahre nach meiner Rückkehr aus Ceylon wird zwangsläufig zeigen, wie es kam, daß wir uns an diesen nostalgischen Londoner Plätzen trafen, und welchen Charakter unsere Zusammenkünfte hatten.

Dabei gibt es noch ein paar Tatsachen über uns, die ich herausstellen möchte, bevor ich in meiner Erzählung fortfahre. Wir waren und blieben vor allem und grundsätzlich immer eine Gruppe von Freunden. Unsere Wurzeln und die Wurzeln unserer Freundschaft gründeten in der Universität Cambridge. Von den dreizehn oben genannten Personen waren drei Frauen und zehn Männer; von den zehn Männern waren neun in Cambridge gewesen, und wir alle, außer Roger, waren mehr oder weniger gleichzeitig in Trinity und im King's gewesen und waren enge Freunde, bevor ich nach Ceylon ging.

Es haben sich oft Gruppen zusammengeschlossen, Schriftsteller oder Künstler, die nicht nur miteinander befreundet waren, sondern die sich bewußt auf Grund gemeinsamer Grundsätze und Ziele oder künstlerischer oder sozialer Absichten vereint haben. Die Utilitarier, die Lake-Poets, die französischen Impressionisten oder die englischen Präraffaeliten waren solche Gruppen. Unsere Gruppe war ganz anders. Ihr Fundament war die Freundschaft, aus der bei einigen Liebe und Ehe wurde. Die Färbung unseres Fühlens und Denkens war uns durch das Klima von Cambridge und Moores Philosophie vermittelt worden, so wie das Klima Englands dem Gesicht des Engländers eine Färbung, das Klima Indiens aber dem Gesicht des Tamilen eine ganz andere Farbe gibt. Wir hatten keine gemeinsame Theorie, kein System und keine Prinzipien, zu denen wir die Welt bekehren wollten; wir waren keine

Proselytenmacher, keine Missionare, Kreuzfahrer oder auch nur Propagandisten. Natürlich schuf Maynard das System oder die Theorie der Keynesschen Nationalökonomie, die eine starke Wirkung auf Theorie und Praxis von Wirtschaft, Finanzwesen und Politik hatte, und Roger, Vanessa, Duncan und Clive spielten eine wichtige Rolle als Maler oder Kritiker bei dem, was man als postimpressionistische Bewegung bezeichnet. Aber Maynards Kreuzzug für die Keynessche Ökonomie und gegen die Orthodoxie der Banken und akademischen Volkswirtschaftler, und Rogers Kreuzzug für den Postimpressionismus und die »signifikante Form« und gegen die Orthodoxie der akademischen »gegenständlichen« Maler und Ästhetiker waren ebenso rein individuell wie Virginias Buch *Die Wellen* – sie hatten nichts mit irgendeiner Gruppe zu tun. Es gab so wenig eine gemeinsame Beziehung zwischen Rogers *Critical and Speculative Essays on Art* und Maynards *Allgemeiner Theorie der Beschäftigung, des Zinses und des Geldes* und Virginias *Orlando* wie zwischen Benthams *Prinzipien der Gesetzgebung* und Hazlitts *Principal Picture Galleries in England* und Byrons *Don Juan*.

Ich komme jetzt auf den Abend des 3. Juli 1911, einem Montag, zurück. In Cambridge hatte ich während meines Wochenendes das beruhigende Vergnügen gehabt, die Menschen und Dinge, Wahrheiten und Werte unverändert und unveränderlich vorzufinden, denen ich die Liebe und Loyalität meiner Jugend gewidmet hatte. Am Gordon Square kam ich dagegen in eine Gesellschaft, die sich in diesen Jahren vollkommen verändert hatte, in der ich mich aber sofort und vollkommen zu Hause fühlte. Nichts ist alberner als das Prinzip, daß man in seinen Gefühlen und Vorlieben und Abneigungen widerspruchsfrei sein müßte. Wo es um Geschmack geht, gilt das Gesetz des Widerspruchs nicht. Es ist absurd, zu glauben, daß die Liebe zu Katzen oder rotem Bordeaux Grund oder Entschuldigung dafür wäre, Hunde oder Burgunder nicht zu lieben. Deshalb macht mir die beruhigende Feststellung, daß sich nichts geändert hat, genauso viel Vergnügen, wie die erregende Tatsache, daß alles neu ist.

Es hatte tatsächlich eine tiefgreifende Umwälzung am Gordon Square stattgefunden. Ich hatte 1904, wenige Tage, bevor ich England verließ, mit Thoby und seinen Schwestern, den beiden Miß Stephen, am Gordon Square 46 zu Abend gegessen. Als ich jetzt, sieben Jahre später, in den gleichen Räumen zum ersten Mal Vanessa, Virginia, Clive, Duncan und Walter Lamb wiedersah, stellte ich fest, daß ungefähr das einzige, was sich nicht verändert hatte, die Möbel und die außerordentliche Schönheit der beiden Miß Stephen waren. Vanessa war, glaube ich, im allgemeinen schöner zu nennen als Virginia. Ihre Züge waren vollkommener, ihre Augen größer und schöner, ihr Teint strahlender. Wenn Rupert der Adonis einer Göttin war, so hatte Vanessa in den Dreißigern etwas von der Herrlichkeit, die Adonis gesehen haben muß, als die Göttin plötzlich vor ihm stand. Auf viele Menschen wirkte sie eindrucksvoll und einschüchternd, denn sie trug etwas von drei Göttinnen in sich, wobei ihr Gesicht mehr von Athene und Artemis ausstrahlte als von Aphrodite. Ich selbst habe sie nie als einschüchternd empfunden, einerseits weil sie die schönste Stimme hatte, die ich je gehört habe, zum anderen wegen ihrer Gelassenheit und Ruhe. (Die Gelassenheit war ein bißchen aufgesetzt; sie reichte nicht in die Tiefe ihres Gemüts, in der auch eine außerordentliche Sensibilität, eine nervöse Spannung lag, die eine gewisse Ähnlichkeit mit der seelischen Labilität Virginias hatte.) Die eigenartige Kombination von großer Schönheit und weiblichem Charme, verbunden mit einer Art Versteinerung ihres Wesens und dem sarkastischen Humor, machten sie zu einer faszinierenden Persönlichkeit.

Trotz der großen Familienähnlichkeit zwischen den Schwestern war Virginia ein ganz eigener Typ. Auf den ersten Blick erschien sie weniger schön als Vanessa. Wenn es ihr gut ging, sie unbesorgt, vergnügt, amüsiert und angeregt war, leuchtete ihr Gesicht in beinahe ätherischer Schönheit. Außergewöhnlich schön war sie auch, wenn sie in aller Ruhe in ein Buch vertieft, lesend oder nachdenkend dasaß. Aber der Ausdruck, ja sogar ihre Gesichtszüge änderten sich mit außerordentlicher Schnelligkeit, wenn sich die Schatten der geistigen Anspannung abzeichneten, wenn Krankheit oder Sorgen sie aufwühlten. Sie war dann noch immer schön, aber ihre Angst und ihre Qual machten selbst die Schönheit quälend.

Virginia ist der einzige Mensch, den ich gut gekannt habe, der die Eigenschaft hatte, die man Genie nennen muß. Genie deshalb, weil bei ihr der geistige Prozeß gänzlich anders als der gewöhnlicher oder normaler Menschen zu sein scheint, und auch anders als die normalen geistigen Abläufe der ungewöhnlichen Menschen. Virginia hatte große Freude an gewöhnlichen Dingen, wie Essen, Spazierengehen, Gespräche, Einkaufen, Boule-Spielen, Lesen. Sie mochte alle Arten alltäglicher Menschen, und kam gut mit ihnen aus, sobald sie sich gut genug kannten. (Fremden gegenüber zeigte sie eine merkwürdige Schüchternheit, die sich oft auf diese übertrug.) Im alltäglichen Leben und Umgang mit anderen sprach, dachte und handelte sie im großen und ganzen genauso wie diese, obwohl sie seltsamerweise etwas umgab, eine unbestimmte Aura, die sie in den Augen »gewöhnlicher« Menschen oft sonderbar erscheinen ließ.

In unserem Leben gab es ein wunderliches, häufiger auftretendes Beispiel dafür, das ich stets aufs neue mit Verblüffung bemerkte. Wenn man durch London oder irgendeine andere große europäische Stadt geht, trifft man ab und zu auf Menschen, vor allem Frauen, die bei näherem Hinsehen unbeschreiblich lächerlich wirken. Ob sie dick sind oder dünn, mittleren Alters oder älter, es sind Frauen, die die übertriebene Mode ihrer Zeit, die ohnehin nur wenige, hübsche junge Dinger tragen können – und auch das nicht immer –, noch weiter übertreiben. Sie sind komische und alberne Karikaturen weiblichen Charmes. Virginia war dagegen für jeden Geschmack eine sehr schöne Frau, und viele Menschen würden auf sie die etwas dubiose Beschreibung »von bemerkenswertem Aussehen« angewendet haben; dazu hatte sie, wie ich finde, einen Sinn für hübsche, wenn auch ausgefallene Kleider. Und doch muß in ihrer Erscheinung etwas gewesen sein, das den meisten auf der Straße sonderbar und lächerlich vorkam. Ich gehöre zu den Menschen, die überall in der Menge untergehen. Selbst in einer fremden Stadt im Ausland, wo ich anders gekleidet bin als die Einwohner bemerkt mich niemand, und ich gehe auf den ersten Blick in Barcelona für einen Spanier und in Stockholm für einen Schweden durch. Aber in Barcelona wie in Stockholm würden neun von zehn Menschen Virginia anstarren oder sogar stehenbleiben und sie anstarren. Und nicht nur im Ausland, selbst in England blieben sie stehen und starrten und stießen einander an – »Sieh dir die an!« –, selbst in Piccadilly oder Lewes High Street, wo kaum jemand beachtet wird. Sie blieben nicht nur stehen und sahen ihr nach und stießen einander an; irgend etwas war an Virginia, das sie lächerlich fanden; eine groteske weibliche Karikatur, die die Menge als gewöhnlich akzeptiert hatte, brach beim Anblick Virginias sogar in Gelächter aus. Ich habe nie genau begriffen, was der Anlaß für dieses Gelächter war. Es konnte auch nur zum Teil daran liegen, daß ihre Kleider nie ganz so aussahen wie die Kleider anderer. Auch hing es wohl damit zusammen, daß etwas Sonderbares und Beunruhigendes und damit für viele Menschen Lächerliches in ihrer Erscheinung lag; in der Art, wie sie ging – oft schien sie an etwas ganz anderes zu denken –, wenn sie etwas schleppend im Schatten eines Traumes die Straße entlanglief. Ob es alte Vetteln oder strahlende junge Dinger waren, sie konnten sich das Lachen oder Kichern nicht verkneifen.

Dieses Gelächter auf der Straße quälte sie. Sie hatte eine fast krankhafte Angst davor, angeschaut zu werden, und noch mehr davor, photographiert zu werden. Deshalb gibt es so wenige Photographien von ihr, auf denen sie natürlich wirkt, Photographien, die die Persönlichkeit, die ihr Gesicht im alltäglichen Leben ausstrahlte, wiedergeben. Ein treffendes Beispiel für die enervierende Qual, die sie auszustehen hatte, wenn man sie ansah, war die Zeit, als Stephen Tomlin (Tommy, wie er immer genannt wurde) die Büste von ihr schuf, die jetzt in der National Portrait Gallery steht. Mit dem größten Widerwillen hatte sie sich schließlich überreden lassen, ihm Modell zu sitzen. Der Zweck jeder Sitzung war natürlich, daß er sie ansehen konnte, was Tommy auch mit anhaltender Intensität tat. Für sie war es wie eine chinesische Folter. Er war ein langsamer Arbeiter und konnte eine Stunde oder länger arbeiten, ohne daß ihm in den Sinn kam, was im Kopf seines gequälten

Modells vor sich ging. Die Sitzungen endeten immer gerade noch rechtzeitig; hätten sie noch länger gedauert, wäre Virginia ernsthaft krank geworden. Eine Andeutung ihrer Qualen hat Tommy, wie ich finde, eingefangen und in den Lehm des Abbilds gebannt.

Ich sagte, daß sie im täglichen Leben weitgehend so dachte, sprach und handelte wie andere Leute, obwohl es immer dieses Element oder diese Aura gab, die für gewöhnliche Leute so sonderbar und beunruhigend waren, daß sie zur Selbstverteidigung, und um sich ihrer selbst zu versichern, kicherten oder laut lachten. Ich glaube, daß dieses Element eng verbunden war mit der Ader in ihr, die ich Genie nenne. Bei einer Unterhaltung hob sie von einem Augenblick zum anderen plötzlich ab, wie ich dazu zu sagen pflegte. Sie war ein ungewöhnlich amüsanter Gesprächspartner, denn sie hatte einen schnellen und intelligenten, geistreichen und humorvollen Kopf, war angemessen ernsthaft oder frivol, je nachdem, wie es die Gelegenheit oder das Thema erforderte. Aber irgendwann, ob bei einer Unterhaltung mit fünf oder sechs Leuten, oder wenn wir miteinander allein waren, konnten sie plötzlich »abheben« und irgendeine verrückte, faszinierende, ergötzliche, traumhafte, fast lyrische Beschreibung eines Ereignisses, eines Ortes oder einer Person geben. Mich erinnerte das immer an das Aufbrechen und Überfließen der Quellen im Herbst nach dem ersten Regen. Die gewöhnlichen geistigen Abläufe waren unterbrochen, und statt ihrer strömten, fast ungesteuert, die Wasser der schöpferischen Kraft und Phantasie hervor und versetzten sie und ihre Zuhörer in eine andere Welt. Im Gegensatz zu anderen guten oder auch brillanten Erzählern war sie nie langweilig, denn diese Darbietungen – aber Darbietungen ist das falsche Wort, sie zu beschreiben, sie kamen ja spontan – waren immer kurz.

Wenn sie zu einer dieser Phantasien abhob, spürte man, daß es so etwas wie Inspiration war, bei der die Gedanken und Bilder hervorsprudelten, ohne daß sie sie bewußt steuerte oder kontrollierte, wie sie es sonst in einer Unterhaltung tat. In dem Bericht über die Niederschrift der letzten Seiten von *Die Wellen* aus ihrem Tagebuch erkenne ich diesen geistigen Prozeß wieder.

Samstag, den 7. Februar

»In den wenigen Minuten, die mir bleiben, muß ich – dem Himmel sei Dank – über den Schluß der *Wellen* berichten. Ich schrieb die Worte ›O Tod‹ vor fünfzehn Minuten, nachdem ich die letzten zehn Seiten mit einigen Augenblicken solcher Intensität und solchen Rausches abgespult habe, daß ich hinter meiner eigenen Stimme herzustolpern schien, oder hinter einer Art Sprecher als wäre ich geisteskrank. Fast bekam ich Angst, weil ich mich an die Stimmen erinnerte, die mir vorauszufliegen pflegten.«

»Hinter meiner eigenen Stimme herstolpern« und »die Stimmen, die mir vorausfliegen« – das ist bestimmt eine präzise Beschreibung der Inspiration des Genies und des Wahnsinns, die beweist, wie erschreckend dünn das Gedankengewebe oft ist, das das eine vom anderen trennt, eine Tatsache, die schon vor mindestens 2000 Jahren bekannt war und seitdem oft bemerkt worden ist. »Nullum magnum ingenium sine mixtura dementiae fuit« – Es hat nie ein großes Genie gegeben, ohne eine Dosis Wahnsinn, sagt Seneca, [Wobei er Aristoteles zitiert. Anm. d. Hrsg.] und Dryden ließ es in dem abgedroschenen Kehrreim wieder anklingen:

»Der große Geist ist klar dem Wahnsinn eng verbunden, und dünne Wände scheiden ihre Grenzen.«

Das Ausbrechen des Geistes aus den gewöhnlichen Denkrastern, das ich bei Virginia fand, ist meiner Ansicht nach so etwas wie Inspiration oder Genie. Häufiger als andere Denkraster bringt es das hervor, was Sir Thomas Brown einen »flüchtigen Blick auf das Unbegreifliche und den Gedanken an Dinge, die vom Denken nur sanft gestreift werden« nannte. Es gibt Beweise, daß die größten der großen Genies das erfahren. Beethoven hatte ab und zu das, was sein treuer Schüler einen »Raptus« nannte, so etwas wie ein ungestümer, schöpferischer Ausbruch. In gewissem Sinne ist daran jedoch nichts Geheimnisvolles. Ein Raptus oder eine Inspiration ist offensichtlich nur eine seltene und wundervolle Form eines bekannten, alltäglichen geistigen Vorgangs. Graham Wallas hat in *The Art of Thought* zu Recht betont, wie wichtig Zeiten der Untätigkeit und des Nichtdenkens für das schöpferische Denken sind. Fast jeder dürfte schon einmal die Erfahrung gemacht haben, daß man sich vergebens mit irgendeinem intellektuellen oder auch emotionalen Problem herumschlägt, und wenn man es schließlich verzweifelt aufgegeben hat und an etwas ganz anderes denkt, bricht die Lösung blitzartig – wie eine Inspiration – hervor. Oder man geht sogar mit einem ungelösten Problem ins Bett und stellt am nächsten Morgen fest, daß man es im Schlaf gelöst hat. Das berühmteste Beispiel für dieses Phänomen ist das triumphierende »Heureka!« des Archimedes, als er aus dem Bad sprang, nachdem er in einem plötzlichen Aufblitzen das wissenschaftliche Prinzip entdeckt hatte, das ihm bei seinen Bemühungen immer wieder entglitten war. Die »Inspiration« des Schriftstellers und Beethovens Raptus sind gleicher

Natur. Ein Beweis dafür ist, daß die Inspiration nur der End-
punkt einer längeren Periode beharrlichen bewußten Nachdenkens, oft auch eines Herumprobierens ist. Im Fall Beethoven wird das durch seine Notizbücher bewiesen. Auch für Virginia trifft das zu. Ich kenne keine Schriftsteller, die so stetig
und bewußt über das, was sie schrieben, nachgedacht und
gegrübelt haben wie sie; sie wälzte ihre Probleme hartnäckig im
Kopf, während sie im Sessel vor dem Kamin saß oder ihren täglichen Spaziergang am Ufer der Sussex-Ouse machte. Sie
konnte nur deshalb die letzten zehn Seiten der *Wellen* so herun-
terspulen und hinter ihrer eigenen Stimme und hinter den
Stimmen, die ihr vorausflogen, herstolpern, weil sie dem Buch
über Wochen und Monate Stunden intensiven, bewußten
Nachdenkens gewidmet hatte, bevor die Worte tatsächlich nie-
dergeschrieben wurden – genauso wie Archimedes nie sein
»Ich habe es gefunden!« hätte rufen können, wenn er nicht
schon bewußt und eifrig Stunden an diesem Problem gearbeitet hätte.

Nach dieser zweiten Abschweifung – einer allerdings höchst
bedeutsamen Abschweifung – kann ich abermals zu dem
Abend des 3. Juli 1911 zurückkehren. Zwei Dinge ließen mich
sofort spüren, daß ich in eine Gesellschaft eingetreten war, die
erstaunlich anders war als die, die ich 1904 am Gorden Square
verlassen hatte, gar nicht zu reden von der Kiplingschen
Gesellschaft, in der ich von 1904 bis 1911 in Ceylon gelebt
hatte. Das eine war ein spontanes Gefühl von Vertrautheit, und
zwar sowohl emotionaler als auch intellektueller Vertrautheit,
die mich in das Cambridge meiner Jugend zurückführte. Was
so anregend an Cambridge und besonders der Gesellschaft
jener Jahre gewesen war, war das Gefühl einer tiefen Vertraut-

heit mit einer Anzahl von Leuten, die man mochte und die ein leidenschaftliches Interesse an den gleichen Dingen hatten und die gleichen Ziele verfolgten – und die immer bereit waren, über sich und über die Welt zu lachen, sogar über die ernsten Dinge der Welt, die sie selbst sehr ernst nahmen. Aber das war ein Zustand gewesen, der nur auf Cambridge und die Society zutraf, auf eine kleine Zahl von Menschen, die Apostel waren. Auf den Gordon Square von 1904 traf das nicht zu, und vor allem schloß es Frauen ganz aus. Am Gordon Square im Juli 1911 war das Neue und Erregende für mich, daß das Gefühl von Vertrautheit und vollständiger Denk- und Redefreiheit viel umfassender war als in Cambridge vor sieben Jahren, und das es vor allem Frauen einschloß.

1904 wäre es unvorstellbar gewesen, Lyttons oder Thobys Schwestern mit Vornamen anzureden. Es ist von merkwürdiger gesellschaftlicher Bedeutung, wenn man Vornamen statt Nachnamen benutzt und sich umarmt, statt einander die Hand zu geben. Wer nie in einer förmlichen Gesellschaft gelebt hat, kann diese enorme Bedeutung überhaupt nicht ermessen. Es erweckt ein – oft unbewußtes – Gefühl von Vertrautheit und Freiheit und reißt Schranken des Denkens und Fühlens ein. So konnte man bestimmte Themen diskutieren und gewisse (sexuelle) Dinge beim Namen nennen, was in Gegenwart von Miß Strachey und Miß Stephen vor sieben Jahren unvorstellbar gewesen wäre. Hier fand ich zum erstenmal einen viel vertrauteren (und offeneren) Freundeskreis vor, in dem die vollkommene Denk- und Redefreiheit jetzt auf Vanessa und Virginia, Pippa und Marjorie ausgedehnt war.

Edgar und ich kehrten Mitte August* nach England zurück,
und die folgenden fünf Monate waren die aufregendsten
Monate meines ganzen Lebens. Während dieser Zeit entwik-
kelte sich »Bloomsbury« richtig, und ich verliebte mich in Virginia. Ich fühlte, daß die Fundamente meines Lebens mehr
und mehr ins Wanken gerieten, eine Krise folgte auf die andere,
so daß ich kurzfristig die Entscheidung treffen mußte, ob ich
mein Leben nicht vollkommen umkrempeln sollte. Es gibt
nichts Anregenderes, als solche Entscheidungen treffen zu
müssen, in dem (zweifellos falschen) Gefühl, daß man Herr seiner Gefühle und Meister seines Geschickes ist. Der Schatten im
Hintergrund meines Lebens war Ceylon. Hier in London und
Cambridge wurde ich in den nächsten paar Monaten in ein
Leben gestürzt, das in jeder Hinsicht das Gegenteil von dem
war, was ich in Hambantota zurückgelassen hatte und zu dem
ich am Ende meines Urlaubs zurückkehren sollte. Noch bevor
ich beschloß, Virginia zu fragen, ob sie mich heiraten wolle,
war mir klar, daß ich früher oder später entscheiden mußte, ob
ich wieder in den Verwaltungsdienst nach Ceylon zurückkehren oder alles hinwerfen wollte.

Wenige Tage nach meiner Rückkehr aus Dänemark begann
ich, *Das Dorf im Dschungel* zu schreiben. Der Dschungel und die
Menschen, die in den singhalesischen Dschungeldörfern lebten, faszinierten, ja verfolgten mich schon in Ceylon. Sie verfolgten mich in London, in Putney oder Bloomsbury, und in
Cambridge weiter. *Das Dorf im Dschungel* war ein Roman, in
dem ich sozusagen stellvertretend ihr Leben zu leben ver-

---

* Leonard Woolf war mit seinem Bruder Edgar mehrere Wochen durch
Schweden gereist. (Anm. d. Hrsg.)

suchte. In gewisser Weise war er auch ein Symbol für den Anti-imperialismus, der mich in meinen letzten Jahren in Ceylon immer stärker gepackt hatte. Die singhalesische Lebensart in der bezaubernden Berglandschaft um Kandy oder auf den Reisfeldern und Kokosnußplantagen des Tieflands und vor allem in den fremdartigen Dschungeldörfern war es, die mich in Ceylon so fesselte; die Aussicht auf ein verfeinertes, europäisiertes Leben in Colombo, auf die Kontrolle über das Räderwerk der komplizierten Maschinerie der Zentralverwaltung mit dem trostlosen Pomp und Zeremoniell der imperialistischen Regierung erfüllten mich mit Zweifeln und Abscheu. Und ich wußte, wenn ich nach Ceylon zurückginge, würde ich mit ziemlicher Sicherheit nicht in das Dorf im Dschungel kommen, sondern an den Sitz der Macht in Colombo. Je länger ich an dem *Dorf im Dschungel* arbeitete, desto widerwärtiger war mir die Aussicht auf Erfolg in Colombo.

Virginia und Adrian Stephen wohnten zu der Zeit in einem großen Haus am Fitzroy Square und hielten einmal die Woche ihren »Abend«. Virginia hatte außerdem ein Landhaus in Firle bei Lewes gemietet; dorthin lud sie mich zu einem langen Wochenende im September ein. Es war noch immer Sommer, der endlose Sommer dieses wunderbaren Jahres, und als wir lesend im Park von Firle saßen oder über die Downs wanderten, schien es, als würden nie wieder Wolken den Himmel verdunkeln. Es war das erste Mal, daß ich die südlichen Downs gleichsam von innen kennenlernte, und die Schönheit der sanften weißen Kurven der Felder zwischen den großartigen grünen Kurven ihrer Täler fühlte. Seit jener Zeit habe ich immer in ihrer Nähe gelebt und erlebt, daß ihre natürliche Schönheit und Heiterkeit zu jeder Jahreszeit und Lebenslage ein Glücksgefühl noch steigern und Trübsal lindern kann. Danach begann ich Virginia und ihren Kreis am Fitzroy Square und den Kreis um Vanessa und Clive Bell am Gorden Square sehr häufig zu sehen. Das russische Ballett wurde für eine Weile das kuriose Zentrum sowohl des eleganten wie des intellektuellen London. Es war die große Zeit Diaghilews, mit Nijinski auf der Höhe seines Erfolgs in klassischen Balletten. Ich habe nie etwas Perfekteres oder Erregenderes auf der Bühne gesehen als *Scheherezade, Karneval, Schwanensee* und die anderen berühmten Klassiker. In fast allen Künsten und sogar in Spielen wie Krikket entwickelt sich zu unterschiedlichen Zeiten nach einem archaischen, verschwommenen Anfangsstadium ein klassischer Stil, der große Kraft, Freiheit und Schönheit mit auferlegter Strenge und Zurückhaltung verbindet. In den Händen eines großen Meisters, wie Sophokles, Thukydides, Vergil, Swift, La Fontaine, La Bruyère, ist diese Kombination von Originalität und Freiheit mit formaler Reinheit und Zurückhaltung unerhört bewegend und erregend, und es war dieses Element von Klassizismus in den Balletten von 1911, das sie so mitreißend machte. Das Vergnügen wurde noch gesteigert, weil man Abend für Abend nach Covent Garden gehen und all seine Freunde, die Menschen, die man am liebsten hatte, um sich versammelt sehen konnte, und sie alle waren bewegt und erregt wie man selbst. In meinem ganzen langen Leben in London ist das der einzige Fall, an den ich mich erinnern kann, wo die Intellektuellen Abend für Abend in Theater, Oper, Konzert oder andere Aufführungen gingen, was sie vermutlich in anderen Ländern und Städten auch taten und noch tun, wie etwa in Bayreuth oder Paris.

Bayreuth ruft mir ein anderes Thema aus dem Herbst 1911

ins Gedächtnis. Unter den ständigen Besuchern des russischen Balletts gab es seltsamerweise eine Wagner-Mode – seltsam deshalb, weil man sich kaum zwei durch und durch gegensätzlichere Produkte des menschlichen Geistes und der menschlichen Seele vorstellen kann. Virginia und Adrian pflegten – fast als Ritual – mit Saxon Sydney-Turner zusammen die Wagner-Festspiele in Bayreuth zu besuchen, wie Hugh Walpole und viele andere später auch. Saxon war meines Wissens in unserem Kreis der Initiator oder Anführer des Wagner-Kults; die Opern gefielen ihm, zum Teil deshalb, weil er sie sammelte wie Briefmarken, und weil das verwickelte Ineinanderverwobensein von »Motiven« seinem außerordentlichen Scharfsinn beim Lösen von Rätseln Aufgaben stellte; das Wotan- oder Siegfried-Motiv in dem Motiv der Feuermusik zu entdeckten, machte ihm das gleiche Vergnügen, wie das richtige Teil in ein Puzzle einzusetzen oder ein Kreuzworträtsel zu lösen. Ich wußte 1911 nichts von Wagner, sah aber ein, daß es an der Zeit war, mich ernsthaft mit ihm auseinanderzusetzen. Ich mietete also im Oktober eine Loge für den *Ring* in der Covent-Garden-Oper, und Virginia kam mit zu *Rheingold, Siegfried* und *Götterdämmerung* und zusammen mit Adrian und Rupert Brooke zur *Walküre*. Es war ein ungeheures Erlebnis: Die Opern fingen nachmittags an und dauerten bis nach elf Uhr abends; anschließend pflegten wir am Fitzroy Square zu essen. Ich bin froh, daß ich die vier Opern des *Ring* durchgehalten habe, obwohl ich niemals den Mut oder den Wunsch gehabt habe, das Erlebnis zu wiederholen. Auf seine Weise ist der *Ring* sicherlich ein Meisterwerk, aber ich mag ihn nicht und Wagner und seine Kunst mag ich auch nicht. Es gibt Stellen in *Rheingold*, in der *Walküre* und der *Götterdämmerung*, die von großer

Schönheit und gelegentlich bewegend und erregend sind, aber ich finde sie insgesamt unerträglich monoton und langweilig. Die Deutschen haben im 19. Jahrhundert eine Tradition, eine Lebensphilosophie und Kunst entwickelt, die barbarisch, prunkhaft und unecht sind. Wagner war sowohl Ursache als auch Wirkung dieser widerwärtigen Entwicklung, die zu dem Höhepunkt und der Verherrlichung menschlicher Bestialität und Entwürdigung führte, zu Hitler und den Nazis. Wie gesagt, es gibt schöne und erregende Stellen im *Ring;* vielleicht kann man sie eher mehr beim frühen Wagner entdecken, in *Lohengrin* und den *Meistersingern.* Aber Spaß hat mir der *Ring* 1911 in meiner Loge, mit Virginia an meiner Seite, nicht gemacht, und *Tristan* und *Parsifal* haben mich abgestoßen und übertrafen den *Ring* bei weitem an Langweiligkeit und Monotonie.

Im Oktober mußten Virginia und Adrian ein neues Haus suchen, weil der Mietvertrag für das Haus am Fitzroy Square auslief. Sie zogen in ein großes, viergeschossiges Haus am Brunswick Square, das sie auf – für jene Zeit – originelle Weise zu führen vorhatten. Adrian bewohnte die zweite und Virginia die dritte Etage. Maynard Keynes und Duncan Grant teilten sich in die erste, und mir bot man die vierte an, oder vielmehr ein Schlafzimmer und ein Wohnzimmer dort. Sie hatten eine wunderbare alte Familienköchin aus dem 19. Jahrhundert geerbt, Sophie* und ein Stubenmädchen etwa des gleichen

---

* Der folgende Brief von Sophie an Virginia 1936 zeigt auf interessante Weise die merkwürdige Psychologie dieser ergebenen weiblichen Dienstboten des 19. Jahrhunderts gegenüber den Familien, für die sie arbeiteten – manchmal ohne besondere Anerkennung. Wie in dem Brief deutlich wird, ging Sophie ganz im Leben der Familie Stephen auf.

Jahrgangs. Frühstück wurde für alle Bewohner zubereitet, und jeden Morgen gab man schriftlich auf einer Tafel in der Halle bekannt, ob man zum Lunch und zum Dinner da wäre. Alle Mahlzeiten wurden auf Tabletts in die Halle gestellt, jeder nahm sich seins, speiste auf seinem Zimmer und stellte es nach dem Essen wieder in die Halle. Wir teilten alle Ausgaben für Haus und Haushalt miteinander. Ich zog am 4. Dezember ein

---

Meine liebe Miß Genia,

Sie sind viel zu gut zu mir. Ich verdiene solche Freundlichkeit nicht. Bestimmt nicht.

Vielen Dank für Ihren großzügigen Scheck kam heute morgen. Er war von Dalingridge zum Chester Square geschickt worden wo Lady Margaret bis Ende August ein Haus hat, dann zu mir.

Vielen Dank für Ihren netten Brief und all die Neuigkeiten. Ich hab mich wirklich sehr gefreut von Miss Nessa zu hören und von ihren reizenden Kindern niemand bedeutet mir so viel wie Sie alle. Ich hoffe, daß ich Sie alle eines Tages wiedersehe. Ich hebe all Ihre Briefe auf und lese sie immer wieder habe auch ein paar Schnappschüsse von Sir George geschickt bekommen. Die hatte er von Ihnen allen gemacht als er mit Mr. Brony und ihrer Ladyschaft nach Charleston ging. Sie sind mein großer Schatz. Einmal hab ich sie mitgenommen und Mr. und Mrs. Gerald gezeigt. Ich lege eins von mir dazu das Miss Stella in St. Ives von mir gemacht hat und eins von Mr. Gerald. Es könnte auch eins von denen sein die sie gefunden haben als Sir George gestorben war aber er meinte immer er hätte sie gemacht. Einmal fand mich Ihre geliebte Mutter in der Küche beim Erbsen palen. Und sagte das seh ich gerne wenn du das machst warte ich hol Miss Stella daß sie ein Bild von dir macht. Dann kam Mr. Gerald oh sagte er rühr' doch mal mit dem großen Löfel. Das hier sind die die Lady Margaret mir gab nachdem Sir George gestorben war Schicken Sie sie mir Bitte liebe Miss Genia wieder zu ... Vielen Dank noch einmal für all Ihre Freundlichkeit zu mir. Darf ich meine Grüße Mr. Woolf und Ihnen senden. Ich bin ganz gesund aber ich fühle mich alt werden 76 im nächsten Mai. Letzten Freitag waren es 50 Jahre seit ich das erste Mal Ihr Weihnachtsessen gekocht hab. Darf ich meine Grüße an Miss Nessa senden und

verbleibe Ihre sehr ergebene

Sophia

und sah Virginia von diesem Moment an regelmäßig. Wir aßen oft zu Mittag oder Abend zusammen, wir gingen miteinander zum Gordon Square, um Vanessa zu besuchen oder um dort zu essen, wir machten Spaziergänge auf dem Land; gingen ins Theater oder zum russischen Ballett.

Ende 1911 war mir klar, daß ich Virginia liebte und daß ich ziemlich bald entscheiden mußte, was daraus werden sollte. Konnte ich sie bitten, mich zu heiraten? Was war mit Ceylon? In ein paar Monaten war mein Urlaub abgelaufen, und ich würde nach Colombo zurück müssen. Wenn sie mich heiratete, würde ich natürlich den Dienst quittieren, aber was war, wenn sie ablehnte? Wenn sie mich nicht heiratete, wollte ich auch nicht nach Ceylon zurückgehen und erfolgreich im Civil Service wirken und als »Governor« enden. Ich hatte die vage Vorstellung, daß ich zurückgehen und mich für immer in die Verwaltung eines abgelegenen, rückständigen Distrikts wie Hambantota versenken könnte, aber im Hinterkopf dürfte ich schon gewußt haben, daß das bloße Hirngespinste waren. Ein paar Wochen lang schaffte ich es durch ausdauernde gesellschaftliche Aktivitäten, den Augenblick der Entscheidung hinauszuzögern. Ich fuhr nach Cambridge und blieb ein paar Tage als Hardys Gast im Trinity, und eine Woche später war ich wieder dort, als Moores Gast zum Stiftungsfest. Ich besuchte Bob Trevelyan in seinem bitterkalten Haus in den nördlichen Downs bei Dorking, und im neuen Jahr – am 8. Januar 1912 – fuhr ich für eine Woche zu Leopold nach Frome in Somerset.

Der Übergang von dem unaufhörlichen Wirbel Londons zur ruhigen Schläfrigkeit eines Pfarrhauses in Somerset war, als käme man direkt aus einem Tornado in eine Windstille oder aus den Saturnalien in ein Kloster. Endlich hatte ich Zeit nachzudenken. Ich brauchte achtundvierzig Stunden, um zu einer Entscheidung zu kommen, und am Mittwoch telegraphierte ich Virginia und fragte, ob ich sie am folgenden Tag sehen könne. Am nächsten Tag fuhr ich nach London und fragte sie, ob sie mich heiraten wollte. Sie sagte, sie wisse es nicht und brauche Zeit – unbegrenzt Zeit –, um mich besser kennenzulernen, bevor sie sich entschließen könne. Das brachte mich wegen meines Urlaubs in Verlegenheit, und es schien mir, soweit es um meine Entscheidung ging, richtiger, alle unwiderruflichen Schritte aufzuschieben, bis sie mir aufgezwungen würden. Also schrieb ich an den Kolonialminister und bat ihn, meinen Urlaub zu verlängern . . .

Mein Abschied aus dem Civil Service trat am 20. Mai 1912 in Kraft. Bis dahin hatte ich ein Gehalt von 22 £ im Monat bezogen, mit dem man in London vor dem Krieg ganz komfortabel leben konnte. Für die Bourgeoisie war das damals ein wirtschaftliches Paradies; die Gesamtrechnung für meine komfortable Wohnung mit erstklassiger Küche betrug zum Beispiel elf bis zwölf Pfund monatlich. Aber nun kam ich nicht umhin, der Tatsache ins Auge zu sehen, daß ich nach dem 20. Mai ohne feste Arbeit und ohne Lebensunterhalt dastand. Es stimmte schon, daß ich rund 600 £ gespart hatte – eine Summe, die ich hauptsächlich aus einem Gewinn von 690 £ übrig hatte. Ich hatte das Geld 1908 bei einem Pferderennen gewonnen. Über diese 690 £ ist eine völlig falsche Legende in Umlauf gebracht worden, deren Ursprung man nicht erklären kann. Immer wieder wurde mir erzählt, und ich habe es auch mehr als einmal gedruckt gesehen, daß Virginia und ich die Hogarth Press mit

dem gewonnenen Geld aus dem Pferderennen begründet hätten. Diese Behauptung ist absolut falsch. Wir begannen die
Hogarth Press 1917 mit einem Kapital von 41 £. 15 s. 3 d. Diese
Summe setzte sich zusammen aus 38 £. 8 s. 3 d, die wir für eine
kleine Druckpresse und Lettern bezahlt hatten, und 3 £. 7 s.
o d, den Gesamtkosten des ersten Buches, das wir druckten und
veröffentlichten. Mit diesem Buch machten wir im ersten Jahr
6 £. 7 s Gewinn, den wir »wieder ins Geschäft steckten«, so daß
Ende 1917 das Kapital, das wir in die Hogarth Press investiert
hatten, 35 £ betrug. Danach trug sich das Unternehmen durch
die Einnahmen, und wir mußten nie wieder dafür »Kapital auf-
treiben«.

Aber von dieser Abschweifung kehre ich zurück zu dem
finanziellen Problem, mit dem ich mich Anfang 1912 konfron-
tiert sah. Das Problem stellte sich mir, aber ich stellte mich ihm
nicht. Ich ignorierte es einfach, oder schob vielmehr jede ernsthafte Beschäftigung damit von mir. Von den 600 £ konnte ich
meine gegenwärtige Lebensweise rund zwei Jahre lang beibe-
halten. Dann würde ich eine Möglichkeit finden müssen, mir
meinen Lebensunterhalt zu verdienen. Ich hatte eine vage
Idee, daß ich es versuchen könnte, von meiner Schriftstellerei
zu leben, und so beschloß ich, die Arbeitssuche nicht gleich in
Angriff zu nehmen, sondern weiter an *Das Dorf im Dschungel* zu
arbeiten.

Während der ersten sechs Monate des Jahres 1912 lebte ich
außerordentlich gesellig. Ich fuhr mehr als einmal zum
Wochenende nach Cambridge und hielt sogar einen Vortrag
vor der Society. Ich besuchte Roger Fry in Guildford und Bob
Trevelyan bei Dorking. Ich lernte die Morrells kennen – Philip,
den liberalen Abgeordneten, und seine Frau, Lady Ottoline –

und war Gast in dem Salon, den Ottoline am Bedford Square führte, und später auch an Wochenenden in Garsington Manor bei Oxford. In dieser Zeit traf ich häufig mit Virginia zusammen, und es geschah etwas, was auf unser späteres Leben großen Einfluß hatte, denn es brachte uns auf Dauer nach Sussex. Als ich sie in ihrem Landhaus in Firle besuchte, wanderten wir eines Tages über die Downs von Firle zum Tal der Ouse und trafen in einem dieser reizenden Täler oder Senken auf ein außerordentlich romantisch aussehendes Haus. Es lag an der Lewes-Seaford Road, aber zwischen Haus und Straße war eine große Weide voller Schafe. Es hatte Ausblick nach Westen, und aus seinen Fenstern und von der Terrasse vor dem Haus blickte man über die große Weide und das Ousetal auf die Kammlinie westlich des Flusses. Hinter dem Haus war ein steiler Hang, und im Norden und Süden führte eine Ulmenallee auf beiden Seiten der Weide zur Straße hinunter. Es gab Scheunen hinter dem Haus, aber abgesehen von der Hütte des Schäfers war weit und breit kein einziges Gebäude zu sehen.

Das Anwesen hieß Asham House, manchmal auch Asheham oder Ascham geschrieben. Es stand leer und wurde nur gelegentlich von einem Landarbeiter der Itford Farm bewohnt. Es hatte eine eigenartige Geschichte. Die große Itford Farm war um 1820 von einem Amtsrichter aus Lewes gekauft worden. Sie wurde von einem Verwalter bewirtschaftet, der in dem uralten Bauernhaus in Itford, über eine Viertelmeile von Asham entfernt, wohnte. Der Amtsrichter baute sich in dieser Senke der Downs Asham House als Sommersitz. Es hatte einen L-förmigen Grundriß mit zwei Wohnzimmern im Erdgeschoß, vier Schlafzimmern darüber und einem riesigen Dachboden. Die

Fassade war glatt, schlicht, freundlich, gelb getüncht, mit
großen Verandatüren, die auf die kleine Terrasse hinaus-
gingen. Unterhalb der Terrasse schloß ein schmales Rasen-
stück an, und von da aus zog sich die große Weide zum Tal
der Ouse hin, wo sie auf der anderen Seite des Flusses, zwei
Meilen Luftlinie entfernt, auf die Downs traf.

Unsere Erkundigungen ergaben, daß Asham und die
ganze Farm der Enkelin des Amtsrichters gehörte, die in
Rugby wohnte. Virginia schloß einen Fünfjahres-Mietver-
trag für Asham mit ihr und gab ihr Landhaus in Firle auf.
Am Wochenende des 9. Februars fand die Einweihungs-
party, mit Virginia, Vanessa, Clive, Adrian, Roger Fry,
Duncan Grant und mir statt. Es war das erste von vielen solcher Wochenenden. Asham war ein seltsames Haus. Die
Leute auf der Farm waren überzeugt, daß es dort spukte,
daß im Keller ein Schatz vergraben wäre, und keiner wollte
eine Nacht in dem Haus verbringen. Es stimmt, daß man
nachts oft aus den Kellerräumen und vom Dachboden
außergewöhnliche Geräusche vernahm. Es klang, als ob zwei
Menschen von Zimmer zu Zimmer gingen, Türen öffneten
und schlossen, seufzten und flüsterten. Es war natürlich der
Wind, der in den Kaminen ächzte, und wenn kein Wind war,
waren wahrscheinlich Ratten im Keller oder auf dem Dachboden. Ich kenne kein Haus, das einen so ausgeprägten Charakter, eine so eigene Persönlichkeit hat – romantisch, sanft,
melancholisch, liebenswürdig. Asham und seine geisterhaf-
ten Schritte und sein Geflüster gaben Virginia die Idee zu
Ein Geisterhaus ein, und ich sehe, höre, rieche sofort das Haus,
wenn ich die ersten Sätze lese: »Um welche Stunde man
auch aufwachte, schloß sich eine Tür. Von Zimmer zu Zim-

mer gingen sie, Hand in Hand, lüpften da, öffneten dort
etwas, vergewisserten sich – ein geisterhaftes Paar.«

Neben dem Haus gab es einen kleinen, verwilderten Garten,
umgeben von einer Mauer und hochaufragenden Ulmen im
Süden. Das Gras des Gartens und der Weide schien fast bis zu
den Wohnzimmern und in die nach Westen schauenden Fenster zu wachsen. Manchmal kam es einem vor, als lebte man
hinter dem dicken ungeschliffenen Glas der Terrassenfenster
unter Wasser – in einem Meer von grünen Bäumen, grünem
Gras, grüner Luft. Nach unserer Heirat mußte ich eines Tages,
als Virginia in London krank war, allein nach Asham fahren,
um irgend etwas zu holen oder zu erledigen. Ich kam an einem
Frühsommertag spät abends an und schlief in der Nacht draußen im Freien auf einer Matratze. In jener Nacht gab es nicht
ein Geräusch – als wäre ich Meilen von jedem anderen menschlichen Wesen entfernt. Aber am frühen Morgen brach plötzlich
ein ungeheurer Chor los, als ob alle Drosseln und Amseln Englands bei diesem Haus zu singen und jede Wildtaube von Sussex »vor Zufriedenheit zu sprudeln« begonnen hätte – in Virginias *Geisterhaus* »holte die Wildtaube aus den tiefsten Brunnen
der Stille ihren Sprudel von Tönen«. Als mich dieses ekstati-
sche Hosianna oder Halleluja weckte, hatte ich, dort auf dem
Boden liegend, wirklich einen Augenblick das Gefühl, von dem
ungeschnittenen Gras, das hoch über meinen Kopf ragte, den
Rosenblättern über dem Gras und den Ulmen, die die Rosen
überdachten, überschwemmt zu werden. Ich frage mich, ob es
am Alter und der damit verbundenen Schwerhörigkeit, dem
gespritzten Getreide oder den Insektiziden liegt, daß es mir
vorkommt, als gäbe es so große Versammlungen von Vögeln in
meinem Garten heute nicht mehr, keinen so leidenschaftlichen

Ausbruch von Gesang, keine so »phantastische Sommerhitze«, wie man sie vor vierzig Jahren kannte.

Es war ein liebenswürdiges Haus, und auch die Räume darin waren liebenswürdig. Es lag immer eine leichte Traurigkeit über ihm und in ihm – eine fast erquickliche Traurigkeit. Hinter dem Haus war eine vollkommene Senke, die in die Hügel überging, und an drei Seiten stiegen die Berge steil empor. Im Spätsommer und Herbst war die Senke voller Pilze. Sie war so abgelegen und unberührt, daß einmal eine Füchsin halb den Hang hinter dem Haus in einem Bau ihre Jungen bekam, und wir konnten hinausgehen und die Welpen im Gras spielen sehen, während ihre Mutter ausgestreckt vor dem Bau lag und sie im Auge behielt. Es gab nur einen Einwand gegen Asham House, aber der war, wie wir schließlich merkten, ernster Art. Mit den Hügeln im Osten und den hohen Ulmen im Süden lag es fast das ganze Jahr über zu den schönsten Stunden des Tages im Schatten. Es wurde so wenig von der Sonne beschienen, daß man im Frühling, Herbst und Winter ein klammes Gefühl hatte, obwohl die Böden, Wände und Decken absolut trocken waren. Die Folge war, daß man sich nach mehr als ein oder zwei Wochen Aufenthalt leicht deprimiert oder sogar etwas unwohl zu fühlen begann.

Den ganzen Frühling und Sommer 1912 hindurch fuhren Virginia und ich gewöhnlich zweimal im Monat zum Wochenende nach Asham. In der Regel kamen Adrian, Vanessa und Roger Fry auch mit, manchmal auch Lytton oder Marjorie Strachey. Die Frau des Schäfers, Mrs. Funnell, kam aus der Kate auf der anderen Seite der Straße herüber und war unser »Mädchen für alles«, sie richtete die Betten, putzte das Haus und wusch ab. Sie war eine außergewöhnliche Persönlichkeit und eine ebensolche Rednerin. Nach dem Abwasch pflegte sie ins Wohnzimmer zu kommen und stehend über geraume Zeit zu reden. Sie verkörperte Sussex in Reinkultur und gebrauchte altertümliche Wörter, die heute, 50 Jahre danach, vollkommen aus dem Wortschatz der Dorfbewohner von Sussex verschwunden sind.

Mrs. Funnell war eine Frau von eisernem Willen, aber, soweit es ihr hartes Leben ermöglichte, von gutem Willen. Sie hatte Virginia bald ins Herz geschlossen und – in geringerem Maße – auch mich. Sie zog eine große Familie von Söhnen und Töchtern in makelloser Sauberkeit und beträchtlichem Respekt vor ihrer Mutter auf, und das alles von dem Hungerlohn ihres Mannes. Innerhalb der Grenzen ihrer profunden Unkenntnis der Welt, außerhalb eines Vier-Meilen-Radius um ihre Kate – es gab damals keinen Busverkehr, und sie konnte das Haus nur selten verlassen und die vier Meilen nach Lewes oder nach Newhaven gehen –, besaß sie Scharfsinn, Verständnis, Neugier und Intelligenz. Ich denke, daß sie wohl schwerlich jemals ein Buch gelesen hat, aber als eines Tages einer unserer Gäste ein Exemplar von Ethel M. Dells *The Way of an Eagle* in der Küche vergaß, war Mrs. Funnell gefesselt. Es war das erste Mal, daß ich die geheimnisvolle, verheerende Macht des großen, echten Bestsellers erfuhr, der wie eine Naturgewalt, Erdbeben oder Hurrikan, auf Herz und Seele von Millionen schlichter Menschen wirkt.

Mrs. Funnell habe ich nur einmal aufgebracht oder außer Fassung gesehen. Eines Abends, etwa eine Stunde, nachdem sie ihren Abwasch und ihren Schwatz erledigt hatte und zu ihrer Kate zurückgegangen war, klopfte es an der Wohnzimmertür, und Mrs. Funnell stand wieder da, in offensichtlicher

Erregung, mit einem finsteren, wilden, aber auch besorgten Ausdruck in ihrem breiten, zerfurchten, gutmütigen Gesicht. Ohne lange darum herumzureden, sagte sie, daß ihre unverheiratete Tochter gerade ein Kind zur Welt brächte und daß es ganz unmöglich sei, einen Arzt herzubekommen. Im Haus eines Schäfers ging es in Sussex vor fünfzig Jahren so ärmlich zu, daß sie nicht die notwendigen Handtücher, Waschschüsseln und Wasserkannen hatte, und sie war gekommen, sie von uns zu leihen. Das Kind kam gesund zur Welt; der Vater, so hieß es, sei der Verwalter, aber Mrs. Funnell erwähnte das Thema nie wieder.

Seit wir vor fünfzig Jahren in Asham House lebten, hat sich die materielle Grundlage des Landlebens in England vollkommen gewandelt. Die Bedingungen waren 1912 in Sussex reichlich primitiv, und unser tägliches Leben war vermutlich dem von Chaucer näher als dem des modernen Menschen mit Wasser aus der Leitung, Strom, Gas, Autos, Bussen, Telefon, Radio. Wenn wir zum Wochenende nach Asham fuhren, konnten wir manchmal in Lewes eine »fly«, laut Lexikon eine »einspännige Droschke«, mieten, aber viel öfter mußten wir, ob naß oder trocken, die vier Meilen am Fluß entlang und über die Felder mit unseren Rucksäcken auf dem Buckel zu Fuß gehen. Alles Wasser, das wir im Haus brauchten, mußten wir aus dem Brunnen heraufpumpen. Die sanitäre Einrichtung bestand aus einem Plumpsklosett. Gekocht wurde auf einem Ölofen oder Primuskocher; die Beleuchtung bestand aus Kerzen und Öllampen. Selbst 1919, als wir Monks House kauften und über den Fluß in ein Haus mitten im Dorf zogen, war es dort noch genauso – keine Busse, kein Wasser, kein Gas, kein Strom, und die sogenannte »Örtlichkeit«, ein Plumpsklosett, war diskret, aber unzureichend in einem Kirschlorbeergebüsch mitten im Garten versteckt.

1917, als wir, mitten im Krieg, unseren Mietvertrag für Asham erneuern mußten, teilte uns Mr. Hoper, der Anwalt aus Rugby, mit, daß sie die Farm zu groß fänden und sie nach dem Krieg in zwei Teile teilen wollten. Dann würden sie das Haus als Wohnhaus für einen Verwalter brauchen; weshalb sie uns nur Mietverträge für jeweils ein Jahr geben könnten, solange der Krieg dauerte. 1918, als der Krieg endlich vorbei war, bekamen wir die Kündigung für das folgende Jahr; das bedeutete, daß wir Asham im September 1919 verlassen mußten. Es begann eine fieberhafte Suche nach einem Haus, das uns Asham ersetzen konnte. Wir fanden nichts, das uns und unserer Börse angenehm war, und in unserer Verzweiflung kauften wir Mitte des Jahres für 300 £ ein sehr merkwürdiges kleines Haus oben auf dem Berg in Lewes nahe der Burg. Es hieß das »Runde Haus«, und es war tatsächlich vollkommen rund, denn es war aus der alten Mühle zu einem Haus umgebaut worden.

Kaum hatten wir das Runde Haus gekauft, als in Rodmell, zwei Meilen von Asham entfernt auf der anderen Seite des Flusses, Jacob Verrall starb, und Monks House, in dem er viele Jahre gewohnt hatte, sollte am 1. Juli 1919 versteigert werden. Als wir Monks House sahen, wußten wir, daß wir es, wenn irgend möglich, kaufen mußten. Es wurde auf das 15. oder 16. Jahrhundert datiert, hatte acht oder neun Zimmer mit Eichenbalken und war mit Schindeln verkleidet. Aber die Zimmer waren fast alle klein, da vier von ihnen mithilfe dünner Trennwände aus ehemals großen Räumen entstanden waren. Wir nahmen die Trennwände heraus und stellten das Haus so wieder her, wie es einst gewesen sein mußte. Der dazugehörige

Garten war etwa einen Morgen groß und grenzte an den Friedhof. Man erzählte uns, daß der Name Monks House aus dem
15. Jahrhundert stammte. Das Haus gehörte zum Kloster von
Lewes-Mönchen und wurde von den Mönchen für die Exerzi-
tien benutzt. Ich hoffe, daß die Geschichte stimmt, aber ich
glaube solchen Legenden über Häuser nicht, solange es keine
dokumentarischen Beweise gibt: wer ein englisches Dorf fünfzig Jahre lang kennt, erlebt seltsame Sachen. Zum Beispiel
habe ich gesehen, wie zwei kleine Häuser in einen Herrensitz
umgebaut und zwanzig Jahre später als Gutshaus aus dem
15. Jahrhundert verkauft wurden. Ich fürchte, unsere Mönche
entspringen einem ähnlichen Mythos.

Ich bin in der Chronologie ein bißchen weit vorausgeeilt,
denn Monks House und alles das gehört zu dem Leben nach
unserer Heirat und dem Ersten Weltkrieg. Aber meiner Erfahrung nach werden die tiefsten Furchen in unserem Leben von
den verschiedenen Häusern gegraben, in denen wir wohnen.
Sie sind tiefer noch als die von Heirat, Tod und Trennung, so
daß man vielleicht die Kapitel seiner Autobiographie nach den
Perioden, die man in den verschiedenen Häusern verlebt hat,
unterteilen sollte; danach hätte ein Mensch, der sein ganzes
Leben in demselben Haus gelebt hat, nicht das Leben geführt,
über das es etwas zu schreiben gäbe. Außerdem folgten der
Kauf und der Umzug über den Fluß nach Monks House auf das
siebenjährige Zwischenspiel mit Asham House und Mrs. Fun-
nell, und ich werde deshalb noch für einen Augenblick die
Chronologie ignorieren und die Geschichte unseres Kaufs von
Monks House beenden.

Das Haus und der Garten waren uns schon vor 1919 oft aufgefallen, denn wenn man das Gäßchen zwischen der Kirche

von Rodmell und der Dorfstraße hinauf- oder hinunterging, konnte man über die Mauer in den Garten und Obstgarten schauen und einen Blick auf die Rückseite des Hauses erhaschen. Der Obstgarten war wunderschön, und der eigentliche Garten war genau so, wie ich es liebe: mit vielen Unterteilungen wie eine Patchworkdecke aus Bäumen, Sträuchern, Blumen, Gemüse, Rosen und Krokussen, die dazu neigen, sich mit Kohl und Johannisbeeren zu vereinigen. Mitte des 19. Jahrhunderts hatte das Anwesen dem Müller gehört, dessen Windmühle auf dem Mill Hill, der Anhöhe oberhalb des Dorfes, stand. Als die Mühle abgerissen wurde, hatte man die großen Mühlsteine nach Monks House gebracht, wo sie noch heute den Garten pflastern. Jacob Verrall, der letzte Besitzer, war eine großartige Persönlichkeit. Den ersten erhaltenen Hinweis auf ihn findet man im Pfarrprotokoll von Rodmell aus dem Jahr 1882. Er war damals Straßenmeister, Steuerschätzer und -einnehmer und Armenpfleger. Als Straßenmeister bezog er zehn Pfund im Jahr. In den ersten Eintragungen dieses Buches zur Versammlung des Kirchenvorstands am 25. März 1882 steht, daß die Aufseher ersucht wurden, ein neues Protokollbuch zu besorgen, »da das alte nicht aufzufinden ist«. Daraus geht klar hervor, daß Jacob Verrall diese Gemeindeposten schon vor 1882 innehatte. Er behielt sie weiterhin, und bis 1910 fuhr er fort, jeder Versammlung des Kirchenvorstands beizuwohnen, und noch 1918, kurz vor seinem Tod im Alter von vierundsiebzig Jahren, nahm er an der Versammlung der Kirchengemeinde teil, die an die Stelle der alten Kirchenvorstandssitzungen getreten war.

Old Verrall, wie er genannt wurde, als ich nach Rodmell kam, liegt jetzt in seiner engen Kammer unter robusten Ulmen und im Schatten der Eiben auf dem Friedhof von Rodmell. Ich denke, er war einer der typischen, rauhen Vorfahren des Weilers, wie sie Gray 1751 in seiner berühmten Elegie beschrieben hat; diesen Menschenschlag und die Gesellschaft, zu der er gehörte, gab es auch 250 Jahre nach Gray noch. Sie sind ausgestorben, zusammen mit den Plumpsklosetts in Lorbeergebüschen. Es freut mich, daß ich sie noch kennengelernt habe und eine Weile im Dorf unter ihnen leben konnte, ebenso, wie es mich freut, daß ich eine Zeitlang das ursprüngliche und schnell verschwindende Leben in einem ceylonesischen Dschungeldorf miterleben konnte. Man kann gegen beides eine Menge einwenden, und doch kann man ohne Sentimentalität sagen, daß es Elemente erdverbundener Stärke und Individualität gab, die nicht nur dem Außenseiter ästhetischen Genuß verschafften, sondern auch die zu erbringenden Opfer ein wenig ausgleichen konnten.

Verralls Frau Lydia war eine Nachfahrin des Müllers; also wird sie ihn wohl nach Monks House gebracht haben. Sie starb sieben Jahre vor ihm und liegt natürlich, wie er, unter den Ulmen und Eiben des Friedhofs. Nachdem sie gestorben war, wohnte er allein weiter in Monks House, pflegte seinen Garten, pfropfte die Obstbäume (nicht sonderlich erfolgreich) und sammelte Rätsel, wofür er eine Leidenschaft hatte. Jeden Montagmorgen kam Mrs. Dedman aus einem der Häuschen in der Nachbarschaft und bereitete ihm einen riesigen Braten, den er am ersten Tag warm und den Rest der Woche kalt aß. Im übrigen ernährte er sich von dem Gemüse aus seinem Garten, das er immer roh aß, und dem Obst von seinen Bäumen. Die letzten Jahre seines Lebens lag er meistens im Bett, im kleinsten Zimmer des Hauses, von dem er den Garten überblicken konnte und einen riesigen kahlen Kirschbaum vor dem Fenster, der sich aus einem Blumenbeet emporreckte, in dem sich bereits Kohlköpfe in gehörigem Ausmaß verbreitet hatten. Zur Kirschenzeit lag Verrall mit einer langen Schnur um den großen Zeh auf dem Bett, deren Ende an einer großen Glocke befestigt war, die am obersten Zweig des Kirschbaums hing. Sobald er irgendwelche Vögel auf den Baum zufliegen sah, ruckte er mit dem Fuß, so daß die Glocke läutete und die Vögel verscheucht wurden.

Ich möchte jetzt zum Frühling und Frühsommer 1912 zurückkehren.

Am 29. Mai nahm ich mit Virginia den Lunch in ihrer Wohnung; als wir anschließend plaudernd zusammensaßen, sagte Virginia plötzlich, daß sie mich liebte und heiraten wolle. Es war ein wundervoller Sommernachmittag, und wir hatten das Verlangen, London für eine Weile hinter uns zu lassen. Wir fuhren mit dem Zug bis Maidenhead; dort mietete ich ein Boot und ruderte flußaufwärts bis Marlow, dann kehrten wir um und speisten abends in einem Restaurant am Flußufer in Maidenhead. Wir hatten beide das Gefühl, als wären wir während der zehn Stunden zwischen Lunch und Mitternacht, da wir wieder am Brunswick Square ankamen, in einen wunderschönen, lebhaften Traum geraten. Erst die starke Erregung, als Virginia sagte, daß sie mich heiraten wolle, dann der sanfte Rhythmus des Ruderns den Fluß hinauf. Im Boot durch das Wasser eines Flusses zu gleiten hat für mich immer etwas von dem geräuschlosen Dahintreiben in Träumen gehabt. Und danach die absolute Unwirklichkeit des etwas heruntergekommenen Restaurants und der lärmenden Menge am Fluß. Im allgemeinen ist es beunruhigend, wenn man sich innerhalb einer Menge, einer Herde, isoliert fühlt, nicht dazugehört. Aber es gibt diese köstlichen Augenblicke, wo man das angemessen und wohltuend findet. Im Restaurant und auch bei der Rückfahrt im vollen Zug spürten wir beide die außergewöhnliche Glückseligkeit, für einen Augenblick allein miteinander in einem leeren Universum zu sein.

Solche Augenblicke sind wirklich nur Augenblicke, sie vergehen wie der Blitz, und bevor man sich ihrer bewußt wird, kehrt man zurück in die Herde und ist wieder Teil von ihr.

Virginia und ich wurden am Samstag, dem 10. August, auf dem Standesamt von St. Pancras, in einem Raum mit Ausblick auf den Friedhof, getraut. Bei der Standesamtszeremonie muß man nicht versprechen, sich »zu lieben und zu ehren, bis daß der Tod uns scheide, nach Gottes heiligem Gebot«, aber mit dem Blick aus dem Fenster des Standesamts und den Grabsteinen hinter dem Kopf des Standesbeamten wurde man – vermutlich passenderweise – an die Worte »bis daß der Tod uns scheide« erinnert. Unsere Hochzeitszeremonie hatte, außer dem Blick auf die Grabsteine, auch noch ein komisches Element der Entspannung, das (wenn auch unbeabsichtigt) für die Familie Stephen tyisch war. Mitten in der Prozedur unterbrach Vanessa den Standesbeamten und sagte: »Entschuldigen Sie, daß ich Sie unterbreche, aber mir ist gerade eingefallen – wir haben meinen Sohn, der jetzt zwei Jahre alt ist, unter dem Namen Clement angemeldet und möchten ihn nun Quentin nennen; können Sie mir sagen, was ich da tun muß?« Einen Moment herrschte verblüfftes Schweigen im Raum; wir blickten uns alle mitfühlend um und sahen den ernsthaften, ein bißchen verwirrten Ausdruck auf Vanessas Gesicht. Es trat eine Pause ein, während der Standesbeamte sie mit offenem Mund anstarrte. Dann sagte er streng:»Bitte, Madam, eins nach dem anderen.«

In den sieben Wochen zwischen unserem Ausflug nach Maidenhead und dem zum Standesamt St. Pancras lebten wir ziemlich hektisch und gingen ständig ins Theater, in Konzerte, in die Oper. Wir hatten einen großen Freundes- und Bekanntenkreis, lebten also sehr gesellig. Ich wurde vielen Verwandten von Virginia vorgeführt, die ich bis dahin noch nicht kennengelernt hatte. Die Interessanteste war Lady Ritchie – Tante Anny, wie sie immer genannt wurde. Tante Anny war 1837 geboren und demnach fünfundsiebzig, als ich im Haus der Ritchies am St. George's Square zum Essen eingeladen war, leicht erdrückt und bedrückt von der massiven viktorianischen Schwermut in ihrem Speisezimmer. Sie war die älteste Tochter Thackerays und die Schwester der ersten Frau von Virginias Vater. Im Alter von vierzig Jahren heiratete sie ihren Vetter Richmond Thackeray Ritchie, der 17 Jahre jünger war als sie. Er war ein außerordentlich tüchtiger, eindrucksvoller Mann, der mir, wie er da so am Kopfende des Tisches saß, ziemlich finster vorkam; er war Unterstaatssekretär im Ministerium für Indien.

Tante Anny war das seltene Beispiel für das Kind eines genialen Menschen, dem etwas von der Genialität vererbt war. Man findet es in ihren Büchern wieder, sogar in ihren heute nicht mehr gelesenen Romanen, besonders aber in ihren autobiographischen Schriften. Ihr Genie war, wie fast alles an ihr und in ihr, ein wenig außer Kontrolle geraten. Ihre exzentrische Veranlagung ließ sie Züge verpassen, Termine durchein-

anderbringen und die Kapitel der meisten ihrer Bücher so ver-
mengen, daß das letzte Kapitel als erstes erschien (was niemand bemerkte). Ihre Flatterhaftigkeit war absurd und belu-
stigte, wie Virginia in ihrem Essay *The Enchanted Organ* berichtet, den großen Charles Darwin, der entschuldigend sagte:
»Ich kann einfach nicht anders, ich muß lachen.« Aber so ganz
absurd war das – und vor allem sie – nicht. Es war Bestandteil
dessen, was ihren großen Charme, ihre Genialität und Phantasie ausmachte. Virginia schrieb, daß »sie Dinge sagte, die wirklich kein Mensch so meinen konnte, und doch meinte sie sie so«.

An jenem Abend 1912 saß sie am einen Ende des Tisches,
Richmond am anderen, und sah sehr zerbrechlich aus, als lebte
sie nicht ganz in derselben Welt wie wir, und dann und wann
sagte sie plötzlich diese Dinge, die wirklich kein Mensch so meinen konnte, die sie aber so meinte. Ab und zu hörte Richmond
am anderen Ende des Tisches einen dieser seltsamen Aussprü-
che, die ihn offenbar reizten wie ein kleiner Stachel, der ihm seit
so vielen Jahren des Haus- und Ehelebens in der Seele steckte,
und dann wies er sie einigermaßen scharf zurecht. Merkwürdig
war, daß, wenn ich über das nachdachte, was sie tatsächlich
gesagt hatte, die Absurdität blieb, ich aber hinter der Absurdität etwas Phantastisches zu sehen glaubte, etwas, das nur
Tante Anny gesehen hatte und das wir nicht ganz greifen konnten, und Richmonds Ärger machte mich zornig. Ich glaube, ich
muß ihr gezeigt haben, was ich über sie und das, was sie sagte,
dachte, denn in einem Brief, den sie einige Zeit danach an Virginia geschrieben hat, heißt es: »Ich bin immer sehr froh, wenn
ich an Deinen lieben Mann denke, der zu der Sorte Menschen
gehört, denen mein Herz zufliegt.« Der erste Satz dieses Briefes
ist es auch wert, zitiert zu werden, denn er ist ein gutes Beispiel

für ihren Stil und für einige der Eigentümlichkeiten, von denen
ich eben gesprochen habe: »Meine liebste Virginia, ich wollte
eigentlich auch für Dich eine hübsche Karte besorgen, aber nur
Nessas Schmetterlinge flogen davon, und Deine reiste, wie
Karten reisen, und es gibt nur die äußere Hülle, die ich Dir mit
meiner Liebe und meinem Segen schicke.*

Ich war froh, als wir die Vorstellungstour hinter uns hatten.
Die Kinder von Sir Leslie Stephen waren um die Jahrhundert-
wende, als ihr Vater starb, aus der Gesellschaft ausgebrochen,
in die sie hineingeboren waren. Dieser Gesellschaft gehörten
die oberen Schichten der akademischen Mittelklasse und der
Landadel an, und sie war bis zu einem gewissen Maße mit Aristokratie durchsetzt. Aber obwohl Vanessa, Virginia und
Adrian sich von ihr und Kensington und Mayfair gelöst hatten,
um in Bloomsbury das zu leben, was ihre Verwandten und
alten Freunde der Familie Bohèmeleben nannten, gab es doch
keinen vollständigen Bruch; von Zeit zu Zeit trafen sie bei
gesellschaftlichen Anlässen die Verwandten der Stephen- und
der Duckworth-Sippe und die alten Freunde der Familie. Es

---

* Der folgende Brief, den sie an mich schrieb, ist ebenfalls typisch; ich hatte sie
gebeten, die Bewegung für das allgemeine Erwachsenenwahlrecht zu unter-
stutzen: »Ach mein lieber Leonard, was wirst Du von mir denken! Ich fände es
jammerschade, ungleichen Menschen gleiche Stimmen zu geben, ich würde
dem einen Menschen hundert geben und einem anderen nur eine Viertel-
stimme, ich würde Dir viele geben und Virginia auch, bitte grüße sie von mir.
Ich habe für nächsten Donnerstag 16 Uhr eine Freundin zum Tee ins Sesame
eingeladen und dazu die bezaubernde Mrs. Kendall, die Stücke schreibt.
Könntest Du am Donnerstag hierher oder dahin kommen. Erzähl Virginia,
daß wir die gute arme Blanche Cornish einen Monat lang bei uns hatten. Sie
hat ihren lieben Gerald verloren, der Virginia und Nessa so gut kannte. Mit
herzlicher Zuneigung und – wie sagt man da: Nichtübereinstimmung? – Anne
Ritchie.«

war eine soziale Klasse und eine Lebensart, mit der ich bisher
nur in Abständen und als Außenseiter in oberflächliche Berührung gekommen war, zum Beispiel als junger Mann, wenn ich
bei den Stracheys eingeladen war. Ich war ein Außenseiter für
diese Klasse, obwohl ich, und vor mir mein Vater, zur akademischen Mittelklasse gehörten, weil wir uns erst vor kurzem
aus der Schicht jüdischer Ladenbesitzer heraufgearbeitet hatten. Wir waren nicht darin verwurzelt. Die Psychologie der verschiedenen Schichten in der englischen Gesellschaft ist außerordentlich bedeutsam in ihrer Auswirkung auf das Individuum
(oder war es doch vor 50 Jahren). Die Stephens und die Stracheys, die Ritchies, Thackerays und Duckworths verfügten
über ein verschlungenes Gewirr ehrwürdiger Wurzeln und
Ranken, das sich weit durch die obere Mittelklasse, den Landadel und die Aristokratie zog. Unbewußt setzten sie gesellschaftliche Dinge voraus, die ich niemals, weder unbewußt
noch bewußt, voraussetzen konnte. Sie lebten in einer besonderen Atmosphäre von Einfluß, Auftreten, Ansehen, und das war
für sie so selbstverständlich, daß sie sich dessen so wenig
bewußt waren wie Säugetiere der Luft und Fische des Wassers,
in dem sie leben. Jetzt, wo ich Virginia heiraten wollte und ihre
Verwandten aufsuchte, begann ich diese Gesellschaftsschicht
von innen kennenzulernen. Ich weiß, daß ich der aristokratischen Schicht gegenüber ambivalent eingestellt bin, daß ich sie
nicht mag und sie verachte, sie aber gleichzeitig um ihre anma-
ßende Urbanität beneide. In abgemilderter Form gab es dieselbe Ambivalenz in meiner Haltung gegenüber der Gesellschaft, die ich am Dalingridge Place und am St. George's
Square antraf. Ich mochte ihre Ehrbarkeit und ihre Arroganz
nicht, gleichzeitig neidete und fürchtete ich ihre Sicherheit und

ihr Auftreten. Dazu sollte ich vielleicht noch sagen, daß diese Schicht oder Schichten, wie ich sie in diesem Absatz beschrieben habe, jetzt so gut wie ausgestorben sind; sie wurden durch den Ersten Weltkrieg fast zerstört und durch den Zweiten Weltkrieg schließlich ganz ausgelöscht.

Während der Zeit, in der ich im selben Haus wie Virginia am Brunswick Square wohnte, und vor allem in den Monaten vor unserer Heirat, wurde ich zum ersten Mal der Bedrohung durch einen nervösen oder geistigen Zusammenbruch bewußt, der sie immer ausgesetzt war. Ich hatte keinerlei Erfahrung mit Erkrankungen der Nerven oder des Geistes, und es dauerte eine Weile, bis mir die Art der Krankheit und ihre Bedeutung für Virginia klar wurde. Sie spielte eine große Rolle in ihrem und in unserem Leben und war die Ursache ihres Todes. Wenn ich auf den folgenden Seiten einen präzisen und verständlichen Bericht unseres Lebens von 1912 bis 1941, als sie Freitod verübte, geben soll, ist es nötig, daß ich an dieser Stelle die Eigenart ihrer Krankheit erläutere. Die Ärzte nannten es Neurasthenie, und Virginia hatte ihr ganzes Leben lang darunter gelitten. In den dreißig Jahren unserer Ehe konsultierten wir eine beträchtliche Anzahl an Fachärzten für Nerven- und Geisteskrankheiten in und um Harley Street. Ich glaube nicht, daß auch nur einer von ihnen den Grund oder – mehr als nur oberflächlich – den Charakter des Leidens, das sie Neurasthenie nannten, kannte. Es war ein Name, ein Etikett, wie Neuralgie oder Rheuma, der eine Vielzahl von Sünden, Symptomen und Leiden umfaßte. Sie kannten die Symptome oder doch einen Teil davon und konnten innerhalb bestimmter Grenzen vorhersagen, was die Symptome mildern und was sie verschlimmern würde. Oberflächlich betrachtet war die Art des Leidens klar und einfach. Wenn Virginia ein ruhiges, naturgemäßes Leben führte, regelmäßig aß, früh ins Bett ging und sich geistig und körperlich nicht überanstrengte, blieb sie ganz gesund. Aber wenn sie sich auf irgendeine Weise zu sehr anstrengte, wenn sie einem ernsten physischen, geistigen oder seelischen Druck ausgesetzt war, traten sofort Symptome auf, die bei normalen Menschen unbedeutend und vorübergehend sind, bei ihr aber ein Signal für ernste Gefahr waren. Die ersten Symptome waren ein sonderbares »Kopfweh« unten im Hinterkopf, Schlaflosigkeit und Gedanken, die zu rasen begannen. Wenn sie ins Bett ging und im abgedunkelten Raum ruhig dalag, ohne etwas zu tun, dabei große Mengen von Milch trank und gut aß, verschwanden die Symptome langsam, und nach einer Woche oder zehn Tagen ging es ihr besser.

Wenn sie jedoch diese drastischen Maßnahmen nicht sofort ergriff, wenn sie Symptome mißachtete und weiter arbeitete und herumlief und Partys besuchte und spät schlafen ging, dann wurden das Kopfweh, die Schlaflosigkeit, die rasenden Gedanken plötzlich intensiver, und es konnte etliche Wochen dauern, bevor sie wieder zu einem normalen Leben zurückkehren konnte. Doch viermal in ihrem Leben ließen die Symptome nicht nach, und sie überschritt die Grenze, die die Bereiche, die wir geistig normal und nicht normal nennen, voneinander trennt. Sie hatte einen kleineren Zusammenbruch in der Kindheit erlebt und einen größeren nach dem Tod ihrer Mutter 1895, einen weiteren 1914, den vierten 1940. Bei all diesen Zusammenbrüchen gab es zwei deutlich unterscheidbare Phasen, die die Fachleute als manisch-depressiv bezeichnen. In der manischen Phase war sie außerordentlich erregt, ihr Geist arbeitete fieberhaft, sie redete viel und – auf dem Höhepunkt des Anfalls – unzusammenhängend; sie hatte Halluzinationen und hörte Stimmen; zum Beispiel erzählte sie mir, daß sie beim zweiten Anfall die Vögel im Garten vor dem Fenster miteinander griechisch sprechen hörte; und sie wurde aggressiv gegenüber den Krankenschwestern. Bei ihrem dritten Anfall, der 1914 begann, hielt diese Phase mehrere Monate an und endete damit, daß sie für zwei Tage ins Koma fiel. In der depressiven Phase waren alle ihre Gedanken und Emotionen das genaue Gegenteil des manischen Stadiums. Sie versank tief in Melancholie und Verzweiflung, sprach kaum, weigerte sich zu essen, weigerte sich zu glauben, daß sie krank war, und beharrte darauf, daß sie selbst an ihrem Zustand schuld sei; auf dem Höhepunkt dieses Stadiums unternahm sie Freitodversuche; 1895, indem sie aus einem Fenster sprang, 1915*, indem sie eine Überdosis Veronal nahm; 1941 stürzte sie sich in die Ouse.

Dies ist natürlich nur ein sehr verkürzter Bericht der außerordentlich komplizierten geistigen Reaktionen eines sehr sensiblen und klugen Menschen. Einige Dinge sollten erwähnt werden. Die ersten Anzeichen von Erschöpfung, die, wie ich schon sagte, bei Virginia Gefahrensignale waren, sahen bis auf ein oder zwei Einzelheiten genauso aus wie bei jedem anderen Menschen, der sich überanstrengt hat. Die meisten Leute haben schon mal die Erfahrung gemacht, daß sie »todmüde« ins Bett gingen und dann, obwohl sie vorher schon halb schliefen, nicht zur Ruhe kamen, weil ihre Gedanken »rasten«. Bei den meisten Menschen verschwinden die Erschöpfung und

---

* L. W. irrrt sich in beiden Daten: 1895 hatte V. W. ihren ersten Nervenzusammenbruch; 1904, nach dem Tod ihres Vaters, den zweiten, der dazu führte, daß sie aus dem Fenster sprang; am 9. September 1913 nahm sie die Überdosis Veronal. (Anm. d. Hrsg.)

ihre Symptome, sobald sie eine Nacht richtig geschlafen haben.
Virginia unterschied sich von den normalen Leuten nur darin,
daß die Symptome der Erschöpfung sehr viel schneller auftraten, heftiger waren und nicht nur einer Nacht, sondern einer
ganzen Woche der Ruhe bedurften, ehe sie wieder verschwanden. Sie unterschieden sich demnach von den Symptomen bei
normalen Menschen mehr im Ausmaß als in der Art. Und das
gilt auch für die meisten Symptome der späteren Stadien eines
Anfalls, selbst wenn sie die Grenze zwischen Gesundheit und
Krankheit überschritten hatte; sie unterschieden sich von den
Anfangssymptomen vor allem dadurch, daß sie viel heftiger
und schwerer waren. Selbst die Halluzinationen, der Rede-
drang und die Zusammenhanglosigkeit waren Übersteigerun-
gen des »rasenden« Denkens.

All dies ist wahr, und weil es wahr ist, könnte man zu der
Überlegung neigen, daß »Wahnsinn« der Art, wie er als dauernde Bedrohung und entsetzlicher Fluch in Virginias Leben
auftrat, nur eine Frage des Grades, der Dauer und der Heftigkeit geistiger Zustände wäre, die unter bestimmten Umständen bei jedem auftreten können. In dem Fall trüge jeder die
Keime der Krankheit in sich, und Virginia unterschiede sich
von den gewöhnlichen »Gesunden« nur, weil sie bei einem
Zusammenbruch eine starke Zunahme in der Intensität und
der Dauer jener Symptome erlebte, die auch da waren, wenn sie
»gesund« war, und die auch bei anderen, »gesunden« und
»kranken« Menschen vorhanden sind. Ich glaube nicht, daß
diese Betrachtungsweise richtig ist. Fast dreißig Jahre lang
habe ich mit großer Intensität in Virginias Gemüt lesen müssen, denn nur wenn wir die ersten, sehr schwachen Symptome
geistiger Erschöpfung erkannten, konnten wir rechtzeitig

Schritte unternehmen, um einen ernsthaften Zusammenbruch zu verhindern. Ich bin sicher, daß es, wenn sie einen Zusammenbruch erlitt, einen Moment gab, wo sie von dem, was man geistig gesund nennt, in den Wahnsinn überging. Auf der einen Seite dieser Grenze gab es eine Art geistiger Balance, eine psychologische Kohärenz zwischen Intellekt und Emotion, ein Bewußtsein und die Akzeptanz der Außenwelt und rationale Reaktionen auf sie. Auf der anderen Seite waren heftige emotionale Labilität und Schwankungen, eine plötzliche Veränderung einer großen Zahl verstandesmäßiger Voraussetzungen, auf denen, oft unbewußt, die geistigen Anschauungen und Handlungen jedes Menschen beruhen, eine Weigerung, Fakten der Außenwelt zuzulassen oder zu akzeptieren.

Der menschliche Geist ist so komplex und so widersprüchlich, daß man nie eine wertungsfreie Aussage darüber machen kann. Im vorigen Absatz habe ich scheinbar die Theorie vertreten, daß es eine eindeutige Grenze zwischen Gesundheit und Krankheit ganz allgemein gibt und auch bei Virginia gab – daß sie normalerweise gesund war, aber viermal in ihrem Leben die Grenze überschritt, die Gesunde von Kranken trennt. Teilweise ist das richtig, teilweise auch nicht. Wenn es Virginia sehr gut ging, konnte sie über ihre Krankheit sprechen; dann erkannte sie, daß sie wahnsinnig gewesen war, daß sie Halluzinationen gehabt, Stimmen gehört hatte, die es nicht gab, und Wochen oder Monate in einem Alptraum von Tobsucht, Verzweiflung und Aggression gelebt hatte. Wenn sie so war, war sie offensichtlich gesund, und es ging ihr gut. Aber auch dann ging es ihr nicht richtig gut und war sie nicht in dem Maße gesund, wie es die Mehrheit der Menschen ist. Wenn es zu einer Zeit, wo es ihr gut ging, eine Situation oder ein Gespräch gab, das in eindeutigem Zusammenhang mit ihren Zusammenbrüchen oder den Ursachen dafür stand, stieg manchmal eine Spur oder ein Widerhall der Alpträume und Halluzinationen ihres Wahnsinns auf, und es schien, als ob sie ganz tief in ihrem Innersten nie vollkommen gesund wäre.

Zum Beispiel war eines der beunruhigendsten Symptome ihrer Zusammenbrüche die Essensverweigerung. Zu den schlimmsten Zeiten ihrer Depressionen mußte man wochenlang bei fast jeder Mahlzeit oft eine Stunde oder länger dabeisitzen und versuchen, sie dazu zu bestimmen, ein paar Happen zu essen. Was einen zur Verzweiflung brachte war, daß sie durch ihre Verweigerung und die folgende Schwächung den Zusammenbruch noch verlängerte. Ihr geistig-seelisches Gleichgewicht konnte sie nur durch viel Ruhe und Regeneration ihrer körperlichen Kräfte wiedergewinnen. Ganz tief in ihr war die Weigerung, etwas zu essen, mit einem seltsamen Schuldgefühl verbunden: sie behauptete, sie sei nicht krank, sondern ihr Geisteszustand sei auf ihre Fehler zurückzuführen – Faulheit, Antriebslosigkeit, Unersättlichkeit. Diese Einstellung zum Essen hatte sie immer, wenn sie tief in der depressiven Phase steckte. Aber etwas von dieser Haltung war ständig in ihr, selbst wenn sie sich vollständig erholt zu haben schien. Es war immer außerordentlich schwierig, sie dazu zu bringen, genug zu essen, um gesund zu bleiben. Jeder Arzt, den wir konsultierten, sagte ihr, daß sie gut essen und täglich zwei oder drei Glas Milch trinken müßte, das sei wesentlich, wenn sie gesund bleiben und die Anfangssymptome, die Gefahrensignale eines nahenden Zusammenbruchs, abwenden wollte. Alles, was ich zwischen 1912 und 1941 beobachtete, bestätigte diese Diagnose. Aber ich glaube, daß Virginia sie nie akzeptiert hat.

Wenn man sie sich selbst überließ, aß sie außerordentlich wenig, und nur mit dem größten Aufwand konnte sie dazu gebracht werden, jeden Tag ein Glas Milch zu trinken. Es war ein immerwährender und wenig erfolgreicher Kampf. Wir stritten und diskutierten nur selten, aber immer ums Essen und ihre Pflicht, zu ruhen. Und wenn der Streit hitziger wurde, schienen die Halluzinationen, auch wenn sie anscheinend ganz gesund war, in einer abgemilderten, unbestimmten Form in ihrem Geist wieder aufzusteigen. Ihre Feindseligkeit gegenüber Ärzten und Krankenschwestern, die sich während der Zusammenbrüche so deutlich zeigte, kehrte zurück. Sie tat dann, als wäre sie nie krank gewesen – als sei die ganze Behandlung falsch, als äße sie viel zuviel und lebe überhaupt zu lethargisch und ruhig. Unter der Oberfläche ihres Intellekts und ihrer Argumente gab es ein seltsames, irrationales Schuldgefühl.

Ein paar Seiten zuvor habe ich auf die alte Annahme hingewiesen, daß Genie mit Wahnsinn eng verwandt ist. Ich bin ganz sicher, daß Virginias Genie mit dem, was sich als geistige Labilität und Krankheit manifestierte, eng verbunden war. Die schöpferische Phantasie in ihren Romanen, ihre Fähigkeit, in einer Unterhaltung »abzuheben«, und die redseligen Halluzinationen ihrer Zusammenbrüche kamen alle aus derselben Ecke ihres Geistes – sie »stolperte hinter ihrer eigenen Stimme her« und folgte »den Stimmen, die vorausfliegen«. Und das war an sich die Crux ihres Lebens, die Tragödie des Genies. Es waren die geistige oder körperliche Überbeanspruchung und Erschöpfung, die ihre innere Stabilität gefährdeten. Wenn sie ein ruhiges, naturgemäßes Leben führte, ging es ihr gut. Aber ihr zu sagen, wie es die Ärzte immer taten und ich es oft tun mußte, daß sie ein ruhiges, naturgemäßes Leben führen müßte, war absurd, eine schreckliche Ironie. Wenn sie sich übernahm, weil sie zu lange und zu weit lief, weil sie zwei oder drei Nächte hintereinander nach elf Uhr ins Bett ging, zu viele Partys besuchte, dann brachte die körperliche Überanstrengung sehr schnell die bösen Symptome, die Gefahrensignale hervor. Sobald diese auftraten, konnte man ihr zu Recht sagen, sie müsse nun wirklich aufhören und ins Bett gehen und ein paar Tage nichts tun, und so, durch fortwährende Wachsamkeit und (für sie) ermüdende Pausen von Untätigkeit, konnten wir mit dieser Art Überbeanspruchung fertigwerden. Aber die geistige Belastung ihrer Phantasie oder ihres Genies durch ihr eigenes Innere war ebenso gefährlich oder gefährlicher, und wenn man auch einem Menschen wie Virginia sagen kann, sie solle keinen Spaziergang machen oder nicht zu einer Party gehen, kann man ihr nicht verbieten zu denken, zu arbeiten, zu schreiben. Ich kenne keinen Autor, der mit solcher Konzentration und Beharrlichkeit arbeitete wie sie. Wenn sie an einem Roman arbeitete, schrieb sie nur vormittags von zehn bis ein Uhr, aber sie dachte fast den ganzen Tag daran. Und sie legte ihre ganze Persönlichkeit in das Schreiben und das Denken. Selbst Rezensionen schrieb sie immer wieder neu, von Anfang bis Ende, fünf oder sechs Mal; einmal öffnete sie einen Schrank und fand darin (und verbrannte dann) einen ganzen Berg von Manuskripten; es war *Die Fahrt hinaus*, das sie (meines Wissens) fünfmal von Anfang bis Ende neu geschrieben hatte. Ihr Wahnsinn und ihr Schreiben standen also in einer engen und komplizierten Verbindung, und es ist bezeichnend, daß sie, immer, wenn sie ein Buch beendete, in einem Zustand geistiger Erschöpfung war und wochenlang Gefahr lief, zusammenzubrechen. 1936 entging sie nur knapp einem Zusammenbruch, als sie *Die Jahre* beendete; 1941 schrieb sie am 26. Februar die letzten Worte von *Zwischen den Akten,* und am 21. März, dreiundzwanzig Tage später, nahm sie sich das Leben.

Als wir heirateten, hatte ich noch keine genaue Kenntnis und Einsicht in all das, aber ich machte mir große Sorgen um Virginias Gesundheit. Es war offensichtlich, daß Anstrengungen und Belastungen, die sich bei mir überhaupt nicht bemerkbar machten, auf sie eine verhängnisvolle Wirkung ausübten. Sie arbeitete zu der Zeit an *Die Fahrt hinaus* und las mir im März 1912 Teile daraus vor. Ich fand es außerordentlich gut, bemerkte aber schon damals, was für eine Belastung das Schreiben für sie war. Dazu trat dann die emotionale Belastung der Verlobung; sie bekam heftige Kopfschmerzen, litt unter Schlaflosigkeit und mußte für eine Weile ein Sanatorium in Twickenham aufsuchen und sich erholen. Ihr Arzt war zu der Zeit Sir George Savage, ein Fachmann für Geisteskrankheiten und führend auf seinem Gebiet. Er war darüber hinaus ein Freund der Familie und kannte Virginia seit ihrer Geburt. Ich suchte ihn 1912 ziemlich bald auf, und er sprach als Arzt und alter Freund mit mir über Virginias Gesundheit. Er war sehr nett zu mir, machte aber auf mich mehr Eindruck als Mann von Welt denn als Arzt. In den folgenden Monaten beunruhigte mich eine Sache immer stärker. Wir beide wollten Kinder haben, aber je deutlicher mir die gefährliche Wirkung von Streß oder Belastung für sie wurde, desto mehr zweifelte ich, daß sie der Belastung einer Schwangerschaft gewachsen war. Abermals konsultierte ich Sir George Savage; er wischte meine Bedenken vom Tisch. Jetzt kamen zu meiner Besorgnis um Virginias Gesundheit auch noch Zweifel an Sir George Savages

Kompetenz. Mir schien mehr der Mann von Welt (»Wird ihr sehr gut tun, lieber Freund, wird ihr ja so gut tun!«) als der Facharzt für Geisteskrankheiten in seinem Urteil zu stecken. Also konsultierte ich zwei weitere bekannte Ärzte, Maurice Craig und T. B. Hyslop, sowie die Dame, die das Sanatorium leitete, in dem Virginia schon mehrmals gewesen war. Sie bestätigten meine Befürchtungen und waren entschieden dagegen, daß Virginia Kinder bekäme. Wir folgten ihrem Rat.

Wir heirateten am Samstag, dem 10. August 1912. Danach unternahmen wir eine lange, ziellose Hochzeitsreise. Damals trieb mich dauernd die Wanderlust. Ich vermute, daß das ein bißchen an Ceylon lag: während meiner letzten drei Jahre dort im Bezirk Hambantota war ich häufig unterwegs gewesen, hatte nie mehr als zwei Wochen hintereinander in meinem Bungalow verbracht, war immer auf Rundreise und hatte in Zelten oder kahlen Besucher-Bungalows geschlafen. Ich hatte mir angewöhnt zu glauben, daß man jederzeit irgendwie irgendwohin reisen konnte, und nach dieser Maxime reisten wir herum, erst durch die Provence, dann durch Spanien. Das war meist sehr angenehm, aber natürlich gerieten wir ab und zu in Schwierigkeiten, wenn wir in Posadas fern von den Hauptstraßen übernachteten und in abgelegenen Dörfern Maultierkarren mieteten. Mir war damals nicht bewußt, daß diese Art des Reisens wohl zu anstrengend für Virginia sein würde. Schließlich erreichten wir Valencia, und zufällig entdeckte ich ein ungarisches Schiff, das eben nach Marseille abgehen sollte und bereit war, uns als die einzigen Passagiere mitzunehmen. Da wir uns weder mit Englisch noch mit Französisch, Singhalesisch oder Tamilisch verständlich machen noch unsererseits Ungarisch verstehen konnten, ahnten wir nicht, daß wir abends um 18.30 Uhr zum Essen hätten erscheinen müssen und daß es bei Medern und Persern sowie Österreichern und Ungarn unabänderliches Gesetz war, nach 19.30 Uhr keinem Passagier noch etwas zu essen zu geben. Wir gingen hungrig ins Bett; das Mittelmeer war außerordentlich stürmisch; das Schiff ruckte und rollte, knirschte und stöhnte. Mitten in der Nacht wachte ich auf und stellte fest, daß ich nicht allein in meiner Koje lag: Drei große Katzen hatten sich zu mir gesellt. Morgens um halb acht torkelte ich an Deck und fand den Dritten Offizier, der Englisch sprach. Ich machte ihm klar, daß ich sehr hungrig wäre und warum. Er nahm mich mit auf die Brücke und ließ mir dort ein Frühstück servieren; der erste Gang war eine riesige Gewürzgurke in Essig und Öl. Zu den tapfersten Taten, die ich je vollbracht habe, gehört, glaube ich, daß ich sie gegessen habe. Es folgten zwei Spiegeleier mit Schinken, Kaffee und Brötchen, während das Schiff, das Meer und die Küste Frankreichs auf und ab schwankten. Von Marseille aus fuhren wir mit dem Zug nach Venedig und blieben dort ein oder zwei Wochen in einer Pension am Canale Grande; hier lernten wir Venedigs fremdartige Schönheit kennen und den Wind, der durch die Kanäle pfeift und einem manchmal kälter als jeder andere Wind Europas vorkommt. Ende November kehrten wir nach London zurück.

Im Dezember 1912, als wir von unserer Hochzeitsreise zurück waren, zogen wir ins Cliffords Inn in der Fleet Street. Damals war es noch das alte Cliffords Inn, richtig hübsch, und unsere Zimmer waren unglaublich alt und dazu unglaublich zugig und schmutzig, denn vor 50 Jahren fiel in der City von London Tag und Nacht ein leichter, langsamer Niederschlag von Ruß; wenn man schreibend am offenen Fenster saß, bedeckte ein dünner Film von Ruß das Papier, bevor man die Seite vollgeschrieben hatte. Die City von London ist oder vielmehr war einer der angenehmsten Wohnbezirke Londons. Von Montag bis Samstag morgen hatte sie etwas eigentümlich Belebendes. Eigentlich war es gar keine Wohngegend, und doch, mit Fleet Street und dem Temple und Fetter Lane und dem Gough Square vor der Tür hatte man das Gefühl, sie sei seit Hunderten von Jahren von Chaucer, Shakespeare, Pepys, Johnson und Boswell bewohnt. Und obwohl Fleet Street eine der lautesten Straßen Londons war, hörte man im Cliffords Inn nur das unablässige gedämpfte Summen und Rumpeln des Verkehrs. Samstag morgens bis über den ganzen Sonntag veränderte sich die Gegend vollständig; sie wurde zur verlassenen Stadt. Es gab praktisch keinen Verkehr mehr, nur gelegentlich einen einsamen Polizisten oder Fußgänger. Sonntags konnte man – und wir taten das oft – meilenweit durch leere Straßen nach Osten wandern. Kein Londoner, der niemals östlich der Chancery Lane gewohnt hat, kennt den Charakter dieser Stadt wirklich. Ich habe in Kensington, Bloomsbury und Westminster gelebt – aber die City ist für mich das Herz Londons.

Das Leben in Cliffords Inn war außerordentlich angenehm. Die alten Gebäude, die Zimmer, der Hof waren fast genauso wie in einem Cambridger College, und es war, als wäre ich heimgekehrt und wohnte wieder im Great Court von Trinity. Wir fühlten uns wunderbar frei. Dienstboten hatten wir natürlich nicht, nur eine Aufwartefrau kam täglich und machte die Betten, wischte den Ruß auf und wusch das Geschirr ab. Jeden Abend überquerten wir die Fleet Street und aßen in der Cock Tavern. Der Cock erinnerte noch immer an Tennyson; in Möbeln und Speisen lag noch der Geruch und die Atmosphäre beträchtlichen Alters. Es war ein richtiges altes Stadt-Speise-haus. Man saß in holzgetäfelten Nischen, und abends war es fast immer ziemlich leer, nur Journalisten von den Tageszeitungen und Juristen vom Temple kamen noch bis spät nachts vorbei. Der Oberkellner Henry war eine Antiquität; er gehörte einem Zeitalter und einer Tradition an, von der man sogar 1912 wußte, daß sie bereits vorbei war. Er war groß, hatte ein weißes Gesicht und rote Haare und war unglaublich würdig, langsam, gelassen. Es war ein großer Tag, wenn er einen endlich als Stammgast anerkannte. Er begrüßte einen mit einer Andeutung von Lächeln, und während man Platz nahm, flüsterte er vertraulich: »Heute würde ich die Grillhaxe empfehlen, Sir«, oder: »Ich fürchte, ich kann den Steak-and-Kidney-Pudding heute nicht empfehlen, Sir, er ist nicht *ganz* so gut wie üblich.«

Wir arbeiteten beide hart, als wir uns in Cliffords Inn niederließen. Virginia schrieb die letzten Kapitel von *Die Fahrt hinaus* zum zehnten oder vielleicht auch zwanzigsten Mal neu. Sie wurde im Februar damit fertig, und ich las es Anfang März und brachte es am 9. März Gerald Duckworth, ihrem Halbbruder, der Besitzer des Verlags Duckworth & Co. in der Henrietta Street war. Edward Garnett schrieb ein außerordentlich anerkennendes Lektoratsgutachten dazu, und Gerald erklärte sich bereit, es zu veröffentlichen. Die Vertragsbedingungen sind interessant. Der Verleger verpflichtete sich, dem Autor folgende Tantiemen zu zahlen: bei den ersten 5000 verkauften Exemplaren 15 % vom Ladenpreis für zwölf von je dreizehn verkauften Exemplaren, bei allen Absätzen über 5000 Exemplaren 20 %.

Eine Vorauszahlung auf die Honorare gab es nicht. Das Buch erschien dann erst 1915. Durch Virginias Zusammenbruch entstand eine Verzögerung von zwei Jahren. Sie druckten 2000 Stück, und als 1929, vierzehn Jahre später, die Hogarth Press die Rechte von Duckworth kaufte, gab es immer noch unverkaufte Restbestände. In den zehn Jahren, bevor die Hogarth Press das Buch übernahm, von 1919 bis 1929, verkaufte Duckworth 479 Exemplare, für die Virginia 26 £. 2 s. 10 d an Tantiemen bekam. Das Schicksal von *Die Fahrt hinaus* in den ersten fünfzehn Jahren nach Erscheinen zeigt, wieviel Zeit vergeht, bis eine Autorin wie Virginia ihre Bücher verkauft oder bis sie Geld daran verdient. *Die Fahrt hinaus* hatte eine außerordentlich gute Presse; die Rezensenten waren fast alle des Lobes voll, und sie wurde von Anfang an als bedeutende Schriftstellerin anerkannt. Bis zum Jahre 1929 hatte sie *Die Fahrt zum Leuchtturm* und *Orlando* veröffentlicht und sich als sehr erfolgreiche Schriftstellerin bewiesen. Von der *Fahrt zum Leuchtturm* wurden im ersten Jahr 4000 Exemplare verkauft, von *Orlando* im ersten Monat 4000. Aber es dauerte, wie gesagt, fünfzehn Jahre, bis 2000 Exemplare von *Die Fahrt hinaus* verkauft waren, und die Einnahmen der Autorin daraus betrugen weniger als 120 £. Aber sobald ein Autor sich wirklich durchgesetzt hat, gehen alle seine Bücher. Deshalb verkauften wir in der Hogarth Press, als wir *Die Fahrt hinaus* nachdruckten, im ersten Jahr 781 Stück, obwohl in den vorangegangenen zehn Jahren weniger als 500 verkauft worden waren.

Inzwischen hatte Edward Arnold 1913 meinen Roman *Das Dorf im Dschungel* herausgebracht. Das Buch war auf seine Weise gar nicht so erfolglos. Es bekam sehr gute Kritiken. Die erste Auflage war sofort vergriffen, und es wurde vor Ende 1913 zweimal nachgedruckt, und 1925 abermals. Vier Auflagen vom ersten Buch in zwölf Jahren – das hört sich ganz gut an;

aber es hört sich besser an als das finanzielle Ergebnis. Arnold betrachtete die Verkaufsaussichten für das Buch nicht als rosig, und als die erste Auflage verkauft war, druckte er nur ein paar hundert Exemplare nach. Eher zu seinem Ärger, glaube ich, wurden diese auch sofort verkauft, und er mußte zum zweiten Mal nachdrucken. Bis 1929 waren von dem Buch 2149 Exemplare abgesetzt. Mein Vertrag mit Arnold war für den Autor weniger günstig als Virginias mit Duckworth. Ich bekam 10 % für die ersten 1000 verkauften Exemplare und danach 15 %, und da der Verkaufspreis nur 5 s betrug, während der für *Die Fahrt hinaus* bei 6 s lag, hatte ich bis 1929, obwohl von meinem Buch ein paar mehr verkauft waren als von ihrem, nur 63 £. 3 s gegenüber ihren 110–120 £ eingenommen.

Heute, wo ich selbst Verleger bin, finde ich es witzig, daß mir Arnold, wenn ich eins meiner Bücher (Verkaufspreis 5 s) von ihm kaufte, dafür 4 s abnahm, und dazu 4 d, wenn er es mir zum Brunswick Square schickte. Er nahm also dem Autor 4 s. 4 d für ein Buch ab, für das er von einem Londoner Buchhändler entweder 3 s. 9 p oder 3 s. 4 d einnahm.

Ich bringe all diese Zahlen über den Verkauf der Bücher, die wir schrieben, zum einen deshalb, weil sich unsere Einnahmen als Autoren sehr auf das, was wir im Leben taten, auswirkten, zum anderen aber auch aus allgemeinem Interesse. Nur selten enthüllen Berufsschriftsteller genau und bis in die Einzelheiten, was sie mit ihren Büchern verdient haben, auch in Autobiographien nicht. Ich gedenke hier noch mehrfach Zahlen dazu zu bringen, um die Wirkung der Einnahmen auf unser Schreiben und unser Leben zu zeigen und auch, weil sie ein Licht auf die Finanzen des literarischen Berufsstandes im

20. Jahrhundert werfen. Man betrachte zum Beispiel das Schicksal dieser zwei Romane, *Die Fahrt hinaus* und *Das Dorf im Dschungel*. Es sind zwei ganz verschiedene Bücher, aber sie haben beide überlebt. 1961, sechsundvierzig Jahre nach seinem ersten Erscheinen, wurden in England 441 Exemplare von *Die Fahrt hinaus* zum Verkaufspreis von 10 s. 6 d verkauft, und die Tantiemen betrugen 23 £. 3 s. 1 d – man vergleiche das mit den 479 verkauften Exemplaren und den Tantiemen von 26 £. 2 s. 10 d in den zehn Jahren 1919–1929. Achtundvierzig Jahre nach seinem ersten Erscheinen wurden 1961 von dem *Dorf im Dschungel* 610 Exemplare zum Preis von 7 s. 6 d verkauft, und die Tantiemen betrugen 12 £. 3 s. 6 d* – man vergleiche mit den 770 verkauften Exemplaren und den Tantiemen von 28 £. 7 s. 11 d in den zehn Jahren 1919–1929.

In den ersten Jahren unserer Ehe waren diese Zahlen von großer praktischer Bedeutung für uns. Virginia hatte einen bestimmten Betrag in Aktien und Einlagen angelegt, deren theoretischer Wert bei 9000 £ lag. Daraus bezog sie ein Einkommen von weniger als 400 £. 1917 hatten wir Ausgaben von 697 £, 1918 von 717 £ und 1919 von 845 £. Es war also klar, daß wir zusammen etwa 400 bis 500 £ im Jahr verdienen mußten. Tatsächlich war unsere finanzielle Lage noch viel finsterer oder unsicherer, als diese Zahlen vermuten lassen. 1915, auf dem Höhepunkt von Virginias Zusammenbruch, hatten wir monatelang Krankenschwestern im Haus, bis zu vier auf einmal, und sie wurde regelmäßig von Ärzten aus der Harley Street besucht. Die Kosten für Ärzte und Schwestern für die

---

* Die Tantiemen auf die 610 Exemplare sind so niedrig, weil die meisten zu Exportpreisen nach Ceylon verkauft wurden.

zwölf Monate müssen mehr als 500 £ betragen haben. Jede Hoffnung, daß wir das mit Bücherschreiben verdienen könnten, schwand schnell. Virginia hatte mehr als vier Jahre gebraucht, um *Die Fahrt hinaus* zu schreiben. Es dauerte sechs Jahre, bis sie ihren zweiten Roman, *Nacht und Tag*, geschrieben hatte, den Duckworth 1919 herausbrachte. Der Vertrag sah etwa genauso aus wie der für das erste Buch. Duckworth druckte 2000 Exemplare, und der Verkaufspreis betrug 9 s. 1920 wurden 1000 Exemplare nachgedruckt, die ab 1923 zum Preis von 3 s. 6 d verkauft wurden. Als die Hogarth Press 1929 die Rechte von Duckworth kaufte, waren von der 9-s-Ausgabe 1768 Exemplare verkauft, und von der zu 3 s. 6 d waren es 566, so daß noch immer 500 Stück unverkauft waren. Virginia hatte 119 £. 3 s. 11 d an Tantiemen dafür erhalten. Außerdem gab es eine von Doran veröffentlichte amerikanische Ausgabe; 1921 wurden 1326 Exemplare verkauft, für die Virginia 27 £. 13 s. 7 d Tantiemen bekam. Insgesamt nahm sie also in den zehn Jahren von 1919–1929 für dieses Buch 146 £. 17 s. 4 d ein. Das erste Buch von ihr, das nach *Nacht und Tag* erschien, war *Montag oder Dienstag* im Jahre 1921, ein Buch mit Sketches und Kurzgeschichten. Bis Ende 1921 hatte sie weniger als 100 £ an *Die Fahrt hinaus* und 108 £ an *Nacht und Tag* verdient. In den zwölf Jahren seit 1909 (als sie angefangen hatte, *Die Fahrt hinaus* zu schreiben) hatte sie nur rund 205 £ oder im Schnitt 17 £. 1 s. 8 d jährlich verdient.

Mein zweiter Roman, *The Wise Virgins*, erschien 1914 gleichzeitig mit dem Ausbruch des Krieges. Der Krieg brachte ihn um, und ich verdiente insgesamt 20 £ daran. Ende 1921 hatte mir *Das Dorf im Dschungel* 42 £ eingebracht, so daß mein Einkommen als Romancier 62 £ in zehn Jahren oder 6 £. 4 s per annum betrug. Es sah so aus, als ob Virginia und ich nicht damit rechnen konnten, zusammen mehr als 23 £ jährlich mit Schreiben einzunehmen, und offensichtlich auf andere Art und Weise rund 477 £ im Jahr verdienen mußten, wenn unsere Rechnung aufgehen sollte.

Die Haltung unterschiedlicher Menschen gegenüber Geld und finanzieller Sicherheit hat etwas Seltsames. Ich glaube, ich bin von Natur aus kein Pessimist, jedenfalls nicht, was materielle Dinge angeht. Wenn ich die Wahrheit, die ganze Wahrheit und nichts als die Wahrheit sagen soll, muß ich zugeben, daß ich im Hinterkopf oder in den Tiefen meiner Seele oder der Magengrube (vermutlich allen dreien) psychologisch gesehen eher zur Besorgnis neige. Eigentlich habe ich mich immer unsicher gefühlt. Ich habe Angst, mich lächerlich zu machen; an meinem ersten Schultag, auf einer Dinnerparty, bei einem Wochenende in Garsington bei den Morrells. Was soll ich zu Mr. Jones oder Lady Ottoline Morrell oder Aldous Huxley sagen? Meine Hand zittert, wenn ich nur daran denke, und ebenso meine Seele, mein Herz und mein Magen. Natürlich habe ich gelernt, das alles zu verbergen, außer der zitternden Hand. Ein Trost des Altwerdens ist es, daß man lernt, mit Mr. Jones oder Lady Ottoline Morrell zu reden – man hat gelernt, daß selbst die trostloseste Dinnerparty oder das längste Wochenende einmal zu Ende gehen und auch daß der trägste Fluß einmal das Meer erreicht. In langen Phasen meines Lebens mußte ich außerordentlich vorsichtig mit Geld umgehen, aber ich habe mir nie Sorgen darüber gemacht, vermutlich, weil mich die Erfahrungen meiner Kindheit und Jugend gelehrt haben, daß man unsicher und verhältnismäßig arm sein kann, ohne sich etwas daraus zu machen.

Virginias Erfahrungen unterschieden sich grundsätzlich und hatten folglich eine ganz andere Wirkung. Ihre Familie gehörte zum gehobenen akademischen Mittelstand der viktorianischen Gesellschaft, der finanziell (fast) so unerschütterlich gesichert war wie die Bank von England. Auf ihrem Konto bei der Westminster- oder Barclays-Bank standen immer ein paar hundert Pfund, und der Himmel wäre eingestürzt und Recht nicht mehr Recht gewesen, ehe der Kontostand unter Null gefallen wäre. Die Folge war, daß ihr Vater, Sir Leslie Stephen KCB, Autor der *History of English Thought in the 18th Century*, Herausgeber des *Cornhill Magazine* und des *Dictionary of National Biography*, Besitzer eines großen Hauses in Hyde Park, eines weiteren in Emperor's Gate und eines in St. Ives in Cornwall, nie aufhörte, sich und seine Kinder mit Geldsorgen zu quälen. Sein Kapital hatte er in mündelsichere Aktien angelegt, die so ausreichende Dividenden einbrachten, daß die ganze Familie bequem davon leben konnte. Die höchste Einkommensteuer, die er je zu zahlen hatte, belief sich auf 1 s. 3 d pro Pfund, und bis kurz vor seinem Tod im Alter von zweiundsiebzig Jahren waren es nie mehr als 3 bis 8 d pro Pfund. Trotzdem lebte dieser vom Glück begünstigte Mann, dessen Konto beinahe unerschütterlich gesichert war, in der ständigen Furcht bankrott zu gehen, und jeden Montag war er aufs Neue davon überzeugt, daß er von dem, was viktorianische Väter und ihre Frauen die Haushaltsbücher nannten, ruiniert würde. Als seine Frau 1895 starb, übernahm Vanessa, damals sechzehn Jahre alt, die Führung des Haushalts im Hyde Park Gate, unterstützt von Sophie, dem Musterexemplar einer ergebenen

viktorianischen Köchin, deren Brief ich auf Seite 35 zitiert
habe. Während der folgenden neun Jahre bis zu seinem Tod
1904 brachte ihm Vanessa jeden Montagmorgen die Haushaltsbücher, damit er ihr einen Scheck gäbe, mit dem die Ausgaben der vergangenen Woche gedeckt wurden. Dann seufzte
und stöhnte er* zehn Minuten lang über die enormen Summen,
die da für Nahrungsmittel, Löhne, Licht, Kohlen ausgegeben
würden – wenn das so weiterginge, drohe ihnen der Ruin, und
sie würden noch alle im Armenhaus enden. »Der drohende
Ruin« und das »Armenhaus« waren die finanziellen Alpträume, die so manchen wohlhabenden Viktorianer verfolgten. Dabei war Leslie Stephen ein außerordentlich freundlicher und liebevoller Mensch, und außer an Montagmorgen-
den auch großzügig.

Die Wolke von bevorstehendem Bankrott und Armut, um
nicht zu sagen dem sicheren Hungertod, die montags über
ihrem Vater und ihrer Schwester hing, wirkte auch auf die so
leicht zu beeindruckende Virginia im Alter von dreizehn bis
zweiundzwanzig. Sie hat nie unter den Zwangsvorstellungen
ihres Vaters von Ruin und Bankrott gelitten. Im allgemeinen

---

* Leslie Stephen pflegte im Alter häufig vernehmlich zu stöhnen, wie so viele
angesehene Viktorianer, vor allem wenn sie Witwer waren. (Ich glaube, Tennyson brummte ganz ungehemmt, und der Maler Watts auch.) Mr. Gibbs, ein
alter Freund der Familie Stephen, pflegte mehr oder weniger regelmäßig zum
Dinner nach Hyde Park Gate zu kommen. Er war sechs oder sieben Jahre Pri-
vatlehrer des Prinzen von Wales, des späteren Königs Edward VII., gewesen
und trotzdem oder deshalb ein bißchen langweilig – ich glaube, Mr. Pepper in
Die Fahrt hinaus hat einige Züge von ihm. An Abenden, an denen Mr. Gibbs zum
Dinner da war, begann Leslie Stephen gegen zehn Uhr zu stöhnen und in
Abständen ganz verständlich zu sagen: »Ach, warum geht er denn nicht, ach,
warum geht er denn nicht.«

ging sie ganz vernünftig mit Geld um, machte sich wenig Gedanken darüber und gab es, wenn sie es hatte, mit Freuden aus. Aber ab und zu überkam sie eine plötzliche Panik wegen unserer Finanzen, vor allem in den ersten sieben oder acht Jahren unserer Ehe, als wir keine regelmäßige oder auch nur wahrscheinliche Quelle für die Einnahme der 400 oder 500 £ hatten, die wir zur Deckung unserer Ausgaben brauchten. Doch die Panik hielt nicht an, und wir überstürzten uns nicht, um mir sofort eine bezahlte Arbeit zu suchen. Es verstand sich mehr oder weniger von selbst, daß Virginia weiterhin Romane schreiben und Rezensionen für *The Times Literary Supplement* verfassen würde; ich beschloß, mit dem Schreiben von Romanen aufzuhören und zu prüfen, was ich mit journalistischer Arbeit verdienen konnte.

Ich muß jetzt in meinem Gedächtnis den Weg ins Jahr 1913 zurückverfolgen und darüber berichten, wie die Genossenschaftsbewegung mein Leben beruflich und wirtschaftlich berührte. Im Juni 1913 veröffentlichte der *Manchester Guardian* einen Artikel von mir über den Kongreß der Women's Guild in Newcastle. Die Webbs, die im Zentrum ihres Fabier-Spinnennetzes saßen, hielten immer eifrig Ausschau nach vielversprechenden jungen Männern. Sie lasen meinen Artikel und waren beeindruckt, das Ergebnis war eine Einladung zum Lunch.

Am 12. Juli aß ich den ersten von vielen Tellern Hammelbraten in der Grosvenor Road. Die Webbs hielten ebensoviel von mir wie von meinem Artikel und brachten mich sofort dazu, der Gesellschaft der Fabier beizutreten. So kam ich zu meiner Arbeit für die Fabier und zum *New Statesman*. Aber bevor ich davon erzähle, möchte ich erst noch etwas über diese zwei seltsamen Menschen, Beatrice und Sidney Webb, sagen.

Ich lernte sie so gut kennen, wie sie wohl irgend jemand meines Alters kennenlernen konnte. Hunderte von Leuten haben sich über die Webbs lustiggemacht, und sie waren in der Tat so grotesk, daß man sie nicht karikieren konnte, weil sie eine Karikatur ihrer selbst waren. Aber hinter dieser wunderlichen Fassade steckten zwei Menschen, für die ich schließlich echte Zuneigung empfand. Ich glaube nicht, daß Sidney jemals irgend jemanden außer Beatrice geliebt hat, aber er mochte mich und ich mochte ihn. Beatrice, die sehr nervös und neurotisch war, entwickelte eine gewisse Zuneigung zu Virginia und mir, und ich empfand echte Zuneigung zu ihr. Aber wie lange man sie auch kannte, man gewöhnte sich nie an ihre Wunderlichkeiten, an die absurde Art und Weise, wie sie sich selbst karikierten. Es erstaunte einen immer wieder, daß sie sich bei ihrer Intelligenz und schnellen Auffassungsgabe der eigenen Wunderlichkeit so wenig bewußt waren. Ich kann der Versuchung nicht widerstehen, ein paar Beispiele dafür zu liefern.

Bei einem anderen Lunch in der Grosvenor Road, diesmal war Virginia dabei, trafen wir den langen, hageren, bärtigen Noel Buxton. Er war ein Buxton, wie er im Buche stand, aus tiefstem Herzen und bis zur letzten Gehirnwindung ein Liberaler, obwohl er damals noch Labour Abgeordneter war, der spätere Labour Peer – Lord Noel-Buxton. Das Gespräch driftete – wenn man das von einem Gespräch mit den Webbs überhaupt sagen kann – zum Thema Erziehung. Beatrice meinte, es sei doch eine gute Idee, wenn die Erziehungsbehörde kleinen Kindern in staatlichen Schulen Sätze von »kommunalen Bauklötzen« zur Verfügung stellten, auf denen die Namen der verschiedenen Organisationen stünden; indem sie dauernd damit spielten, lernten die Kinder dann

mehr oder weniger unbewußt ihre »Bürgerpflichten«.
Beatrice meinte das ganz ernst, aber Virginia, die die Mahlzeit in ihrem Tagebuch beschrieb, sagte, daß »selbst Sidney
sich ein wenig über sie lustig machte«. Sie sagt weiter, was
vielleicht ein bißchen unfair war, daß »Noel Buxton ganz
unterwürfig seinen Sohn für dieses Experiment anbot. Heutzutage sieht man reiche Leute, die im Hinblick auf das Nadel-
öhr*auf Teile ihres Goldes verzichten.«

Ich möchte noch von einer weiteren Unterhaltung mit den
Webbs berichten, denn das war das beste, was ich sie je habe
sagen hören. Ich weiß nicht, ob andere Leute ähnliche Bemer-
kungen der Webbs aufgezeichnet haben, und wahrscheinlich
sagten die Webbs zu anderen manchmal das gleiche wie an
diesem Tag zu Virginia und mir. Jedenfalls kann ich mich für
die Richtigkeit des folgenden verbürgen. Im September 1918
luden wir Beatrice und Sidney kühn, wenn nicht gar leichtsin-
nig zum Wochenende nach Asham ein und waren sehr
erstaunt und ein bißchen entsetzt, als sie die Einladung
annahmen.

Am Sonntagnachmittag machten die Webbs, Virginia und
ich einen Spaziergang über die Brücke nach Southease und auf
den Hügel oberhalb von Telscombe. Selbst ein Spaziergang
mit den Webbs hatte die Tendenz, geregelt, institutionalisiert
und organisiert abzulaufen, wie die kommunalen Bauklötze,
und so ging ich auf dem Hinweg mit Beatrice und Virginia mit
Sidney, und auf dem Rückweg wechselten wir die Partner. Sidney und ich liefen etwas schneller als die Damen und waren
bald weit voraus; deshalb hielten wir auf einer kleinen Anhöhe

---

* Matth. 19,24 (Anm. d. Hrsg.)

kurz vor Asham an und warteten auf sie. Als sie in einiger Ent-
fernung in Sicht kamen, sagte Sidney zu mir: »Ich weiß, was sie
Ihrer Frau erzählt; sie sagt, die Ehe sei der Papierkorb der
Gefühle.« Abends, als wir endlich allein waren, fragte ich Virginia, ob Beatrice Webb auf der Straße von Southease nach
Asham gesagt hätte, daß die Ehe der Papierkorb der Gefühle
sei. Das habe sie, sagte Virginia. Sobald Sidney und ich ein bißchen voraus gewesen waren, hatte Beatrice sie gefragt, was sie
jetzt, wo sie verheiratet wäre, tun wolle. Sie wolle weiter
Romane schreiben, hatte Virginia geantwortet. Beatrice
schien das zu billigen und warnte sie davor, sich in ihrer Arbeit
durch persönliche Beziehungen beeinträchtigen zu lassen:
»Die Ehe ist ein Papierkorb der Gefühle, wie wir immer
sagen«.* Worauf Virginia, als sie am Bahnübergang ankamen,
antwortete: »Aber würde dazu nicht auch ein guter Dienstbote
reichen?« In ihrem Tagebuch schreibt Virginia: »Wir kämpf-
ten noch mit den Schranken des Bahnübergangs, als sie
bemerkte: ›Ja, möglicherweise reicht auch ein Dienstbote der

---

* Es ist seltsam, daß Virginia diese Unterhaltung in ihrem Tagebuch folgendermaßen aufgezeichnet hat: »Man dürfe nur eine große persönliche Beziehung im Leben haben, sagte sie, oder höchstens zwei – Ehe und Elternschaft.
Die Ehe sei als Abflußrohr für Gefühle notwendig, zur Sicherung des Alters,
wenn die eigene Attraktivität nachließe, und als Hilfe bei der Arbeit.« Das
zeigt, wie schwierig es ist, sich über die Richtigkeit aufgezeichneter Gespräche
sicher zu sein. Ich bin völlig sicher, daß Sidney den Ausdruck »Papierkorb der
Gefühle« benutzte, als er mit mir sprach, und ich bin fast sicher, daß das auch
der Ausdruck war, von dem Virginia bestätigte, daß ihn Beatrice benutzt
hätte. Aber hat nun Beatrice »Abflußrohr« und nicht »Papierkorb« gesagt?
Das ist heute nicht mehr festzustellen. Virginia hat nie ganz genau protokol-
liert, was die Leute sagten, und es ist gut möglich oder sogar wahrscheinlich,
daß sie, als sie drei Tage später dazu kam, ihr Tagebuch zu schreiben, den Ausdruck Abflußrohr (ungenau) hinwarf.

Familie‹.« Virginia setzt dann ihren Bericht von dem Spaziergang mit Beatrice fort:

»Auf dem Weg bergauf legte sie ihren Standpunkt dar, daß man der ganzen Welt Gutes wünschen und niemanden benachteiligen sollte. Ihrer Meinung nach sind die Unterschiede nicht groß, die Schwächen immer die gleichen, man muß vor allem Unpersönlichkeit kultivieren. Im Alten würden Menschen bedeutungsloser, sagte sie; man dächte dann hauptsächlich über die Möglichkeit oder Unmöglichkeit einer besseren Zukunft nach. Diese trübe Auffassung bedrückte mich mehr und mehr, zum Teil vermutlich aus dem selbstsüchtigen Gefühl in ihren Augen nichtig zu sein. Wir endeten bei einem leichten Geplauder über Politik und Schwätzchen über Erinnerungen, wozu Mr. und Mrs. Webb zu gleichen Teilen beitrugen, und gingen ins Bett; zu meinem Entsetzen kam Mrs. W früh am nächsten Morgen herein, um auf Wiedersehen zu sagen, hockte sich mit all ihrer langen Unpersönlichkeit auf meine Bettkante und sah an Strümpfen, Schlüpfer und Topf vorbei. Dieses zu schreiben hat so lange gedauert, daß wir inzwischen am

Montag, dem 23. September,

angekommen sind, und es haben sich so viele Dinge angesammelt, daß ich kaum zu der meisterhaften, abschließenden Beurteilung der Webbs komme, die ich eigentlich vorgehabt hatte. Ursprünglich wollte ich bei meinen halb nörgeligen, halb humorvoll zynischen Gedanken verweilen, die sich bei einer Beschreibung der Webbs aufdrängen. Ich wollte die guten Eigenschaften aufzeigen, die aus diesen gepflegten, energischen, intellektuellen Gewohnheiten entstehen, wie aufgeschlossen sie waren, wie total und konsequent *vernünf-*

tig... Ihr Standpunkt ist absolut klar, außer wenn Mrs. Webb, wie der Durchschnitt sagte, in höheren Regionen schwebt.«

Um ein getreues Bild der Webbs zu zeichnen, darf man nicht unterschlagen, daß ihre Zuneigung und Ergebenheit ohne Frage tief und innig war, was leider selten angemessen beschrieben wurde. Als sie bei uns waren, brachten sie ihre gesamte Tee-Ausrüstung mit, einschließlich Kessel und Spirituskocher. Ganz früh morgens, ich glaube um sechs, machte Sidney in seinem Zimmer Tee und brachte ihn Beatrice, dann las er ihr vor, bis es Zeit war aufzustehen. Ich sehe Sidney immer noch auf der Terrasse in Asham stehen, seine kleine Gestalt samt Bart als Scherenschnitt vor der herrlichen Linie der Downs in einem flammenden September-Sonnenuntergang, und ich höre noch seine Worte, mit denen er uns darlegte, daß sie beide jetzt Mitte sechzig seien und demnach eine Lebenserwartung von vielleicht noch vier oder fünf Jahren hätten. »Ich wünschte«, sagte er, »ich könnte mich mit dem Allmächtigen akkordieren« – bezeichnenderweise benutzte er hier den Versicherungsterminus –, »daß sie und ich gleichzeitig sterben.« Sidney nannte Beatrice, wenn er von ihr sprach, immer »sie«.

Noch eine weitere Erinnerung an die Webbs. Einmal besuchten wir sie im Sommer übers Wochenende in einem Haus in der Nähe von Three Bridges, das sie für einen Monat gemietet hatten. Bernard Shaw und seine Frau waren die einzigen andren Gäste an diesem Wochenende. Beatrice hatte die für sie typische Angewohnheit, alle ihre Freunde und Bekannten in einer Art psychologischer und beruflicher Kartei einzustufen. So war Virginia »die Schriftstellerin« und ich der

»Ex-Kolonialbeamte«. Folglich wurde alles, was in einem Gespräch mit Romanen zu tun hatte, an Virginia delegiert, und alles, was mit Asien oder Afrika zu tun hatte, an mich. Shaw war für Beatrice der allgemeine oder universelle Künstler, er war deshalb nicht nur für die Künste zuständig, sondern für alles, was mit Verschönerung, mit der nicht nützlichen Seite des Lebens zu tun hatte. Ein komisches Beispiel für diese Angewohnheit zeigte sich eines Tages beim Lunch. Auf dem Tisch stand eine Vase mit Blumen. Es waren Wicken oder Nelken – ich weiß nicht mehr genau, was für Blumen, aber sie waren so alltäglich oder weit verbreitet, daß jeder Mensch in Europa mit Ausnahme der Webbs ihren Namen gewußt hätte. Beatrice wußte den Namen nicht, und da das Problem der psychologisch-beruflichen Kartei nach in Shaws Wissensgebiet fiel, wurde es ihm feierlich vorgelegt.

Da ich mich hier chronologisch ungenau mit den Webbs befaßt habe, sollte ich jetzt vielleicht auch mit Shaw fortfahren, den ich bei den Webbs kennengelernt hatte und der viele Jahre lang untrennbar dazugehörte. Einer seiner befremdlichsten Züge war, daß er persönlich ein überaus freundlicher, wohlwollender, bezaubernder Mensch war und dabei fast die unpersönlichste Person, der ich je begegnet bin. Er war immer außerordentlich nett zu Virginia und mir. Wenn wir ihm irgendwo begegneten, kam er auf uns zu, begrüßte uns mit Wärme und Freude und begann gleich mit einer Kaskade von Worten, die vor Geist und Witz blitzten. Man konnte sich leicht geschmeichelt fühlen, als wäre man der einzige Mensch in Europa, mit dem der berühmte George Bernard Shaw in diesem Augenblick zu reden wünschte, aber wenn man ihm zufällig in seine etwas fischigen, eisblauen Augen sah, bekam man einen Schock. Sie schauten einen nicht an, man war gar nicht in ihrem Sichtbereich, sie sahen durch einen hindurch oder über einen hinweg in eine ferne Welt oder ein Universum, das fast ausschließlich von G. B. S. bewohnt war, von seinen Gedanken und Gefühlen, seinen Vorlieben und Phantasien. Während ich dies schreibe, erinnere ich mich an drei mehr oder weniger zufällige Begegnungen mit ihm, die mir wunderbar typisch scheinen. Die erste war auf dem Golders Green; Virginia und ich waren bei der Einäscherung von H. G. Wells' Frau. Hinterher sprachen uns Maynard und Lydia Keynes an. Lydia war in Tränen aufgelöst. Dann trat Shaw zu uns, legte seine Hand auf Lydias Schulter und sagte ihr in einer feierlichen Ansprache, sie solle nicht weinen, der Tod sei kein Ereignis, über das man Tränen vergießen müsse. Es war eine gütige, sogar schöne und eloquente Rede, und doch, obwohl er Lydia gut kannte und mit Sicherheit gern hatte, spürte man, daß er seine Rede nicht an diese besondere, warmherzige Frau richtete, die als Lydia Lopokova von Diaghilews russischem Ballett direkt in die Ehe mit John Maynard Keynes getanzt war, sondern an »eine Frau in Tränen«, die eine beliebige weinende Frau hätte sein können.*

---

* Dieselbe Szene beschrieb Mrs. Shaw – ganz anders – in einem Brief an T. E. Lawrence. (In: *Mrs. G. B. S.* von Janet Dunbar, S. 289): »In dem Augenblick, wo der Sarg durch das Tor in den Feuerofen geschoben wurde und H. G. und die Jungen hingingen, lief G. B. S. durch eine andere Tür in den Garten, und ich brauchte einige Zeit, mich zu beruhigen. Als wir dann zum Auto auf den Hof gingen, fanden wir dort den Rest der Trauergemeinde – die meisten in Tränen (es war tatsächlich so schlimm). Und schon warf sich die Lobokova schluchzend und zitternd in meine Arme. Was für ein winziges Ding sie doch ist: Sie fühlte sich an wie ein Stück Distelwolle, das im Gewitter draußen gewe-

Die zweite Begegnung fand in einem Sitzungsraum im Unterhaus statt. Es war ein Fabier-Ausschuß, bei dem Webb Vorsitzender und ich Sekretär war. Shaw saß neben mir. In Sitzungen verhielt Shaw sich keinen Deut anders als außerhalb, wo er amüsant, paradox und reichlich ausführlich zu reden pflegte. Wenn Webb den Vorsitz hatte, gab er G. B. S. keine Chance, richtig in Fahrt zu kommen; er wurde auf den Punkt oder zum Schweigen gebracht, meistens zum Schweigen. An diesem Nachmittag hatte man ihm höchstens zwei Sätze zugestanden, und als die Verhandlung dem Ende zuging, platzte er beinahe von Worten und Ideen. Er drehte sich zu seinem Nachbarn zur Linken, einem Abgeordneten und zudem einem der fadesten und beschränktesten Menschen, denen ich je begegnete, und begann einen außerordentlich brillanten und amüsanten Monolog. Ich hatte mit Sydney Webb ein paar geschäftliche Dinge zu besprechen, und als ich fertig war, stellte ich fest, daß Shaws glänzende Vorstellung noch immer andauerte. Tatsächlich dauerte das Feuerwerk noch weitere fünf oder zehn Minuten, es war prachtvoll, doch ich glaube nicht, daß der Abgeordnete auch nur einen einzigen von Shaws Knallfröschen, Schwärmern und Raketen verstand, geschweige denn zu würdigen wußte. G. B. S. war das egal; für ihn machte es keinen Unterschied ob er zu dieser Abgeordneten-Attrappe oder zu dem schlauesten Menschen Europas sprach – seine eisblauen Augen gin-

---

sen ist. Dann reichte mir Sydney Olivier mit geröteten Augen seine zitternde Hand; und Virginia selbst, die sehr würdevoll und ruhig und entrückt aussah, befreite mich von der Lopokova ... G. B. S. fing natürlich an, sich ›schlecht zu benehmen‹, witzelte mit allen, und als er schließlich H. G. zum Auto brachte, hat er tatsächlich so etwas wie ein Grinsen aus ihm herausgelockt!«

gen durch den Abgeordneten hindurch oder über ihn hinweg, sie waren verankert im Universum des G. B. S.

Die dritte Begegnung ereignete sich in Kensington Gardens. Virginia und ich gingen an einem schönen Sonntagnachmittag im Park spazieren. Als wir vom Hyde Park zu
Kensington Gardens in Richtung Flower Walk hinüberlie-
fen, kam uns Shaw entgegen. Er blieb stehen und begann
sofort von seiner Weltreise auf einem »Luxusliner« zu erzählen, von der er gerade zurückgekommen war. Für die nächste
Viertelstunde oder zwanzig Minuten stand er in der typischen G. B. S.-Haltung vor uns, sehr aufrecht und mit ver-
schränkten Armen; sein Bart wippte beim Sprechen, und er
hielt uns einen brillanten, ausufernden Monolog über das
Schiff, die Passagiere, seine Zuhörerschaften und was er zu
ihnen gesagt hatte, über seine Triumphe. Als seine Wortkas-
kaden erstarben und wir uns trennten, fand ich uns im Mit-
telpunkt eines weiten Kreises von fünfzehn oder zwanzig
Leuten wieder. Sie hatten Shaw erkannt und waren stehen-
geblieben, um seinem Vortrag zu lauschen, als wäre es eine
öffentliche Veranstaltung. Und dann wurde mir klar, daß es
auch genau das war. Obwohl wir ihn sehr mochten und er
uns auf seine seltsame Weise auch, konnte diese funkelnde
Vorstellung, der wir gerade gelauscht hatten, ebenso an die
zwanzig gaffenden Fremden wie an uns gerichtet sein.

Obwohl Shaw ganz zu Recht von Shaw sehr überzeugt
war, hatte er weder den Dünkel noch die Kompliziertheit,
womit die Großen und noch mehr die VIPs einem so
unglaublich auf die Nerven gehen. Wie die Webbs schien er
nie etwas übelzunehmen oder durch etwas beleidigt zu sein,
was ein jüngerer zu ihm sagte oder tat. Niemand außer Syd-

ney und Beatrice Webb hätte es fertiggebracht, keinen
Unmut zu zeigen, als G. D. H. Cole sie in den besten Zeiten
der Gesellschaft der Fabier mit der rücksichtslosen Arroganz
eines brillanten und unreifen Jugendlichen behandelte. Zu
dieser Zeit etwa hatte ich *Die internationale Rechtsordnung* für
die Fabier-Gesellschaft geschrieben. Als ich erfuhr, daß
Shaw ein Vorwort dazu verfaßt hatte, bestand ich darauf,
daß das Buch in England ohne Shaws Vorwort erschien, mit
der Begründung, daß ich als junger Mensch und Autor das
Buch nach seinen eigenen Stärken und Schwächen beurteilt
wissen wollte. Es sollte ausschließlich auf seinen eigenen Beinen stehen und nicht auf denen des Vorworts eines großen
Mannes. Später war ich mit dem Vorwort für eine amerikanische und eine französische Ausgabe einversanden. Ich
glaube, die meisten großen Männer hätten einen leichten
Groll gehegt oder wären verletzt gewesen, daß das, was als
freundliche und großzügige Geste gedacht war, zurückgewie-
sen wurde. Viele Jahre später erfuhr ich, daß das Gegenteil
der Fall gewesen war, als mir Sir Frederic Osborn einen Brief
zeigte, den ihm Shaw 1917 geschickt hatte und in dem er
erklärte, warum er für irgendein Buch kein Vorwort schreiben wollte und hinzufügte:

»Ich glaube, Sie werden bei näherer Betrachtung sehen,
daß Woolf, der Autor des Buches über supranationale Organisationen der Fabier-Forschungsabteilung, zu dem ich als
Vorsitzender der Abteilung ein Vorwort schreiben mußte,
ganz recht hatte, als er darauf bestand, daß die englische
Ausgabe zunächst ohne mein Vorwort erscheint.«

In den Kriegsjahren, als Virginia und ich, frisch verheiratet, unsere literarischen Karrieren gerade erst begannen,

waren Shaw, H. G. Wells und Arnold Bennett auf dem Gipfel ihrer Möglichkeiten und standen gemeinsam im Zenith
des Literaturhimmels. Natürlich gab es noch. Hardy – und
natürlich auch Conrad und Galsworthy. Aber Hardy stand
allein, ein Olympier, der aus einem früheren Zeitalter überlebt hatte. Galsworthy bezeichneten wir und unsere Generation als zweitklassigen Romancier und fanden ihn spießig,
abgehoben und reaktionär. Conrad hatten wir in unserer
Jugend alle – wenn auch mit leichtem Unbehagen – als großen Prosaschriftsteller begrüßt, aber auch er war »abgehoben« und hatte keinen Kontakt zu oder Botschaft für unsere
Generation. Shaw, Wells und Bennett waren Stars, die ein
ganz anderes Sternbild formierten. Wir kritisierten sie und
reagierten, da wir einer jüngeren Generation angehörten,
ganz natürlich und gesund darauf in verschiedene Richtun-
gen – wie zum Beispiel Virginia auf Bennett in *Mr. Bennett
und Mrs. Brown*. Aber wir verstanden und respektierten sie,
und bis zu einem gewissen Grade verstanden sie uns auch;
jedenfalls fanden wir uns, als die europäische Zivilisation
unter den Angriffen der Barbaren zu zerbrechen begann,
immer auf der gleichen Seite der Barrikaden wie Shaw, Wells
und Bennett.

Auch Sterne müssen verblassen oder sterben. Die roten Riesen schrumpfen zu weißen Zwergen oder zu toten schwarzen
Sonnen. Das Licht der drei Riesen von 1917 ist matt geworden,
vor allem das von Wells und Bennett. Das ist zweifellos natürlich, richtig und angemessen; es liegt in der Logik der Zeit. Aber
wenn ich so über die letzten fünfundvierzig Jahre zurückblicke,
sehe ich sie als eine bemerkenswerte Dreieinigkeit, weder als
unbedeutende Menschen noch als Schriftsteller. Es war faszi-

nierend, wenn man die drei zusammen sah und die Funken
flogen. Ich lernte Wells während des Krieges kennen, und am
Anfang unserer Karriere, als ich Literaturredakteur bei der
Nation war, lud uns Mrs. Wells einmal zum Dinner ein. Wir
kamen pünktlich am Whitehall Court an, fanden aber nur
H. G. mit Frau, Sohn und Sekretär vor. Bald jedoch öffnete
sich die Tür, und das Mädchen kündigte Mr. und Mrs. Bernard Shaw an, ein paar Minuten später öffnete sich wieder die
Tür, und das Mädchen kündigte Mr. und Mrs. Arnold Bennett an. Wir waren Bennett bis dahin selten begegnet, und ich
war überwältigt von seiner Aura. Bennett machte es mir auch
nicht gerade leicht. Ich hatte seinen Roman *Lord Raingo* in der
Nation ziemlich kritisch besprochen. Beim Essen saß Bennett
links von Mrs. Wells und ich rechts von ihr mit Mrs. Shaw zu
meiner Rechten; Virginia saß am anderen Ende des Tisches
zwischen Shaw und H. G. Wir hatten uns gerade hingesetzt,
da fixierte mich Bennett, lehnte sich herüber und sagte: »W-
w-woolf m-m-mag meine R-r-romane nicht!« Ich versuchte zu
protestieren, daß das nicht der Fall sei, aber noch mehrfach
während des Essens wurde das »Kanonenfeuer« über den
Tisch hinweg auf mich abgeschossen: »W-w-woolf m-m-mag
meine R-r-romane nicht!« Die drei großen Männer waren
persönlich alle ein bißchen erschreckend; was mich im Lauf
des Abends aber faszinierte war die Dominanz von Shaw.
Dann und wann hörten wir durch unser Gespräch seine Wort-
kaskaden am anderen Ende des Tisches aufsteigen, und am
Schluß wurden wir alle von Shaw beherrscht. Arnold hatte
mit seinem langsamen Stottern keine Chance, auch nur ein
Wort einzuwerfen, und begnügte sich bald damit, das Kanonenfeuer auf mich abzuschießen. H. G. gab nicht kampflos

auf, konnte es aber nicht mit Shaw und seinem pyrotechni-
schen Monolog aufnehmen.

Ich habe bereits gesagt, daß Shaw außerordentlich reizend
war und daß ich glaube, daß er Virginia und mich auf seine
eigene Art mochte. Der folgende Brief, den er an Virginia
schrieb, scheint das zu beweisen. Sie hatte ihm wegen irgend
etwas geschrieben, als sie an ihrer Biographie über Roger
Fry arbeitete.

10. Mai 1940

Meine liebe Virginia,

Ich kann mich an diese von Roger beschriebene Angelegenheit nicht erinnern, und ich hätte Kunst als gesellschaftlichen Faktor wohl kaum so bedenkenlos aus meinen Erwä-
gungen verbannt, als ob es sich um ein mir fremdes Thema
handelte, mit dem ich mich nur fünf Minuten beschäftigt
habe. In Wirklichkeit bin ich bis in die Fingerspitzen Künstler und behaupte immer, ich wäre ein sehr gebildeter
Mensch, weil ich in meiner Kindheit dauernd mit Literatur
und Kunst, einschließlich Musik, in Berührung kam und die
Schule mit ihrer Griechisch- und Latein-Schinderei nur als
verrohende Einkerkerung empfand, die meine eigentliche
Bildung auf verhängnisvolle Weise behinderte. Jetzt bin ich
fast vierundachtzig und mehr denn je davon überzeugt, daß
eine ästhetische Bildung heute die bestmögliche ist, und daß
die Mißachtung des Ästhetischen in der Wissenschaft ihr
den Anspruch, wissenschaftlich zu sein, entzogen hat.

Was Roger mich wahrscheinlich hat sagen hören, war,
daß die Kunst nichts Grundsätzliches ändern kann, solange
die wirtschaftlichen Probleme nicht gelöst sind. Ich sage

gern, daß zwölf Stunden Hunger jeden Heiligen, Künstler oder Philosophen auf das Niveau eines Straßenräubers bringen.

Ich glaube, meine erste private Begegnung mit Roger war auch meine erste Begegnung mit Elgar. Wir waren alle drei zum Lunch bei Madame Vandervelde, die damals mit dem inzwischen verstorbenen belgischen Minister der Sozialisten verheiratet war. Elgar, dem als Student meine Musikkritiken Spaß gemacht hatten und der sich an alle meine albernen Späße erinnerte, sprach so gewaltig von Musik, daß Roger nichts anderes übrig blieb, als schweigend zu essen. Schließlich machten wir eine Pause, um Luft zu holen und auch etwas zu essen, und Roger, der wohl das Gefühl hatte, daß die Gastgeberin von ihm einen Beitrag erwartete, begann mit seiner schönen Stimme (seine und die Stimme von Forbes Robertson waren die einzigen, die man um ihrer selbst willen gern hörte): Wie auch immer, es gibt nur eine Art von Kunst: Kunst ist Kunst. Mehr hörte ich nicht, denn meine Aufmerksamkeit wurde durch ein Knurren von der anderen Seite des Tisches in Anspruch genommen. Es war Elgar, mit entblößtem Gebiß und gesträubten Haaren, in rasender Wut: »Musik«, zischte er, »ist ein Geschenk des Himmels, die Sie aufschreiben dürfen. Und Sie vergleichen das mit einer VERDAMMTEN Imitation!«

Der arme Roger konnte danach eigentlich nur noch die Karaffe packen, um Elgars Schädel damit zu zertrümmern, oder es mit der vollendeten Würde eines Engels aufnehmen. Er tat letzteres.

Ich besitze ein Bild von Roger, das ich Ihnen schenken will, wenn Sie mögen: Eine Landschaft.

Ich wünschte, wir sähen Sie und Leonard häufiger, aber wir zwei sind jetzt so fürchterlich alt, daß wir Freunden, die noch in der Blüte ihres Lebens stehen, unsere Gesellschaft nicht mehr zum Vergnügen anzubieten wagen.

Es gibt ein Schauspiel von mir, *Haus Herzenstod,* das ich immer mit Ihnen in Verbindung bringe, weil ich es in dem Haus irgendwo in Sussex entworfen habe, wo ich Sie kennenlernte und mich natürlich in Sie verliebte. Ich vermute, das tat jeder Mann.

Folglich immer der Ihre

G. Bernard Shaw

Ich muß abermals bis zu dem Punkt zurückgehen, als ich meine Laufbahn und den Einfluß der Webbs darauf verlassen habe. Nach meinem ersten Lunch bei ihnen in der Grosvenor Road belegten sie mich sofort mit Beschlag und veranlaßten mich, an einer zweitägigen Konferenz der Fabier-Gesellschaft in Keswick teilzunehmen. Das war auch der Zeitpunkt, an dem der *New Statesman* ins Leben gerufen wurde, und jeden Montag, glaube ich, gaben die Webbs ein *New-Statesman*-Lunch. Sie luden mich zu einem der frühesten, wenn nicht dem ersten, ein. Dort lernte ich Clifford Sharp, den Herausgeber, kennen sowie Jack (später Sir John) Squire, den Literatur-Redakteur, und Robert Lynd, einen von diesen unfehlbaren Journalisten, die dreißig oder vierzig Jahre lang jede Woche einen unfehlbaren Essay über irgendwas oder alles oder nichts absondern, wie eine unfehlbare Wurst (im Journalistenjargon die »Mitte« genannt), und John Roberts, den Manager.

Der Name Robert Lynd erinnert mich an einen absurden

Zwischenfall, den außer der Reihe zu berichten ich nicht unterlassen kann, weshalb ich meine Darstellung des Lunch bei den Webbs mit der Darstellung eines Dinners bei Rose Macauley unterbrechen möchte. Rose, die wir beide sehr gern hatten, lud, irgendwann gegen Ende der zwanziger Jahre, Virginia und mich zum Dinner ein. Wir dachten, es wäre ein ganz normales Dinner mit ihr oder höchstens noch ein, zwei weiteren Gästen. An jenem Tag druckten wir den ganzen Nachmittag; Virginia setzte, ich bediente die Druckerpresse, und es wurde sehr spät. Wir hetzten los, ohne uns umzuziehen, aufgelöst und wahrscheinlich noch mit Spuren von Druckerschwärze an uns. Zu unserem Entsetzen fanden wir dann eine offizielle Dinnerparty mit zehn oder zwölf Gästen vor (in einem Restaurant gegenüber von Roses Wohnung), alles Damen und Herren der Literaturszene, und alle in tadelloser Abendgarderobe. Obwohl wir Rose liebten, war dies die Art Party, die wir beide verabscheuten, denn der Literat, der ja ganz nett sein mag, wenn er in kleinen Gruppen und literarischem Zivil auftritt, ist in offiziellen Herden und in Abendgarderobe ein Langweiler. Da wir als letzte kamen und sie offenbar alle hatten warten lassen, verloren wir beide im Bewußtsein unseres schmutzigen und schlampigen Zustands die Nerven. Ich saß neben Mrs. Lynd und Virginia auf der anderen Seite des Tisches zwischen Robert Lynd und Conal O'Riordan, einem sehr produktiven Romancier, der sich mit grausamer Wahrheit im *Who's Who* selbst als »Man of Letters« bezeichnet hat. Es fing schon schlecht an; meine Hand zitterte derartig, daß ich meine Suppe nicht essen konnte, und alle waren bestürzt, weil mein Löffel so bedrohlich auf dem Teller klapperte und die Suppe gefährlich nahe bei Sylvia Lynd aufs Tischtuch spritzte. Während die Unterhaltung rund um den Tisch zu summen und zu dröhnen begann, fühlte ich mich außerstande, etwas dazu beizutragen. Plötzlich gab es eine Pause, eine vollkommene Stille, wie sie sogar bei einer literarischen Dinnerparty vorkommen kann. Und in dieser Todesstille hörte man Virginias wunderschöne klare Stimme auf der anderen Seite des Tisches sagen: »Was meinen Sie mit ›The Holy Ghost‹? Worauf O'Riordan ärgerlich antwortete: »Ich sagte nicht ›Holy Ghost‹, ich sagte, ›the whole Coast!‹« Ich hatte das Gefühl, daß Virginia sich unmöglich gemacht hatte und daß der ganze Tisch das auch fand, aber jeder versuchte es zu verbergen und wandte sich in angeregtem Plauderton dem Nachbarn zu. Ich wandte mich Mrs. Lynd zu, und als ich, wie ich meinte, ihre weiße Serviette auf dem Boden sah, bückte ich mich und nahm sie auf, um sie ihr zu geben. Unglücklicherweise war es aber nicht ihre Serviette, sondern ihr weißer Unterrock, der versehentlich unter ihrem Rock vorschaute. Sie nahm das übel, und wir schlichen uns, sobald wir konnten, nach dem Dinner davon.

Um zur Grosvenor Road zurückzukehren: Es war das erste von vielen *New-Statesman*-Lunches, die ich in meinem Leben abgesessen habe. Zu diesem war ich offenbar von den Webbs zu einem bestimmten Zweck eingeladen worden. Soweit ich sehen konnte, haben sie nie, nicht ein einziges Mal, auf Sharp und die redaktionelle Gestaltung der Zeitung Einfluß genommen. Aber sie wollten mich mit dem Herausgeber und seinem Stab bekannt machen, um ihnen die Möglichkeit zu geben, mich zu beschäftigen, und mir die Möglichkeit, mich von ihnen beschäftigen zu lassen. Dabei hatten sie Erfolg. Squire schickte mir Bücher zum rezensieren, und innerhalb eines Jahres besprach ich praktisch alle Bücher über Krieg, Außenpolitik und internationale Probleme, die erschienen. Er pflegte mir riesige Pakete mit dieser Art Büchern zu schicken und überließ mir die Entscheidung, ob ich sie besprechen wollte oder nicht.

Jetzt muß ich der Aufgabe ins Auge sehen, von unserem Leben während der vier Kriegsjahre zu berichten. Es wurde während dieser Zeit nicht nur vom Krieg, sondern auch von Virginias Krankheit bestimmt, mit der ich deshalb beginnen will ...

Ich hatte, wie schon berichtet, keinerlei Erfahrung mit Nerven- und Geisteskrankheiten und brauchte einige Zeit, bis mir klar wurde, wie ernst die Symptome waren und wie oft ihre geistige Gesundheit auf des Messers Schneide stand. Ich war schon beunruhigt und besorgt, als wir im Herbst 1912 von unserer Hochzeitsreise zurückkamen. Während der ersten sieben Monate des Jahres 1913 nahm meine Sorge weiter zu, denn die Symptome und Gefahrensignale wurden immer ernster. Im Januar und Februar beendete sie *Die Fahrt hinaus*: Sie schrieb täglich mit einer Art gemarterter Intensität daran. Damals wußte ich noch nicht – was wir erst im Lauf der Jahre durch bittere Erfahrungen lernen mußten –, daß die Wochen und Monate, in denen sie ein Buch abschloß, immer eine furchtbare geistige und nervliche Belastung bedeuteten, die sie an den Rand des Zusammenbruchs brachte. Es war nicht nur die immense geistige Anspannung, mit der sie schrieb, und nicht nur die künstlerische Integrität und Kompromißlosigkeit, die sie veranlaßten, sich unerbittlich zur Meisterleistung zu peitschen. Sie litt außerdem unter etwas, das die meisten Leute als Schwäche oder Charakterfehler bezeichnen würden, das aber auf komplizierte Weise mit ihrer seelischen Labilität verstrickt war: Eine fast pathologische Überempfindlichkeit gegenüber

Kritik, so daß eine immer quälender werdende nervöse Angst sie belastete, je näher sie dem Ende ihres Buches kam und der Notwendigkeit, es und sich selbst den Kritikern zum Fraße vorzuwerfen.

Ich habe nie ein richtiges Tagebuch geführt, in dem alle Begebenheiten festgehalten und kommentiert werden, wohl aber während der letzten fünfzig oder mehr Jahre eine Art Notizengerippe mit nur ein paar Zeilen bloßen Berichts darüber, was ich täglich gemacht habe, geschrieben. Ganz selten, in Krisenzeiten, wenn ich vermeiden will, daß irgend jemand außer mir selbst sie lesen kann, mache ich meine Eintragungen in einer »Geheimschrift«, die vor allem aus einer Mischung aus singhalesischen und tamilischen Buchstaben besteht. Meine Notizen aus dem Jahr 1913 zeigen sehr deutlich die schnelle Verschlimmerung von Virginias Krankheit und meine Besorgnis. Von Januar bis August notierte ich fast täglich ihren Gesundheitszustand, ob sie arbeiten konnte, wie sie geschlafen hatte, ob sie Kopfschmerzen hatte; ab August chiffrierte ich meine Notizen.

Das Tagebuch zeigt, daß sie, nachdem sie das Buch beendet und ich es im März dem Verleger gebracht hatte, immer wieder unter Anfällen quälender Unruhe und Schlaflosigkeit litt und hin und wieder auch unter den Kopfschmerzen, die das Gefahrensignal für etwas Schlimmeres waren. Von Zeit zu Zeit wurde Sir George Savage konsultiert, und irgendwann im Frühjahr wurde endgültig entschieden, daß es zu gefährlich für sie sein würde, ein Kind zu bekommen. Wir verbrachten die meiste Zeit in London im Cliffords Inn, fuhren aber manchmal übers Wochenende und für die Ferien nach Asham. In den ersten zwei Wochen des Juli nahmen meine Befürchtungen immer stärker zu. Virginias Kopfschmerzen wurden schlimmer und schlimmer, sie konnte nicht schlafen, sie aß kaum etwas. Sie konnte nicht arbeiten und war entsetzlich deprimiert, und was mich am meisten alarmierte: Sie weigerte sich zuzugeben, daß sie krank war, und machte sich für ihren Zustand selbst verantwortlich. Ich wußte inzwischen, daß dieses unsinnige Schuldgefühl ein Symptom ihres vorigen Zusammenbruchs gewesen war, der dazu geführt hatte, daß sie aus dem Fenster gesprungen war, um sich umzubringen. In der ersten Juliwoche, die wir in Asham verbrachten, erkannte ich, daß erneut die Gefahr eines Suizids bestand. Ich hatte zugesagt, am 22. Juli anläßlich einer Fabier-Konferenz eine Rede zu halten; Virginia bestand darauf, den Termin einzuhalten, und behauptete, daß es ihr gut genug ginge, um mich begleiten zu können. Wir fuhren, und damit begann ein Alptraum, der monatelang auf uns lastete. Es war einer dieser entsetzlichen Alpträume, dessen Grauen dadurch, daß er zu unserem wirklichen Leben gehörte und dennoch durch Unwirklichkeit getrübt war, doppelt schwer lastete, weil das alltägliche Leben zusammenbrach und gleichzeitig ein wahnsinniger und verheerender Traum stattfand.

Gleich nach unserer Ankunft im Hotel in Keswick ging es Virginia schlechter, sie legte sich hin und blieb während der zweitägigen Konferenz überwiegend im Bett. Als wir wieder in London waren, schickte ich sie zu Sir George Savage. Er sagte, sie müsse sofort für mehrere Wochen in ein Sanatorium nach Twickenham und dort strikte Bettruhe einhalten. Sie war zuvor schon mehrmals dort gewesen, wenn ernsthaft ein Zusammenbruch gedroht hatte. Das Sanatorium wurde von einer Miss Jean Thomas geleitet, die bevorzugt psychisch

Kranke aufnahm. Sie war ziemlich emotional und verehrte
Virginia, eine Kombination, die ihre Nachteile hatte, aber der
gute Savage hielt viel von ihr, und Virginia mochte sie in gewissem Maße, so daß sie einer ein- oder zweiwöchigen Kur
zustimmte.

Bei dieser Unterredung gab Savage ihr ein Versprechen, das
zur Katastrophe führte: Er sagte, wenn sie einwillige, für ein
oder zwei Wochen in das Sanatorium zu gehen, alle Anweisungen von Jean zu befolgen und fest im Bett zu bleiben, dann
könne sie im August mit mir Ferien in Somerset machen. Wir
waren schon mehrmals in einem Gasthof in dem kleinen Dorf
Holford in den Quantocks gewesen und hatten vorgehabt, im
August ein paar Wochen dort zu bleiben. Am 25. Juli ging Virginia in Jeans Sanatorium und blieb bis zum 11. August.
Danach schien es ihr viel besser zu gehen, und am 11. fuhren
wir nach Asham, wo wir bis zum 23. August, dem Tag unserer
Abreise nach Holford, bleiben wollten. Während dieser zwölf
Tage brach der Alptraum wieder völlig über uns herein. Es
ging ihr überhaupt nicht besser. Sie war entsetzlich unruhig,
voller Illusionen, was ihren Gemütszustand anging, sie schlief
nicht und aß kaum. Ich war überzeugt, daß sie jeden Augenblick in völlige Verzweiflung fallen konnte und versuchen
würde, sich umzubringen. Wie sollte das werden, wenn wir
allein in einem kleinen Gasthof in einem einsamen Dorf in
Somerset waren? Jetzt, in diesem Zustand mit ihr dahin zu fahren, schien mir die Katastrophe unvermeidbar zu machen.

Am 22. August fuhren wir auf dem Weg nach Holborn über
London und verbrachten die Nacht bei Vanessa am Gordon
Square. Nachmittags ging ich zu Savage, schilderte ihm die
Situation und sagte, daß es meiner Meinung nach furchtbar

riskant sei, Virginia in ihrem jetzigen Zustand in einen kleinen
Landgasthof zu bringen. Er tat die Gefahr reichlich gering-
schätzig ab und meinte, nach seiner Auffassung müßten wir auf
jeden Fall reisen, denn wenn sie in dem von mir beschriebenen
Gemütszustand war, würde es sie in Verzweiflung stürzen,
wenn ich ihr plötzlich eröffnete, daß es ihr nicht gut genug für
diese Reise ginge, und dann würde sie sofort versuchen, sich
umzubringen. Ich hatte alles Vertrauen zu dem guten Savage
verloren und fühlte mich hoffnungslos in der Zwickmühle. Als
ich zum Gordon Square zurückkam, besprach ich die ganze
Situation mit Vanessa und Roger, der zufällig da war. Sie
stimmten mir zu, daß es außerordentlich gefährlich wäre, Virginia jetzt nach Holford zu bringen. Roger erbot sich, sofort mit
mir zu D. Henry Head zu gehen, einem ausgezeichneten Arzt,
den er gut kannte, um dessen Rat einzuholen. Head war ein
bekannter fachärztlicher Berater, Neurologe und Mitglied der
Königlichen Akademie der Naturwissenschaften. Da er selbst
ein Intellektueller war, würde er jemand wie Virginia besser
verstehen als Savage. Wir riefen ihn an, und er war bereit, mich
sofort zu empfangen. Ich schilderte ihm die Situation und Virginias Gesundheitszustand aus meiner Sicht. Auch er fand es
außerordentlich riskant, sie nach Holford zu bringen, aber da
Savage ihr gesagt hatte, sie könne dorthin reisen, wäre es noch
viel verhängnisvoller, ihr plötzlich zu sagen, daß es ihr dafür
nicht gut genug ginge. Wenn wir das täten, würde sie mit
Sicherheit versuchen, sich umzubringen. Besser wäre es, wie
geplant, am nächsten Tag mit ihr nach Holford zu fahren, und
natürlich ständig und unauffällig über sie zu wachen. Wenn ich
sie dazu brächte, regelmäßig zu ruhen und zu essen, bestünde
die Möglichkeit, daß sie allmählich gesunden würde. Aber falls

sich ihr Zustand verschlimmere und die Depressionen zunäh-
men, solle ich, wie auch immer, einen Freund bitten, runterzu-
kommen, um einen zusätzlichen Schutz gegen einen Selbstmordversuch zu haben. Sollte sich ihr Zustand dann weiter
verschlimmern und ich meinen, ihm nicht mehr gewachsen zu
sein, müsse ich sie eben wieder in die Stadt bringen und versuchen, sie zu überreden, ihn (Head) aufzusuchen. Ich solle ihm
doch von Zeit zu Zeit schreiben und auf dem Laufenden halten.

Am 23. August fuhren wir nach Holford. Vor fünfzig Jahren
war das ein abgelegenes, hübsches kleines Dorf am Fuß der
Quantock Hills. Hier stand das reizende Alfoxton oder Alfox-
den House, wo 1797 und 1798 William und Dorothy Wordsworth lebten. Und nur ein paar Meilen entfernt in dem Dorf
Nether Stowey steht das Haus von Coleridge. Mit Wordsworth
über die Höhen von Quantocks oberhalb von Holford wan-
dernd, entwarf er das Konzept für die Ballade »Der alte Seefah-
rer«, und Dorothys Tagebucheintragungen für den 22. und
23. März lauten:

22. Ich habe den Morgen damit zugebracht, Leinenzeug zu
stärken und aufzuhängen. Abends Spaziergang durch den
Wald, sehr kalt.

23. Coleridge speiste bei uns. Er brachte seine Ballade fertig
mit. Wir gingen mit ihm zum Miner's House. Ein wunderschöner Abend, sternklar, mit Mondsichel.

Die Mondsichel über Holford Coombe im Jahre 1913 war dieselbe, die Dorothy 1798 gesehen hatte, und ich glaube eigentlich nicht, daß sich Nether Stowey, Holford und das Tal seit
jenem Frühlingsabend, als die Wordsworths mit Coleridge
zum Minor's House gingen, sehr geändert hatten. Wenn sie an

diesem Abend ins Plough Inn gekommen wären und mit uns gegessen hätten, hätten sie es wahrscheinlich genauso vorgefunden wie hundertfünfzehn Jahre zuvor.

Es war altmodisch, aber außerordentlich liebenswert. Die Leute, die es führten – ihren Namen habe ich vergessen –, waren alteingesessene Holforder Bauern. Ich kannte sie gut, weil ich schon früher bei ihnen gewohnt hatte. Nach einigen Tagen erkannten sie, in welchem Zustand Virginia sich befand, und sie reagierten mit großer Güte, Feingefühl und Rücksicht. Ich glaube nicht, daß es heutzutage noch irgendwo in Großbritannien einen Gasthof wie das Plough Inn von 1913 gibt. Das Essen war köstlich, die reine englische Küche, die den Vergleich mit den besten Küchen der Welt nicht zu scheuen braucht, die aber von denjenigen, die seit hundertfünfzig Jahren grundsätzlich alle englischen Gerichte verachten, nie erlebt wurde. Etwas Besseres als so ein Somerset-Frühstück mit Brot, Butter, Sahne und Eiern auf Schinken konnte es nicht geben, um den Tag zu beginnen. Rind-, Hammel- und Lammfleisch waren immer fabelhaft und hervorragend zubereitet; die riesigen Schinken, die sie selbst räucherten und die in der Küche von den Deckenbalken hingen, waren so vortrefflich, daß wir uns noch über Jahre ab und an einen schicken ließen, und wir fanden ihn jedesmal genauso gut oder noch besser als den Pfirsichschinken aus Virginia, den man für Unsummen bei Fortnum and Mason kaufte. Und die Getränke, die sie servierten, konnten vielleicht nicht unbedingt mit einem Ch. Margaux oder La Romanée oder beispielsweise einer Deidesheimer Kieselberg Trockenbeerenauslese standhalten, aber es gab Bier und Apfelwein, die nur ein engstirniger, übertrieben wählerischer Trinker verachtet hätte.

In der ersten Woche in Holford ging es mit Virginias Gesundheit auf und ab. Sie beteuerte, vollkommen gesund zu sein, dabei schlief sie schlecht und konnte nur unter größten Schwierigkeiten dazu gebracht werden, etwas zu essen. Außerdem litt sie mit Sicherheit unter Wahnvorstellungen, denn sie glaubte zum Beispiel, daß die Leute sie auslachten. Wenn sie nicht schlafen konnte, gab ich ihr eine meiner Veronal-Tabletten. Nach sieben Tagen ging es ihr deutlich schlechter – die Depressionen verstärkten sich. Für eine Person war es eine beträchtliche Belastung, sich um sie zu kümmern, denn man mußte dauernd, Tag und Nacht, wachsam sein, ohne ihr dabei das Gefühl zu vermitteln, daß sie überwacht wurde.

Ich hatte mit Ka Cox, einer guten Freundin von uns (sie heiratete später Will Arnold-Forster), verabredet, daß ich ihr, wenn ich der Situation allein nicht mehr gewachsen wäre, ein Telegramm schicken würde, um sie herbeizuholen. Nach dieser ersten Woche war mir klar, daß es zu riskant war, allein auf Virginia aufzupassen, und ich telegraphierte ihr. Sie kam am 2. September, aber obwohl sie hervorragend war, konnte man eigentlich nichts mehr machen. Wir lebten absolut ruhig, gingen ein wenig spazieren und lasen. Aber es wurde immer schlimmer, und wir konnten Virginia nicht dazu bewegen, etwas zu essen oder zu ruhen – das einzige, was ihr gut getan hätte. Nach wenigen Tagen waren Ka und ich uns einig, daß es zu gefährlich war, in Holford zu bleiben, und daß ich sie überreden müßte, in London einen Arzt aufzusuchen.

Was dann geschah, zeigt, daß der menschliche Geist, krank oder gesund, verwirrt oder klar, außerordentlich unberechenbar funktioniert. Ich ging zu Virginia und sagte, daß wir meiner Meinung nach nicht länger in Holford bleiben könnten; ich hielte sie für ebenso krank wie ihr Arzt, und sei überzeugt, daß sie sich, wie schon früher, erholen würde, wenn sie sich bemühte, zu essen und zu ruhen, während sie der Meinung sei, gesund zu sein, und ihren Zustand auf eigenes Verschulden zurückführe und glaube, Essen und Ruhen mache sie krank. Ich schlug vor, daß wir sofort nach London fahren sollten, um einen anderen Arzt zu konsultieren – irgendeinen, den sie selbst wählen könnte. Ihm sollte sie ihre Beobachtungen schildern und ich die meinen; wenn er dann sagte, sie sei nicht krank, würde ich seine Diagnose akzeptieren und nicht mehr wegen Essen, Schlafen und Sanatoriumsaufenthalten in sie dringen; aber wenn er sagte sie sei krank, dann sollte sie seine Diagnose akzeptieren und sich der Behandlung unterziehen, die er verordnete.

Anfangs lehnte Virginia den ganzen Plan ab. Aber nach längeren Debatten willigte sie ein. Als ich sie fragte zu welchem Arzt sie gehen wollte, verblüffte sie mich, indem sie spontan sagte, sie wollte zu Head. Es erschien mir in diesem Moment wie ein Wunder. Ich wollte ja, daß sie zu Head ginge, aber ich hatte unüberwindliche Schwierigkeiten erwartet, sie dazu zu bewegen, ihn zu konsultieren. Sie konnte unmöglich wissen, daß ich schon bei ihm gewesen war; denn wenn sie es gewußt hätte, hätte sie das in ihrem augenblicklichen Zustand natürlich gegen ihn eingenommen. Als sie sagte, sie wolle zu Head, glaubte ich einen Moment, sie hätte meine Gedanken gelesen, hätte diesen Gedanken meinem Kopf entnommen. Ich glaube nicht, daß sie meine Gedanken, im Sinne von Gedankenlesen, erriet. Wir wußten häufig instinktiv, was der andere gerade dachte, wie so oft, wenn zwei Menschen ständig und vertraut zusammenleben. Aber ich hatte nie das Gefühl, daß das mit

Gedankenübertragung im eigentlichen Sinne zu tun hatte. Wir dachten manchmal zur gleichen Zeit über die gleichen Dinge nach, auch wenn wir nicht darüber sprachen, und konnten deshalb in einem bestimmten Augenblick erraten, was den anderen in genau diesem Moment beschäftigte. Was sie dazu bewog, Head zu wählen, war wahrscheinlich darauf zurückzuführen, daß Roger ihn als klugen Arzt und auch klugen Menschen zu bezeichnen pflegte – und diese beiden Dinge gehören durchaus nicht unbedingt zusammen.

Ich bat Head per Telegramm um einen Termin, und am Montag, dem 8. September, nachmittags, nahmen wir den Zug von Bridgewater nach London. Diese Reise hatte einerseits den gräßlichen Charakter völliger Normalität und andererseits zugleich den eines scheußlichen Traums, eines Alptraums. Virginia befand sich im Zustand finsterer Verzweiflung, und ich wußte um die Gefahr, daß sie jeden Moment versuchen könnte, aus dem Zug zu springen, um sich umzubringen. Wir erreichten London jedoch unversehrt und verbrachten die Nacht am Brunswick Square. Am nächsten Nachmittag suchten wir Head auf. Ich gab meine Darstellung dessen, was geschehen war, und Virginia gab ihre. Er sagte ihr, daß sie sich vollkommen über ihren Zustand täuschte; sie sei krank, krank wie jemand mit einer Erkältung oder Typhus, aber wenn sie seinem Rat folgte und täte, was er ihr verordnete, dann würden sich die Symptome verlieren; sie würde wieder gesund werden und denken und schreiben und lesen können; sie sollte in ein Sanatorium gehen und ein paar Wochen im Bett bleiben und ruhen und essen.

Wir kehrten zum Brunswick Square zurück, und dann passierte eine Katastrophe. Vanessa kam und unterhielt sich mit

Virginia, die ein bißchen Mut gefaßt zu haben schien. Da Savage nicht wußte, daß wir Head aufgesucht hatten, war für Head eine etwas peinliche Situation entstanden, und er bat mich, Savage aufzusuchen und ihm zu erklären, wie es dazu gekommen war, daß ich Virginia zu ihm gebracht hatte; er wollte, daß ich für den nächsten Tag eine Unterredung mit Savage für ihn vereinbarte. Ich ging also zu Savage und ließ Ka bei Virginia. Bei Savage erreichte mich um 18.30 die telefonische Nachricht von Ka, Virginia sei in tiefen Schlaf gefallen. Ich eilte zum Brunswick Square zurück und stellte fest, daß Virginia schwer atmend und bewußtlos auf ihrem Bett lag. Sie hatte die Veronaltabletten aus meiner Schachtel genommen und eine sehr große Dosis geschluckt. Ich rief Head an; er kam und brachte eine Krankenschwester mit. Zum Glück war Geoffrey Keynes, Maynards Bruder, heute Sir Geoffrey, damals ein junger Arzt, gerade im Haus. Er und ich fuhren in seinem Wagen so schnell es ging ins Krankenhaus, um eine Magenpumpe zu besorgen. Diese Fahrt hatte, wie alles andere jener Tage, etwas Alptraumhaftes. Es war ein wunderschöner sonniger Tag; wir rasten mit Vollgas durch den Verkehr, Geoffrey schrie den Polizisten zu, daß er Arzt sei – »Dringend, dringend!« –, und sie ließen uns durch, als ob wir die Feuerwehr wären. Ich weiß nicht, wie spät es war, als wir wieder am Brunswick Square ankamen, aber Head, Geoffrey und die Schwester arbeiteten schwer bis kurz vor ein Uhr morgens. Am nächsten Morgen (Mittwoch) um neun kam Head wieder und sagte, Virginia sei jetzt so gut wie außer Gefahr. Erst am Donnerstag erlangte sie das Bewußtsein wieder.

Die Verantwortung für die Katastrophe lag nicht bei Ka, sondern bei mir. In Holford hatte ich meine Reisetasche mit dem Veronal immer verschlossen gehalten. Im Tumult von Ankunft und Einfinden am Brunswick Square und der Unterredung mit Head muß ich vergessen haben, sie wieder abzuschließen. Als ich zu Savage ging, legte sich Virginia aufs Bett, und Ka ließ sie ganz richtig allein, damit sie, wenn möglich, ein bißchen schlafen konnte. Meine Tasche stand in dem Zimmer, und sie muß herausgefunden haben, daß sie nicht verschlossen war, und das Veronal genommen haben. Als wahrheitsliebender Autobiograph muß ich wohl zwei Dinge niederschreiben, die mich im Zusammenhang mit dieser Katastrophe psychologisch gesehen in ein schlechtes Licht setzen. Obwohl ich den Anlaß gegeben hatte, fühlte ich mich weder damals noch später so elend und zerknirscht, wie manche Leute es wohl von mir erwarten. Generell hängt das mit der Tatsache zusammen, daß ich offensichtlich keinen Sinn für »Sünde« habe und unfähig bin, Reue für etwas zu empfinden, das geschehen ist und nicht mehr ungeschehen gemacht werden kann – weder intellektuell noch moralisch bin ich in der Lage, mich über Geschehenes aufzuregen. In diesem besonderen Fall erschien es mir unvermeidbar, früher oder später einen solchen Fehler zu begehen. Während der vergangenen zwei Monate hatte ich Tag und Nacht aufgepaßt, um ein Unglück dieser Art zu verhindern. Kein Mensch konnte das allein leisten, und selbst als Ka kam und wir zu zweit waren, reichte das nicht, was man daran ermessen kann, daß wir nach der Katastrophe wochenlang vier ausgebildete Krankenschwestern hatten, von denen jeweils zwei sich Tag und Nacht in der Überwachung ablösten. Der zweite psychologische Tadel gegen mich selbst – der vermutlich mit dem ersten zusammenhängt – ist, daß ich nach diesem entsetzlichen Tag und Abend, als ich nachts um ein Uhr ins

Bett ging, in einen tiefen und friedlichen Schlaf versank und erst sieben Stunden später wieder erwachte . . .

Nachdem Virginia wieder bei Bewußtsein war, mußte ich mich mit dem Folgeproblem auseinandersetzen. Damals war es üblich, jemanden, der ernsthaft selbstmordgefährdet war, amtlich für geistesgestört erklären zu lassen. So ein Verfahren fand vor einem Beamten statt, der aufgrund des ärztlichen Attestes die Aufnahme und Einweisung dieser Person in eine Nervenheilanstalt oder ein Sanatorium, das zur Aufnahme solcher Patienten befugt war, anordnete. Die Ärzte waren natürlich wenig geneigt, das Risiko auf sich zu nehmen, einen selbstmordgefährdeten Patienten ohne amtliche Bescheinigung in einem Privathaushalt zu lassen. Ich war gegen diese Bescheinigung, erklärte mich aber bereit, ein paar Sanatorien aufzusuchen, die gestörte Patienten aufnahmen. Ich glaube, ich habe zwei oder drei aufgesucht, die Head oder Savage empfohlen hatten.

Ich fand sie fürchterlich, große, finstere Bauten von hohen Mauern umschlossen, trostlose Bäume, Verzweiflung. Ich versicherte den Ärzten, ich sei bereit, alles zu tun, was sie forderten, wenn sie einwilligten, sie nicht für geistesgestört erklären zu lassen. Sie erklärten sich einverstanden, vorausgesetzt, ich fände einen Ort auf dem Lande, wo Virginia mit mir und zwei Krankenschwestern (zeitweise sogar vier) bleiben könne. Das bedeutete, daß Asham ausfiel, denn da konnten wir keine zwei oder vier Schwestern unterbringen, und außerdem war es zu abgelegen.

George Duckworth kam uns zu Hilfe, indem er sich erbot, uns sein Landhaus Dalingridge Place zu vermieten. George war Virginias Halbbruder, ein Sohn aus der ersten Ehe ihrer

Mutter mit Herbert Duckworth. Er war ein Mann von Welt oder doch das, was ich mir unter einem glänzenden Mann von Welt vorstelle. Als junger Mann, so hieß es, war er ein Adonis, den alle großen und nicht so großen Damen anhimmelten. Auch im Alter von fünfundvierzig Jahren sah er noch außerordentlich gut aus. Ein sehr guter Kricketspieler, Eton und Trinity College, Cambridge; er kannte jeden von Wichtigkeit, war Freund und Privatsekretär von Austen Chamberlain, errang den angenehmen Posten eines »Secretary to the Royal Commission on Historical Monuments« und den Ritterstand. Er war mit Lady Margaret Herbert verheiratet und hatte sich in der Nähe von East Grinstead ein großes Haus gebaut, Dalingridge Place, das mit allem modernen, der Bequemlichkeit eines Gentleman dienenden Komfort ausgestattet war, einschließlich einiger Hochlandkühe. Er war ein außerordentlich gütiger Mensch und hatte, glaube ich, Vanessa und Virginia sehr gern. Damals besaß er außer Dalingridge auch ein Haus in London, aber Dalingridge war voll betriebsfähig, mit Köchin, Stubenmädchen, Hausmädchen und Gärtnern. Wir brauchten also nichts weiter zu tun, als hinzufahren und uns einzunisten.

In London war noch einiges zu ordnen, denn wir wohnten eigentlich noch im Cliffords Inn, und alle unsere Habe war dort. Es gab viel einzupacken – was ja schon in guten Zeiten zu den trübseligsten Beschäftigungen gehört, so daß wir erst am 20. September nach Dalingridge aufbrechen konnten. Ich nahm vier für die Pflege nervenkranker Patienten ausgebildete Krankenschwestern mit, und Ka kam und blieb ein paar Tage bei uns. Zwei Monate – bis zum 18. November –, wohnten wir in Dalingridge.

Ich weiß nicht, was man heute, 1963, über Nerven- und Geisteskrankheiten weiß; 1913 war das Wissen darüber zum Verzweifeln dürftig. Nach der Katastrophe gab ich Savage als
ernstzunehmenden Arzt praktisch auf (obwohl ich ihn formell
noch konsultierte, um ihn nicht zu verletzen oder zu beleidi-
gen) und wechselte zu Maurice Craig, dem führenden Spezialisten für Nerven- und Geisteskrankheiten in Harley Street. Er
war viel jünger und ein klügerer Mann und Arzt als Savage,
und er kümmerte sich nicht nur im akuten Stadium der beiden
nächsten Jahre um diesen Fall, sondern blieb für den Rest ihres
Lebens Virginias Nervenfacharzt. Im Laufe der Jahre habe ich
fünf Neurologen oder Nervenspezialisten konsultiert, alle führend auf ihrem Gebiet: Sir George Savage, Henry Head, Sir
Maurice Craig, Maurice Wright und T. B. Hyslop. Sie waren
alle Menschen mit Grundsätzen und dem besten Willen; sie
waren alle brillante Ärzte, und ich zweifle nicht, daß sie ebensoviel über den menschlichen Geist und seine Krankheiten
wußten wie alle ihre Zeitgenossen. Es mag arrogant klingen,
wenn ich nun sage, daß es mir schien, als wüßten sie praktisch
nichts. Sie hatten nicht die blasseste Ahnung von Virginias
Geisteszustand und woher es kam, daß sie plötzlich oder allmählich die Verbindung zur realen Welt verlor und in einer
Welt von Wahnvorstellungen lebte, so daß sie zu einer Gefahr
für sich und andere wurde. Da sie nicht wußten, wie oder
warum ihr das geschah, hatten sie natürlich auch kein prakti-
sches oder wissenschaftliches Wissen, wie man sie heilen
könnte. Alles, was sie zu sagen hatten, war, daß sie unter Neurasthenie litte, und daß sie, wenn man sie überreden oder zwin-
gen würde, zu essen und zu ruhen, und sie außerdem vor einem
Selbstmord bewahrte, sich erholen würde.

Der Verlauf von Virginias Krankheit beeinflußte unser Leben grundlegend; deshalb sollte ich mich aus autobiographischen Gründen im Detail damit auseinandersetzen. Außerdem glaube ich, daß es von wesentlichem Interesse sein könnte, den Einfluß von Krankheit oder Wahnsinn auf einen so bemerkenswerten Geist wie Virginias zu beschreiben. Ihr akuter nervöser Zusammenbruch dauerte vom Sommer 1913 bis zum Herbst 1915, allerdings nicht ununterbrochen. Es gab zwei Stadien des Wahnsinns, das eine dauerte vom Sommer 1913 bis zum Sommer 1914 und das zweite vom Januar 1915 bis zum Winter 1915; dazwischen lag vom Sommer 1914 bis zum Januar 1915 eine Pause geistiger Gesundheit.

Ein bemerkenswerter Aspekt der beiden Stadien des Wahnsinns wirft Licht auf den primitiven und chaotischen Zustand medizinischen Wissens über Geisteskrankheiten im Jahre 1913. Damals gab es offenbar eine Geisteskrankheit, die man wissenschaftlich als manisch-depressive Psychose bezeichnete. Die Menschen, die darunter litten, hatten abwechselnd Anfälle heftiger Erregung (manische) und akuter Niedergeschlagenheit (depressive). Wenn ich Virginias Ärzte ins Kreuzverhör nahm, sagten sie, sie litte unter Neurasthenie und nicht unter manisch-depressiver Psychose, was etwas ganz anderes sei. Aber alle Symptome von Virginias Krankheit deuteten darauf hin, daß sie in Wirklichkeit unter manisch-depressiver Psychose litt. Im ersten Stadium der Krankheit 1914 war so gut wie jedes Symptom das genaue Gegenteil von denen im zweiten Stadium 1915. Im ersten steckte sie in Abgründen von Depression, wollte kaum essen oder sprechen und war selbstmordgefährdet. Im zweiten war sie in einem Zustand heftiger Erregung und unbändiger Euphorie und redete unablässig. Im ersten Stadium widersetzte sie sich den Krankenschwestern nachdrücklich, und sie hatten die größte Mühe, sie zu irgend etwas zu bewegen, sie wollte mich dauernd um sich haben, und über ein oder zwei Wochen war ich der einzige Mensch, der sie dazu bringen konnte, etwas zu essen. Im zweiten Stadium der heftigen Erregung war sie mir gegenüber maßlos feindselig, wollte nicht mit mir reden und erlaubte mir nicht, in ihr Zimmer zu kommen. Auch den Schwestern gegenüber war sie gelegentlich aggressiv, ertrug sie aber auf eine Weise, die ihrem Verhalten im ersten Stadium konträr entgegengesetzt war.

Da ich über keinerlei medizinische Kenntnisse verfüge und lediglich mit einem einzigen Fall von Geisteskrankheit Erfahrung habe, sind meine Ansichten über den Charakter und die Symptome von Virginias Krankheitsbild wahrscheinlich ziemlich wertlos, aber ich beobachtete und studierte ihren Fall monatelang so intensiv, daß ich nicht daran zweifle, einige richtige Schlüsse gezogen zu haben. Zum Beispiel waren die (kranken) Symptome bei Virginia durchweg Übertreibungen psychologischer Phänomene, wie man sie an vielen Menschen beobachten kann und insbesondere an ihr, wenn sie völlig gesund war. Man kann ganz gesund wütend sein, aber wenn man so wütend wird, daß man die Kontrolle über sich selbst verliert, ist man möglicherweise krankhaft wütend. Virginias Anfälle von Gewalttätigkeit gegenüber den Schwestern in beiden Stadien waren das Ergebnis dieser krankhaften Wut. Ich denke, das trifft ebenso für den Wechsel zwischen Depression und Erregung zu, den depressiv-manischen Phasen. Fast jeder hat solche Wechsel im normalen gesunden Leben schon erlebt – Virginia mit Sicherheit auch, wenn es ihr absolut gut ging. Wenn ich als Kind mal schlecht gelaunt oder reizbar war, pflegte meine Kinderfrau zu sagen:»Du bist wohl mit dem linken Bein zuerst aufgestanden.«Jeder weiß, was das heißt. Man hat plötzlich das Gefühl, daß die Welt keinen Boden mehr hat und man in einen Abgrund von Verlassenheit, Sinnlosigkeit und Hoffnungslosigkeit gestürzt ist, was seinen Höhepunkt findet, wenn man gar keinen Grund für dieses Elend und die Verzweiflung entdecken kann. Immer wieder folgt auf diese Stimmung ein Gefühl von ungewöhnlicher Zufriedenheit und großer Glückseligkeit. Du stehst mit dem rechten Bein zuerst auf, und der Tag scheint strahlender, die Sonne wärmer, die Luft prickelnder und der Kaffee wohlriechender als sonst. Und für dieses Glücksgefühl sind ebensowenig Gründe zu entdecken wie für die Niedergeschlagenheit zuvor.

Meine Kinderfrau, die das überlieferte Wissen von der menschlichen Seele besaß, das fast alle Ammen hatten, seit Odysseus' Amme Eurykleia vor 2800 Jahren in Tränen ausbrach, als sie die Narbe an seinem Bein wiedererkannte, pflegte, wenn ich unbändig und grundlos glücklich war, zu rufen:»Na, na, na, Master Leonard, du weißt doch, daß das vor dem Abend noch Tränen gibt!«»Sunt lacrimae rerum«, sagte Vergil in einem seiner schönsten und unübersetzbaren lateinischen Hexameter. Daß Vergil das Wort rerum benutzt, den Plural also, zeigt, daß die Tränen vor 2000 Jahren dieselben waren wie heute;»Tränen um Dinge«, sagt Vergil, nicht um etwas Bestimmtes – Tränen vor dem Abend, wie meine Kinderfrau sie nannte.

Die schwierigste und bedrückendste Aufgabe der ersten Wochen in Dalingridge war, Virginia zum Essen zu bewegen. Aus eigenem Antrieb hätte sie gar nichts gegessen und wäre allmählich verhungert. Aber auch das war nur eine heftige Steigerung ihres sonstigen Verhaltens. Wenn es ihr gut ging, war sie eigentlich ein glücklicher und heiterer Mensch, die gewöhnlichen Dinge des täglichen Lebens machten ihr Freude, unter anderem auch Essen und Trinken. Und doch war immer etwas Seltsames, leicht Irrationales in ihrer Haltung gegenüber Nahrungsmitteln. Es war außerordentlich schwierig, sie dazu zu bringen, genug zu essen, um kräftig und gesund zu bleiben. Oberflächlich gesehen wird man vermutlich sagen, daß sie (absolut unbegründet) Angst davor hatte, dick zu werden. Aber da war in ihrem Hinterkopf oder in ihrer Magengrube noch etwas, das tiefer lag, ein Tabu zu essen. Ihr Wahnsinn war von einem Schuldgefühl durchdrungen, dessen Herkunft und Eigenart ich nie recht ermitteln konnte, der aber auf eine sonderbare Weise vor allem an Nahrungsmittel und Essen gebunden war. In dem akuten, suizidalen Anfangsstadium der Depression saß sie oft stundenlang schweigend, überwältigt von hoffnungsloser Melancholie da und antwortete nicht, wenn man sie ansprach. Wenn die Zeit zum Essen kam, achtete sie überhaupt nicht auf den Teller, der vor ihr stand, und wenn die Schwestern versuchten, sie zum Essen zu bringen, wurde sie wütend. Ich konnte sie im allgemeinen dazu bewegen, wenigstens ein bißchen zu essen, aber es war eine gräßliche Prozedur. Jede Mahlzeit dauerte ein bis zwei Stunden. Ich mußte neben ihr sitzen, gab ihr einen Löffel oder eine Gabel und bat sie immer wieder ganz ruhig, etwas zu essen, wobei ich gleichzeitig ihre Hand oder ihren Arm berührte. Etwa alle fünf Minuten schob sie mechanisch einen Happen in den Mund.

Dieses quälende Ernährungsproblem hat mich unter anderem etwas über Wahnsinn gelehrt, was mir zu akzeptieren schwer fiel: Es ist sinnlos, mit einem geisteskranken Menschen

zu diskutieren. Die erschreckende Vernunft des Unvernünfti-
gen, die in der Geisteskrankheit steckt, ist es, die einen zer-
mürbt und zur Verzweiflung treibt. Normalerweise arbeitete
Virginias Verstand, wie ihr schriftstellerisches Werk und
besonders ihre Essays zeigen, außerordentlich klar und
logisch; höchst bemerkenswert an ihr war diese seltene Kombination von scharfem Intellekt und schöpferischer Phantasie.
Es gab während ihrer Krankheiten Augenblicke oder Zeiten,
vor allem in der erregten zweiten Phase, wo sie »vollkommen
verrückt« war, wie man so sagt, wo ihre Gedanken und Worte
völlig zusammenhanglos wurden und sie die Verbindung zur
Realität verloren hatte. Mit Ausnahme dieser Perioden aber
blieb sie die ganze Krankheit hindurch zu drei Vierteln ihres
Verstandes fürchterlich klar, auch wenn sie sonst ganz gestört
war. Zum Beispiel war sie davon überzeugt, daß sie nicht krank
war, sondern daß die Symptome auf ihre eigenen »Fehler«
zurückzuführen waren; sie glaubte Stimmen zu hören, wo sie
sich die Stimmen nur selbst einbildete; sie hörte die Vögel vor
dem Fenster griechisch sprechen; sie glaubte, daß sich die
Ärzte und Schwestern gegen sie verschworen hatten. Diese
Überzeugungen waren krankhaft, weil sie tatsächlich im
Widerspruch zur Realität standen. Aber unter der Vorausset-
zung dieser Überzeugungen waren Virginias Handlungen und
Schlußfolgerungen logisch und vernünftig; und ihre Stärke,
ausschließlich von falschen Voraussetzungen aus zu argumen-
tieren, war phantastisch. Darum war jeder Versuch, mit ihr zu
diskutieren, sinnlos: Man konnte sie genauso wenig davon
überzeugen, daß ihre Prämissen falsch waren, wie man einen
Mann, der sich für Christus hält, davon überzeugen kann, daß
er irrt. Und noch sinnloser war es, mit ihr über das zu streiten,

was man von ihr wollte: Nämlich daß sie ihr Frühstück aß;
denn wenn ihre Prämissen richtig waren, konnte sie einem
zwingend beweisen, und tat es auch, daß sie das Frühstück
nicht essen durfte.

Wir blieben also bis zum 18. November in Dalingridge.
Anfangs hatten wir vier Schwestern da, zwei für den Tages-
dienst, zwei für den Nachtdienst. Eine Zeitlang war Virginia
ihnen gegenüber außerordentlich aggressiv, aber nach etwa
einem Monat ging es ihr etwas besser, und wir konnten uns auf
zwei Schwestern beschränken. Was das Wetter angeht, war
dieser Herbst mit seinen weichen, windlosen Spätsommerta-
gen einer der schönsten, an die ich mich erinnern kann. Ich
finde, über die Gegend von East Grinstead gibt es nicht viel zu
sagen, und in einem Herrenhaus mit großem Garten zu wohnen, das jemand anderem gehört, mit fremdem Personal, aber
vier eigenen Nervenkrankenschwestern ist keine erfreuliche
Erfahrung. Aber es gab einen Rasen und eine Terrasse in
Dalingridge, von der man einen wundervollen Blick über die
Hügellandschaft von Sussex bis zu den Downs hatte, und wir
konnten die Senke sehen, in der Lewes lag, und wußten, daß
gleich hinter dieser Senke die feuchten Wiesen des Ousetals
lagen und dort im Tal am Fuß des Hügels unter den Ulmen
Asham. Als Virginia ruhiger wurde, spielten wir oft nach dem
Tee Krocket auf der Rasenterrasse, und an so einem warmen,
friedlichen, sanften und sonnigen Abend senkte sich etwas
Frieden auf uns. Virginia sehnte sich danach, daß wir Dalingridge verließen und nach Asham gingen.

Nach allerlei Rücksprachen mit den Ärzten wurde entschieden, daß es ungefährlich war, ab Mitte November mit zwei
Krankenschwestern nach Asham zu gehen, und das taten wir

dann auch. Wir richteten uns ein und blieben bis zum August
1914. Anfang des Jahres gab ich Cliffords Inn auf. Mit Virginia
ging es ganz langsam aufwärts. Im Januar hielten wir nach reif-
licher Überlegung eine Krankenschwester für ausreichend
und schließlich, Ende Februar, ging auch die fort. Nicht daß
Virginia ganz gesund gewesen wäre. Sie neigte noch immer zu
Anfällen von Erregtheit, und es war weiterhin schwierig, sie
zum Essen zu bewegen. Sie las, aber arbeiten konnte sie nicht.
Ich verbrachte hin und wieder ein oder zwei Nächte in London,
und einmal besuchte ich Lytton in Lockeridge bei Marlbo-
rough für eine Woche. Wenn ich fort war, kamen Vanessa oder
Ka nach Asham und blieben bei Virginia. Im April wurde
schließlich entschieden, daß eine Veränderung ratsam wäre
und wir ruhig nach Cornwall gehen könnten.

Wir reisten für drei Wochen nach St. Ives und an die Carbis-
Bucht und wohnten in Pensionen. Es war eine ziemlich nerven-
aufreibende Unternehmung: Virginia war noch nicht ganz
wiederhergestellt; sie hatte Angst vor Fremden; ihre Wahnvorstellungen bestanden unter der Oberfläche weiter, und es gab
dauernd Probleme mit Essen und Schlafen. Aber Cornwall und
St. Ives hatten den gleichen nostalgischen Zauber für sie wie
für ihre ganze Familie. Es war der Zauber der Kindheit, der
Örtlichkeiten und Erinnerungen einen Glanz und eine Herrlichkeit verleiht, die nie verblassen, auch wenn das Alter all
unsere anderen Illusionen zerstört hat. Als Virginia ein Kind
war, fuhr ihre Familie jeden Sommer nach St. Ives, wo sie im
Talland House wohnten, und die Zeit dort bewahrte Virginia
als Sommertage des reinen Glücks in ihrer Erinnerung. *Die
Fahrt zum Leuchtturm* lebt vom Licht dieses Glücks, und immer
wenn sie nach Cornwall zurückkehrte, fand Virginia etwas

davon wieder. In einem gewissen Maß geschah das auch in den Wochen, die wir in jenem April in Cornwall verbrachten; die Erinnerung beruhigte ihren aufgewühlten Geist und die Nerven.

Am 1. Mai kehrten wir nach Asham zurück und lebten dort drei Monate lang ein möglichst naturgemäßes Leben. Daß Virginia noch nicht wiederhergestellt war, zeigt sich an der Tatsache, daß ich noch immer täglich notierte, ob sie einen guten, mittleren oder schlechten Tag und eine gute, mittlere oder schlechte Nacht gehabt hatte, ob sie abends Aspirin oder Veronal genommen hatte und ähnliche Dinge über ihre Gesundheit. Sie las und schrieb jedoch nicht, und *Die Fahrt hinaus* war noch immer unveröffentlicht in Duckworths Händen. In vieler Hinsicht waren 1914 und 1915 verlorene Jahre für uns, denn wir lebten im Schatten von Katastrophen oder drohenden Katastrophen. Zeitweise arbeitete ich. Ich schrieb Besprechungen für den *New Statesman, The New Weekly,* die *Cooperative News* und *The Times Literary Supplement,* und ich begann ein Buch über die Genossenschaftsbewegung zu schreiben. Es war von der Home University Library in Auftrag gegeben, wurde aber nach einigem merkwürdigen Hin und Her mit Williams & Norgate, die das Projekt betreuten, schließlich von Allen & Unwin unter dem Titel *Co-operation and the Future of Industry* herausgebracht. Ich schien im Begriff, eine Art Autorität auf diesem Gebiet zu werden; denn im Juli reiste ich für eine Nacht von Asham nach Keswick, um eine Diskussion über die Genossenschaftsbewegung bei einer kleinen Konferenz der Fabier zu eröffnen. Die Webbs waren da und Bernard Shaw, der mir bei der Gelegenheit die einzige Standpauke hielt, die ich je von ihm bekommen habe: Mein Vergehen war, daß ich – ganz unabsichtlich – von Indianern als »Eingeborenen« gesprochen hatte.

Walter Lippmann, damals noch unbekannt, später aber einer der berühmtesten amerikanischen Kolumnisten, nahm ebenfalls an der Konferenz teil. Wir reisten von Keswick bis Euston zusammen. Ich habe ihn danach nur noch ein-, zweimal wiedergetroffen und glaube nicht, daß ich eine Vorahnung seines späteren Ruhms hatte. Aber menschlich mochte ich ihn sehr und hielt ihn für intelligent und sensibel; während der langen Stunden der Reise sprachen wir ununterbrochen miteinander. Unsere Unterhaltung war fast vom ersten Augenblick an viel vertrauter, als das bei einer neuen, zufälligen Bekanntschaft normalerweise der Fall ist, so daß ich mich jetzt nach 50 Jahren noch so lebhaft daran erinnere, als wäre es letztes Jahr gewesen. Ich hatte im Juni für *The New Weekly* eine Besprechung von Freuds *Psychopathologie des Alltagslebens* geschrieben, die im Jahr zuvor auf englisch erschienen war, und bevor ich sie schrieb, hatte ich *Die Traumdeutung* gelesen. Ich bin – wie ich finde, nicht zu Unrecht – ziemlich stolz darauf, daß ich 1914 die Größe Freuds erkannt und die Bedeutung dessen, was er tat, verstanden habe, als dies durchaus noch nicht allgemein verbreitet war.* Irgendwie kamen Lippmann und ich auf das

---

* Die Leute, und ich nehme mich da nicht aus, rühmen sich so oft ganz ehrlich, aber fälschlicherweise solcher Vorhersagen, weshalb ich meine Rezension nachgelesen habe, um zu sehen, was ich denn wirklich über Freud gesagt habe. Ich zitiere daraus folgendes, was ich heute noch beinahe unverändert übernehmen würde: »Man ist versucht zu sagen, daß er unter den hervorragendsten Schwächen eines Genies leidet. Ob man seine Theorien glaubt oder nicht, man muß zugeben, daß er mit großem Scharfsinn schreibt, mit einer großartigen und mitreißenden Vorstellungskraft, die eher für den Dichter als den Wissenschaftler oder Arzt typisch ist. Diese außerordentliche Vorstellungskraft

Thema Freud, Psychoanalyse und Geisteskrankheit. Wenige Dinge sind so unerwartet und so spannend wie die plötzliche Begegnung mit einem intelligenten und verständnisvollen Menschen, der sofort bereit ist, in aller Offenheit unter die Oberfläche der gewöhnlichen Konversation und Diskussion vorzustoßen.

Virginia und ich wollten im August für einen Monat oder länger in die Cheviot-Berge in Northumberland fahren und hatten im Cottage Hotel in Wooler Zimmer bestellt. Als der Krieg ausbrach, zögerten wir zunächst, aber letztlich beschlossen wir, doch zu fahren. Am 7. August reisten wir nach Wooler und blieben bis zum 4. September. Über die Grenze zogen wir weiter nach Coldstream, und am 15. September kehrten wir von dort aus nach London zurück. Es war ein seltsames und ziemlich beunruhigendes Gefühl, in den ersten Kriegswochen in einem kleinen Hotel in Northumberland zu sitzen, weit entfernt von allen uns Nahestehenden. Die abenteuerlichsten

---

erklärt seine Fähigkeit, mitten in der komplizierten Analyse von Details die Tragweite dieser Details in einem viel umfassenderen Zusammenhang aufzugreifen. Oft sind seine Arbeiten eine Serie von brillanten und gehaltvollen Anspielungen. Andererseits ist diese Aneinanderreihung von Andeutungen so fein zu einem Ganzen verwoben, daß man die volle Bedeutung einer Passage in dem einen Buch nur im Zusammenhang mit einer bestimmten Passage in einem anderen Buch versteht. Niemand kann auch nur die *Psychopathologie des Alltagslebens* wirklich kompetent und umfassend beurteilen, der weder *Die Traumdeutung* noch Freuds spezielle pathologische Schriften studiert hat.« Und nachdem ich geschrieben hatte, daß viele Menschen über Freuds Bücher sagen werden: »Sehr interessant, aber viel zu weit hergeholt«, erkläre ich, daß man über die Rechtmäßigkeit eines solchen Urteils in einer kurzen Rezension nicht diskutieren könne, ich also nur meine Meinung dazu wiedergäbe, daß »zweifellos ein beträchtlicher Anteil an Wahrheit in den Hauptthesen der Freudschen Bücher steckt und diese Wahrheit sehr wertvoll ist«.

Gerüchte schwirrten durch Wooler. Eine der berühmtesten Lügenstories, die sich wie eine ansteckende Krankheit durch das ganze Land verbreiteten, habe ich fast am Ursprungsort vernommen. Eines Abends kam ein ziemlich aufgeregter Mann in die Hotelbar. Er erzählte uns, daß er gerade aus New-castle käme, und dort hätte er, während er auf seinen Zug war-tete, einen Transport nach dem anderen voller russischer Sol-daten mit Pelzmützen und Gewehren gesehen, die auf dem Weg nach Süden und nach Frankreich waren.

Ich würde fast sagen, daß die Cheviot-Berge zu den lieblich-sten Gegenden Englands zählen. Berge in einer gewissen Ent-fernung rahmen viele Orte zu großartigen Landschaften, zum Beispiel in Griechenland oder der Blick über die großen spani-schen Ebenen auf die Sierra Nevada. Aber in den Bergen zu leben ist, als wäre man dauernd mit jemandem zusammen, der oder die immer etwas zu laut spricht. Für Schönheit im täg-lichen Leben sind mir Hügel lieber, die nur gelegentlich vorge-ben, Berge zu sein, wie zum Beispiel die südlichen Downs in Sussex oder Berge wie die Cheviots, die im allgemeinen so tun, als wären sie Hügel. Die Cheviots brüllen nicht und beharren auf nichts. Ihre Linien sind großartig und in der Schönheit ihrer Formen liegt eine außergewöhnliche Stille und großer Frieden. Und nirgendwo auf der Welt sind Licht und Farben von Himmel und Erde köstlicher als in diesem Stückchen Eng-land – vielleicht kommt das daher, daß es nur so ein schmaler Streifen Land zwischen zwei Meeren ist.

Anfang September hatten wir die Grenze und den Tweed auf dem Weg nach Coldstream hinter uns gelassen. Dieses Land ist ganz anders als die Cheviots, aber die Grenze und das Tweed-tal sind auf ihre eigene, friedliche Weise von großer Schönheit.

Und ich muß noch einmal auf das Thema Essen zurückkommen. Wir logierten bei einer Dame, die passenderweise Miss Scott hieß. Die vielen Engländer, die meinen, die gute Küche finge erst auf der anderen Seite des Ärmelkanals an, werden es mir nicht glauben, daß ein Essen bei Miss Scott mit einem in der Touraine oder der Provence verglichen werden kann. Aber auf ihre eigene, sehr andere Art war Miss Scotts Küche vollkommen. Ich erinnere mich noch immer an das Brot und die Scones, den Porridge, die Schottische Bouillon, die Forelle, den Hammelbraten, an Butter, Milch und Sahne. Sie hätte für ihre Küche die drei Sterne verdient, mit denen im Michelin so viele Restaurants und Orte wie Montlucon und Vienne versehen sind.

Als wir Mitte September nach London zurückkamen, stellte sich die Frage, wo wir wohnen sollten. Virginia war nur gerade so wieder auf den Beinen, und es war offensichtlich, daß jede Anstrengung, ob psychisch oder physisch, gefährlich war. Ich war davon überzeugt, daß sie in diesem Zustand die Belastungen des Londoner Lebens nicht würde ertragen können, aber sie zog es immer vor, in London zu wohnen. Wir verbrachten mehrere Wochen damit, uns Häuser in London, Hampstead, Richmond und Twickenham anzusehen, und zwischendurch gingen wir noch für eine Weile nach Asham. Schließlich mieteten wir übergangsweise ein paar Zimmer in Richmond, The Green 17, in der Hoffnung, dort ein Haus zu finden. Am 16. Oktober zogen wir ein. 1914, bevor das Auto die Schönheit und den Frieden Richmonds zerstört hatte, war das eine zauberhafte Wohngegend. Nummer 17 war ein stattliches altes Haus an der Ostseite des Parks; im Süden lagen die reizende Maids of Honour Row und das alte Schloß. Wir hatten ein gro-

ßes, komfortables, gut geschnittenes Zimmer im ersten Stock
mit Blick auf den Park.

Um das Haus kümmerte sich eine Belgierin, Mrs. le Grys,
die uns auch die Zimmer vermietet hatte. Sie war eine außerordentlich nette, pummelige, lebhafte Plaudertasche, zwischen
fünfunddreißig und vierzig Jahren. Man wußte nie, was in
ihrem Haus als nächstes passieren würde. Mrs. le Grys hatte
nur eine Hausgehilfin, das typische überarbeitete »Mädchen
für alles« von vor fünfzig Jahren, grob und schlampig; sie
knallte pausenlos mit den Türen und ließ mit lautem Krachen
Tabletts voller Teller, Tassen und Untertassen fallen. Ich erinnere mich noch an zwei von Lizzys Glanzstücken. Als ich eines
Morgens gerade im Bad war, hörte ich es im Treppenhaus
»Feuer! Feuer!« brüllen. Ich zog Jacke und Hose über und ging
hinaus; aus einem Zimmer im Stockwerk über mir strömte
Rauch, und ein großer Ofenschirm wurde eben brennend aus
dem Fenster auf das Trottoir vor dem Haus geschleudert. Lizzy
hatte ein großes Stück Zeitung benutzt, um das Feuer ›aufzubauen‹; die Zeitung ›war angegangen‹, die Sachen auf dem
Kaminsims ›waren angegangen‹, der Ofenschirm ›war angegangen‹, selbst die Tapete ›war angegangen‹. Es war ein Wunder, daß nicht das ganze Haus ›angegangen war‹.

Nachdem wir dem Feuertod entronnen waren, entkamen
wir wenige Tage später nur mit knapper Not dem im Wasser,
ebenfalls dank Lizzy. Wir wurden von einem fürchterlichen
Klopfen, Pochen und Schlagen geweckt, und das ganze Haus
begann zu beben. Es klang, wie Virginia sagte, als ob ein Omni-
bus auf dem Dach stünde, bei dem man den Motor zu starten
versuchte. Ich sprang aus dem Bett und stürzte ins Badezim-
mer, das das Zentrum des Lärms zu sein schien. Als ich die

Wasserhähne öffnete, entströmte ihnen derartig viel Dampf, daß es mir vorkam, als wäre das der Auftakt zu einem Vulkanausbruch. Tatsächlich spuckte der Hahn große Stücke Rohrleitung und Rost und tiefrotes Wasser aus. Warum der Boiler im Keller nicht explodierte, weiß ich nicht, denn Lizzy hatte es fertiggebracht, ihm tüchtig einzuheizen, obwohl kein Wasser in den Leitungen war. Danach bekam Lizzy ihre Kündigung von Mrs. le Grys und verließ uns. Eigentlich bedauerte ich, daß sie fort war und ich ihr schmuddeliges Gesicht und den wilden, wirren Blick nicht mehr sehen oder sie das Geschirr zerschmettern hören sollte. Ich befasse mich gern mit Leuten, die perfekte Vertreter ihrer Klasse sind, selbst wenn es sich um die Klasse der Pensions-Dienstmädchen aus dem 19. Jahrhundert handelt. Wenn im Himmel der Geist der dumpfen Seele einer Hausmagd aufbewahrt wird, wird er ein Abbild der Seele der armen Lizzy sein.

Wir richteten uns in Richmond ein, und es schien, als ob alles in Ordnung wäre. Wir suchten weiterhin nach einem Haus in Richmond, und Ende 1914 besichtigten wir Hogarth House in der Paradise Road und liebten es auf Anhieb. Es war ganz entzückend. 1720 hatte Lord Suffield ein geräumiges Landhaus in einem großen Garten gebaut; im 19. Jahrhundert war es verkauft und in zwei Häuser aufgeteilt worden; das eine hieß noch Suffield House, das andere wurde Hogarth House genannt. Alle Zimmer bis auf eins waren gut geschnitten, die Wände waren getäfelt, und einen hübschen Garten gab es auch. Natürlich verzögerten die üblichen Haken, Warnungen und Ablenkungen die Verhandlungen, aber schließlich, Anfang 1915, hatte ich meinen Mietvertrag, und im März wollten wir einziehen. Virginias Gesundheit schien sich gebessert zu haben, sie hatte wieder angefangen, zu arbeiten und zu schreiben. Ich arbeitete viel für den *New Statesman* und hatte mit einem, von den Fabianern in Auftrag gegebenen, Buch über internationale Verwaltung begonnen. Und dann plötzlich, Mitte Februar, kam es wieder zur Katastrophe. Virginia hatte einige Anfälle von Kopfschmerzen gehabt, und sie schlief auch nicht gut. Aber die Symptome schienen weniger ernsthaft zu sein als die Anfälle der vergangenen sechs Monate.

Als sie eines Morgens im Bett frühstückte und wir uns unterhielten, wurde sie völlig unerwartet von einer heftigen Erregung und Traurigkeit übermannt. Sie glaubte, ihre Mutter sei im Zimmer, und begann mit ihr zu sprechen. Das war der Beginn des entsetzlichen zweiten Stadiums ihres Nervenzusammenbruchs. Es war, wie gesagt, ganz anders als beim erstenmal, ja fast das Gegenteil. Ich mußte sofort Schwestern besorgen, und obwohl Mrs. le Grys bewundernswert reagierte, war klar, daß wir ihr Haus nicht in eine Nervenklinik umwandeln konnten. Hogarth House mußte unbedingt fertig werden, damit wir sofort einziehen, unsere Möbel vom Lagerhaus kommen lassen und Dienstboten suchen konnten. Die Köchin Annie und das Stubenmädchen Lily, die wir in Asham gehabt hatten, waren bereit, zu uns zu kommen, und Anfang März zogen wir mit vier Krankenschwestern in Hogarth House ein.

Die ersten vierzehn Tage waren wirklich entsetzlich. Eine Zeitlang verhielt Virginia sich sehr aggressiv gegenüber den Schwestern. Dann ließ die Heftigkeit ein bißchen nach, aber sie begann ununterbrochen zu reden. Es ist schwierig, jetzt genau zu sagen, wie lange die einzelnen Phasen dauerten, aber ich erinnere mich, daß sie zwei oder drei Tage ununterbrochen redete, ohne sich darum zu kümmern, wer im Zimmer war oder was man zu ihr sagte. Etwa einen Tag lang war das, was sie sagte, noch zusammenhängend; die Sätze bedeuteten etwas, wenn auch fast alles absolut unsinnig war. Danach verloren sie den Zusammenhang, waren nur noch eine Aneinanderreihung von Wörtern. Nach einem weiteren Tag verstummte sie allmählich und fiel in ein Koma. Ich kannte einen Arzt in Richmond, der zu den besten praktischen Ärzten zählte, und der Nervenspezialist Maurice Craig kam mehrmals aus London herüber. Beide versicherten mir, auch als Virginia bewußtlos im Koma lag, daß sie sich wieder erholen würde. Sie hatten recht. Als sie aus dem Koma erwachte, war sie erschöpft, aber viel ruhiger. Ganz langsam erholte sie sich. Die Zahl der Schwestern konnte auf zwei reduziert werden, schließlich auf eine, und gegen Ende des Sommers zogen wir mit der einen Schwester nach Asham. Ende des Jahres ging es Virginia gut genug, um ohne Schwestern auszukommen.

Ganz abgesehen von Virginias Wahnsinn machte sich in unserem Leben in Hogarth House während der ersten sechs Monate eine seltsame Atmosphäre von wirrer Unwirklichkeit breit. Seltsame, absurde Szenen spielten sich ab. Zum Beispiel diese, eine Tragikomödie in der Tragödie: Im Jahr zuvor, in Asham, hatten wir ein Stubenmädchen namens Lily eingestellt. Lily gehörte zu den Leuten, für die ich die gleiche Zuneigung empfinde wie für Katzen oder Hunde. Sie hatte ein außerordentlich nettes Wesen, aber mit einem Hang zu Katastrophen. Sie war nicht geistesschwach, aber einfachen Geistes, und es war ihr fast unmöglich, irgend jemandem irgend etwas zu verweigern.

Da wir in Asham ein Mädchen gebraucht hatten, waren wir zur Agentur Lewes gegangen, und dort hatte man uns Lilys

Namen und als Referenz einen Konvent in Haywards Heath genannt. Wir nahmen Kontakt zu dem Konvent auf, und eine Nonne besuchte uns. Sie erzählte, daß Lily verführt worden sei und ein uneheliches Kind bekommen hätte. Lily war nicht katholisch, aber das Kloster hatte sie aufgenommen und für sie und das Kind gesorgt. Die Nonne meinte, Lily sei eigentlich ein sehr nettes Mädchen, nur schwach. Falls wir sie einstellten, sollten wir »ein Auge auf sie haben«. Sie bat uns auch, das Kloster wissen zu lassen, wie sich die Dinge entwickelten, da sie ja das Kind aufzögen.

Menschen wie Lily haben einen Charakter, der mich psychologisch fasziniert. Sie war typisch englisch, ein ganz normales Mädchen vom Lande, aus Sussex. Obwohl der Autor von *Tess von D'Urbervilles* und *Juda der Unberühmte,* der ein englischer Schriftsteller war, anders darüber dachte, ist der Charakter der jungen Frauen in England und in den Dörfern von Sussex natürlich nie tragisch oder kompliziert, selbst wenn sie uneheliche Kinder haben. Die Kirche von England und der ländliche Mittelstand, die Sonntagsschule und der Pfarrer mit seiner Gattin, die kaum andere Werte als die der Ehrbarkeit oder Schande kennen, waren mit ihrer Walze aus Religion und Moralität über die arme Lily hinweggerollt und hatten sie plattgewalzt – so war sie vom Stande der Ehrbarkeit in den der Schande übergetreten. So einfach war das, und so einfach war sie, und das war alles. Leider, zu ihrem und unserem Unglück, war das nicht alles. Wenn Lily in Skvoreschniki statt Haywards Heath geboren worden wäre, hätte sie nur durch Änderung ihres Namens ohne weiteres in einen Roman von Dostojewskij gepaßt. Hätte man sie statt Lily Marja Timofejewna genannt, wäre sofort deutlich geworden, daß sie eine der Schwestern

Lebejadkins ist oder gar ein weiblicher Dorf-Myschkin war. Diese »Einfältigen«, wie Tolstoi sie nannte, sind schrecklich einfach und dabei gleichzeitig tragisch kompliziert. Man konnte es Lily fast ansehen, sie hatte ein langes, blasses, weiches, recht hübsches, trauriges Gesicht. In ihrer Stimme und ihrem Benehmen lag eine Sanftmut, die 1913 für ein Mädchen vom Lande und aus ihrer Klasse bestimmt ungewöhnlich war. Und 1913, in Haywards Heath, hatte das Schicksal sie für ein Unglück auserkoren, das dem des Hauses Artreus in Mykene vor beinahe 3000 Jahren sicher in nichts nachstand.

Und so nahm das Schicksal in Hogarth House in Richmond seinen Lauf: Einmal wurde ich nachts um drei Uhr plötzlich von der Köchin Annie geweckt, die in mein Zimmer platzte und laut schrie: »In der Küche ist ein Soldat, in der Küche ist ein Soldat – und Lily ist dabei!« Ich stieg in die Küche hinunter und stellte fest, daß tatsächlich ein Soldat – ein Sergeant – da war, und Lily auch, in etwas ungeordneten Kleidern. Als ich die Tür öffnete, stürmte der Sergeant an mir vorbei, den Gang entlang, durch die Tür in den Garten (durch den er anscheinend ins Haus gekommen war) und vermutlich über eine Mauer auf die Straße – wobei er sein Stöckchen in der Küche zurückließ. Ich sagte Lily, sie sollte jetzt ins Bett gehen, ich würde am Morgen mit ihr reden. Unsere Unterhaltung am nächsten Morgen war sehr bekümmernd. Zu der Zeit war Virginia noch schrecklich krank, und es war unbedingt notwendig, daß jede Störung und Aufregung von ihr ferngehalten wurden, wir konnten es nicht riskieren, daß sie mitten in der Nacht von Soldaten erschreckt wurde, die durch Haus und Garten flitzten. Ich sagte Lily das, und sie war jämmerlich zerknirscht; sie sagte, es gäbe keine Entschuldigung, sie hätte sich abscheulich

benommen und kein Recht zu hoffen, daß wir sie behielten. Ich
sagte, ich wolle noch einmal darüber nachdenken und, wenn
sie nichts dagegen hätte, die Nonnen über das Geschehene
unterrichten und um Rat fragen. Denn sie hätten mich, als ich
sie einstellte, gebeten, mit ihnen in Verbindung zu bleiben, um
über ihre Entwicklung zu berichten. Lily war einverstanden
und wollte sogar unbedingt, daß ich mich mit den Nonnen
beriete. Also schrieb ich an den Konvent, und sofort kam eine
der Nonnen nach Richmond. Sie sprach mit Lily und bat mich
dann, sie nicht zu entlassen, denn sie zeige Reue und hätte, wie
die Nonne es ausdrückte, »ihre Lektion gelernt«.

Ich stimmte zu, und Lily blieb. Aber sie war sehr niederge-
schlagen, und es überraschte mich wenig, als sie nach ein paar
Wochen zu mir kam und sagte, sie hielte es für richtig, wenn sie
sich eine andere Stellung suche. Nicht, daß ich ihr irgendwelche Vorwürfe gemacht hätte, nachdem ich mit ihrem Ver-
bleib einverstanden gewesen war, das hatte nicht ich getan;
sondern sie machte sich Vorwürfe. »Mrs. Woolf war so anstän-
dig, mich aufzunehmen, und nun hab' ich dauernd das Gefühl,
daß ich ihr etwas angetan habe, ich werde hier nie wieder glücklich sein, es ist besser, wenn ich gleich gehe.« Ich sagte, ich
würde es bedauern, wenn sie ginge, und sie solle doch, bevor sie
sich endgültig entschließe, noch einmal die Nonnen um Rat
fragen. Das tat sie auch. Die Nonne schrieb mir, es täte ihr sehr
leid, aber sie glaube, es sei besser, wenn Lily fortginge; sie hätte
sich in ihre Zerknirschung und ihr Elend so sehr hineingestei-
gert, daß sie bei uns in Richmond nie wieder zur Ruhe käme.
Also verließ Lily uns. Sie war zweifellos geradezu tragisch sensibel und in Haywards Heath zur Katastrophe geboren. O ja,
wenn sie in Skvoreschniki geboren wäre, hätte sie Lebejadkins

Schwester sein können, und ich nehme an, sie wäre von Stawrogin verführt und zugrunde gerichtet worden. Ihr Untergang in Haywards Heath war anders, da sie ja, wie gesagt, eine Engländerin war, über die die Kirche von England, die Katholiken und der ländliche Mittelstand die Aufsicht führten und deren Leben von den Nonnen und mir auf der Basis von Grundsätzen und peinlichem Anstand geregelt wurde. Ich glaube nicht, daß das für die arme Lily irgendeinen Unterschied machte. Soweit ich mich erinnere, teilten mir die Nonnen mit, daß sie eine andere Stellung für sie gefunden, sie aber nach einer Weile aus den Augen verloren hätten. Wir haben nie wieder etwas von ihr gehört oder gesehen. Zwei Dichter haben ihr Epitaph geschrieben, einer aus dem 17., der andere aus dem 18. Jahrhundert: »Wenn sich ein holdes Kind zur Torheit wendet, und findet allzu spät, daß Männer trügen, gibt's keinen Zauber, der die Schmerzen endet, und keine Kunst, sich selber zu belügen?« – »Gegen das Schicksal hilft keine Rüstung.«

Das Jahr 1915 mit unserem privaten Alptraum schleppte sich seinem Ende entgegen. Der allgemeine Alptraum Krieg schleppte sich unterdessen ebenfalls dahin, wurde aber zunehmend bedrückender und schrecklicher. Im ersten Kriegsjahr war ich so in das Labyrinth von Virginias Krankheit verstrickt – das seelische Ringen, die fortwährenden Probleme mit Krankenschwestern und Ärzten, das Gefühl von ständig wechselnder Unsicherheit –, daß ich vermutlich kaum Zeit hatte, meine persönliche Einstellung zu Krieg und Kampf zu überdenken. Aber als das Jahr ab- und der Krieg zunahm und es Virginia besserzugehen begann, war ich gezwungen, über meine Position nachzudenken. Von meinen fünf Brüdern hatten sich die beiden jüngsten, Cecil und Philip, am ersten Tag des Krieges freiwillig gemeldet. Sie waren große Pferdeliebhaber und begeisterte Reiter und waren ein oder zwei Jahre vor 1914 schon dem Regiment der Inns of Court beigetreten. Als der Krieg ausbrach, lagen sie mit ihrem Regiment gerade irgendwo in der Nähe von Dover, man gab ihnen Offizierspatente, und sie gingen direkt zu den Husaren. Zwei weitere Brüder, Harold und Edgar, meldeten sich später; der eine trat ins Royal Army Service Corps ein, der andere in ein Infanterieregiment. Dagegen waren viele meiner besten Freunde Verweigerer aus Gewissensgründen und beantragten Freistellung vor den Tribunalen, als Einberufungen eingeführt wurden. Ich selbst war gewissermaßen »gegen den Krieg«: Ich fand und finde noch, daß es ein sinnloser und unnützer Krieg war, für den vor allem die österreichische und die deutsche Regierung verantwortlich waren, den unsere Regierung aber vermutlich hätte verhindern können und in den sie sich jedenfalls nie hätte verwickeln lassen dürfen. (Darin unterschied er sich vom Zweiten Weltkrieg, der, sobald Hitler in Deutschland an die Macht gekommen war, unvermeidlich wurde.) Aber ich bin nie ein totaler Pazifist gewesen; nachdem der Krieg nun einmal ausgebrochen war, schien es mir richtig, daß man den Deutschen Widerstand leistete; deshalb konnte ich kein Kriegsdienstverweigerer aus Gewissensgründen sein.

Meine Brüder Cecil und Philip waren 1915 mit ihrem Regiment im Ausbildungslager in Mayfield, nördlich von Lewes, und ab und zu besuchten sie uns in Asham. Ihnen lag sehr daran, daß ich mich freiwillig meldete, und sie versicherten mir, daß sie, wenn ich es tat, mich in ihr Regiment holen könnten. Ich glaube, wenn ich nicht verheiratet gewesen wäre oder Virginia gesund gewesen wäre, hätte ich mich gemeldet; denn obwohl ich den Krieg haßte, konnte und kann ich der Versuchung kaum widerstehen, alles kennenzulernen. Als klar wurde, daß ich früher oder später doch eingezogen werden würde, beschloß ich, den Dingen ihren Lauf zu lassen. Sollte ich einberufen und in die Armee gesteckt werden, würde ich versuchen, in das Regiment meiner Brüder aufgenommen zu werden. Aber die Aussicht war schrecklich beunruhigend. Virginias Zustand war noch immer bedenklich. Nur mit größten Schwierigkeiten und dauernder Wachsamkeit konnte sie dazu veranlaßt werden, so zu leben, daß ihre Genesung Fortschritte machte und sich stabilisieren konnte.

Als ich sah, daß ich jetzt sehr bald einberufen werden würde, ging ich zu Dr. Maurice Wright, um ihn als Arzt und als Freund zu konsultieren. Als ich aus Ceylon auf Urlaub gekommen war, hatte ich ihn gefragt, ob er etwas gegen das Zittern meiner Hände tun könnte. Er wußte auch alles über Virginia, da ich bei ihm war, als es besonders schlimm um sie stand. Darüber hinaus war er ein außerordentlich netter und kluger Mensch. Ich war überrascht, ihn in der Uniform eines Colonels anzutreffen – oder vielleicht war er sogar Kommandeur. Tatsächlich war er Distriktschef des Royal Army Service Corps für den Distrikt, zu dem Richmond und Surrey gehörten. Ich erklärte ihm die Lage und sagte, daß ich eher zu ihm als Freund denn als Arzt gekommen wäre, um mir seinen Rat zu holen. Er meinte, es könne für Virginia zur Katastrophe führen, wenn ich eingezogen würde; außerdem sei ich, vom medizinischen Standpunkt gesehen, der letzte, der Soldat in der Armee werden sollte, und da er mich bereits ohne Erfolg wegen eines nervösen Leidens behandelt hätte, könne er mir mit reinem Gewissen ein Attest geben, das ich bei der Voruntersuchung vorweisen

sollte. Er schrieb mir das folgende Attest aus, mit dem ich, ehrlich gesagt, (medizinisch) nicht völlig einverstanden war und
bin:

»Mr. L. S. Woolf ist mir seit einigen Jahren bekannt und früher schon von mir behandelt worden. Mr. L. S. Woolf ist nach
meinem Dafürhalten für den Militärdienst völlig ungeeignet
und würde unter den Bedingungen des Dienstes an der Front
unweigerlich zusammenbrechen. Mr. L. S. Woolf hat eine eindeutig nervöse Störung und darüber hinaus einen ererbten nervösen Tremor, der ziemlich unkontrollierbar ist.«

1916 wurde ich ordnungsgemäß aufgerufen und meldete
mich am 30. Mai mit dem Attest in der Tasche in der Kingston
Kaserne. Es war eine merkwürdige Erfahrung. Ein Hauptfeld-
webel nahm mich in Empfang, schob mich in einen Raum mit
einem Dutzend weiterer Opfertiere und befahl mir, mich aus-
zuziehen – und ich war wieder im Jahr 1892 und in meiner
Schule. Wir warteten und warteten auf den Arzt, zitternd, vor
Nervosität und weil es durch die Türen zog, die dauernd geöffnet und geschlossen wurden. Endlich wurde ich von einem jungen Arzt untersucht. Da ich nackt war, hatte ich den Brief von
Dr. Wright in der Jackentasche gelassen, aber es schien mir für
den Augenblick ratsam, nichts zu sagen – je weniger ein Neuer
sagt, desto besser für ihn. Inzwischen zitterte ich so vor Kälte,
daß der Arzt nicht umhin konnte zu bemerken, daß meine
Hände noch mehr zitterten als die des Durchschnittssoldaten.
Er sagte nichts dazu, sondern nahm mich mit in einen kleinen
Raum, in dem ein Arzt in der Uniform eines Hauptmanns saß.
»Hier ist einer mit Chorea, Sir«, sagte er. Ich konnte mich nur
mühsam davon abhalten, ihm zu sagen, daß ich nicht unter
Veitstanz litte. Der Hauptmann befahl mir, meine zitternden

Hände auszustrecken und nahm mich ins Kreuzverhör. Ich sagte ihm, daß ich einen Brief von Wright hätte, und er ließ ihn mich holen. Weiter wurde nichts zu mir gesagt, erst nachdem ich noch etwa eine Stunde gewartet hatte, sagte man mir, ich könne gehen. Schließlich bekam ich die Freistellung, und zwar zu meiner Überraschung von jeder Art von Militärdienst. Und was noch überraschender war: In der großen Einberufungsaktion 1917, als ich glaubte, daß ich nun unweigerlich zum Tische- und Fußbödenschrubben geschickt werden würde, bekam ich dieselbe vollständige Freistellung.

Inzwischen ging der Krieg weiter. Ganz abgesehen von Virginias Krankheit waren die vier Jahre des Ersten Weltkriegs die gräßlichste Zeit meines Lebens. Die fünf Jahre des Zweiten Weltkriegs waren eigentlich viel schrecklicher, denn sie waren die Ursache für Virginias Freitod, aber alles bewegte und veränderte sich ständig, und die drohende Todesgefahr über dem eigenen Haupt ließ keinen anderen Gedanken zu. Das entsetzliche an den Jahren von 1914 bis 1918 war, daß nichts zu geschehen schien, Monat für Monat, Jahr für Jahr, außer dem gnadenlosen, sinnlosen Gemetzel in Frankreich. Wenn man in den Downs oberhalb von Asham spazierenging, konnte man oft das unablässige Donnern der Kanonen an der flandrischen Front hören. Und auch wenn man sie nicht hörte, war es, als hämmerte einem der Krieg dauernd dumpf gegen das Hirn, während man selbst in Richmond und Sussex von einer Wolke der Langeweile umgeben war, und wenn man einen Blick in die Zukunft wagte, sah man dort nichts als die endlose Perspektive derselben Langeweile. Als am 2. Dezember 1917 das Telefon klingelte und man mir mitteilte, daß Cecil in Frankreich gefallen war, wirkte das im stumpfen, unbewegten Grau meiner

Tage, als hätte ich plötzlich einen fürchterlichen Schlag auf den
Schädel bekommen.

Einen Lichtblick in der Dunkelheit gab es aber doch. In den
letzten beiden Kriegsjahren stabilisierte sich Virginias
Gesundheit langsam, aber sicher. Sie konnte wieder arbeiten,
und sie schrieb regelmäßig an *Nacht und Tag*, so daß sie mir das
abgeschlossene Manuskript im März 1919 zu lesen geben
konnte. Nach und nach war sie auch in der Lage, mit vorsichti-
ger Zurückhaltung ihr gesellschaftliches Leben wiederaufzu-
nehmen. Wir fingen an, uns mit einer großen Zahl verschiede-
ner Leute zu treffen, darunter auch Philip und Ottoline Morrell, die wir durch Lytton kennenlernten. Ich glaube, es war
1917, als wir zum erstenmal ein Wochenende in Garsington
verbrachten. Das Haus, Philip, Ottoline und ihre Freunde und
Gäste bildeten den Rahmen einer Gesellschaft und eines
Lebens, wie ich es im tatsächlichen Leben nie wieder gesehen
habe. In der Welt der Literatur habe ich sein Ebenbild gefunden, denn die Leute von Crotchet Castle, Headlong Hall,
Nightmare Abbey und Gryll Grange hätten sich dort ganz zu
Hause gefühlt und in schönster Weise hineingepaßt. Garsington war ein reizendes Gutshaus in Oxfordshire mit einem hübschen Garten, dessen Zierde ein Swimmingpool und eine Schar
Pfauen waren. Ottoline selbst war ihren Pfauen nicht ganz
unähnlich, wenn sie in seltsam farbenfrohen Tüchern und flie-
ßenden Gewändern durch Haus und Garten wehte, mit ihrem
ungeschickt gefärbten roten Haar, den Kopf, wie die Vögel
leicht himmelwärts gerichtet, und ihrer eigenartig nasalen
Stimme, deren wieherndes Gelächter nahelegte, sie könnte
jederzeit in einen dieser ohrenzerfetzenden Pfauenschreie ausbrechen, die mich dort morgens, wie früher in den Dschungeln

Ceylons, aus dem Schlaf holten. Wie ihre ganze buntscheckige Gesellschaft, die den Frühstückstisch bevölkerte oder durch den Garten schwebte, war sie ein phantastischer Mischmasch.

Philip war Parlamentsabgeordneter der Liberalen, Anhänger von Asquith sowie Gegner von Lloyd George, und politisch und gesellschaftlich umgab ihn und Ottoline eine Aura von Liberalismus oder sogar Radikalismus. Sie waren führende Mitglieder jener Bühnenarmee von britischen Progressiven, bei denen man sich darauf verlassen konnte, daß sie einen Brief an die *Times* unterschrieben, wenn es darum geht, sich für eine unpopuläre Sache einzusetzen oder gegen ein Pogrom oder einen Justizmord zu protestieren. Sie war stolz darauf, daß sie als junge Frau aus der herzoglichen Familie und aus Welbeck ausgebrochen war, um an der Universität Liverpool bei Walter Raleigh Literatur zu studieren. Sie wurde Gönnerin von Künstlern und Schriftstellern, von Proletariern, Bohemiens und Underdogs. Am Bedford Square oder in Garsington konnte man der Herzogin von Portland, dem tadellosen Lord Henry und Lord Berners (der ein Klavier oder eine Harfe in seinem Wagen hatte) begegnen, aber die Underdogs und Taugenichtse, die Intellektuellen ohne Geld und – in den Augen der Herzogin – ohne Manieren, die Kriegsdienstverweigerer wie Gertler, John Rodker und Middleton Murry waren diesen Aristokraten zahlenmäßig weit überlegen.

Ich fand es immer besonders spannend, wenn in Ottoline plötzlich – und gar nicht so selten – die Aristokratin durchbrach und die große Lady, die Tochter und Schwester von Herzögen, irgendeinem armen Taugenichts klarmachte, wohin er gehörte.

Ich habe das in Garsington miterlebt; wenn sich jemand

etwas »herausgenommen« hatte oder sonstwie zu weit gegangen war, aber es war noch amüsanter, ihr absolutes Selbstvertrauen und ihre Unbefangenheit in der Öffentlichkeit zu beobachten. Zum Beispiel an einem Sommerabend, als wir sie am Bedford Square besucht hatten und sie uns bis zum Tavistock Square begleitete. Sie sah noch phantastischer und exzentrischer aus als gewöhnlich; ihr Hut, ihr Haar und die Kleider flogen und flatterten um sie herum; sie wirkte wie ein riesiger Vogel, dessen bunt, aber schlecht gefärbtes Gefieder vollkommen in Unordnung geraten war und nicht mehr zum Körper paßte. Jeder, an dem sie vorbeiging, drehte sich um und starrte sie an, und an einer Stelle, wo die Straße aufgerissen war und Männer in einer Grube arbeiteten, schauten sie zu ihr hinauf, brüllten vor Lachen und pfiffen und gröhlten hinter ihr her. Sie ging weiter, ohne auch nur im geringsten darauf zu achten oder zu reagieren.

Die Gesellschaft, die man in Garsington treffen konnte, war wie gesagt ein merkwürdiger Mischmasch. Während des Krieges lebte dort ein fester Stamm von Kriegsdienstverweigerern, denn Philip hatte eine Art Landwirtschaftsbetrieb, und die Morrells hatten in ihrer üblichen hochherzigen Großzügigkeit eine ganze Anzahl von Verweigerern aufgenommen, die unter der Bedingung vom Militärdienst freigestellt worden waren, daß sie in der Landwirtschaft arbeiteten. Diese Verweigerer wohnten entweder im Haus oder in benachbarten Katen. Als mehr oder wenig ständige Bewohner traf man deshalb zu allen Mahlzeiten Lytton, Gerald und Fredegund Shove, Clive Bell, Mark Gertler und den Dichter Frank Prewett.

Und, als ob das noch nicht ausreichen würde, trieb durch diese Literaten- und Künstlerschicht eine unregelmäßige Prozession von nicht dazupassenden Gestalten der High Society und der großen Politik. In diese intellektuelle Unterwelt mischten sich z. B. an einem Wochenende ein hübscher und hirnloser Debütant und Lord Balniel, der damals am Anfang seiner Karriere als Kurator einer unglaublichen Zahl von staatlichen Kunstgalerien und Museen stand.

Außerdem gab es regelmäßige Überfälle der Familie Asquith. Vor allem Margot, Lady Oxford, pflegte zu so ziemlich allen Tages- und Nachtstunden plötzlich aufzutauchen. Sie war, wie so viele Erinnerungen und auch ihre Autobiographie zeigen, eine sehr englische Mischung aus Wildfang, enfant terrible und großer Dame. Was einen faszinierte und später ärgerte oder langweilte, war ihre unermüdliche Energie, ihre Willenskraft, die auf ihre Umgebung wie ein psychologischer Drillbohrer wirkte. Es war unmöglich, sie nicht zu mögen, selbst wenn sie absolut unerträglich war – *odi et amo.* Eines Nachmittags in Garsington waren alle außer Ottolines Tochter Julian und mir fort, entweder bei ihrer Arbeit, oder um den Poeta laureatus zu besuchen. Ich hatte kein Verlangen nach der lyrischen Schwülstigkeit des Hofpoeten, deshalb blieb ich da und spielte mit Julian Tennis. Nach ein oder zwei Sätzen ging sie ins Haus, und ich streifte durch den Garten. Plötzlich tauchte Margot auf. Es war die Zeit der großen Spaltung bei den Liberalen zwischen Lloyd George und Lord Asquith, nachdem L. G. mit der Mehrheit davongezogen war und die beiden Fraktionen in tödlicher Umklammerung, einem Catch-as-catch-can miteinander rangen. Ich entdeckte ein Glitzern in Margots Augen, als sie sah, daß ich allein war, das mich zur Vorsicht mahnte. Sie führte mich auf dem Rasen hin und her, hielt sich an meiner linken Seite, während ihre rechte Hand auf

meiner rechten Schulter lag. Es war offensichtlich, daß sie
etwas vorhatte, und es dauerte nicht lang, bis sie ihr Vorhaben
und den Zweck ihrer Hand (auf meiner Schulter) darlegte.
»Ich weiß, Sie sind ein guter Freund von Maynard Keynes«,
war die Einleitung dessen, was sie in der Hand und im Sinn
hatte. Ich bekam alle Einzelheiten der Perfidie und Unaufrich-
tigkeit von L. G. und seiner absoluten Grundsatzlosigkeit
erläutert, und sie betonte, wie wichtig es sei, daß hervorra-
gende junge Leute wie Maynard Keynes sich nicht von diesem
abscheulichen Gaukler beschwatzen ließen. Sie hoffte, daß ich
ihm erzählen würde, was sie gesagt hatte, und meinen Einfluß
nutzte, seine Schritte auf den rechten Weg zu lenken – ins
Asquith-Lager. Maynard amüsierte sich sehr, als ich ihm
berichtete, was sie gesagt hatte.

Ich glaube, Margot bewunderte Virginia und hatte sie aufrichtig gern. Aber sie gehörte zu den Menschen, die immer
ganz naiv versuchen, etwas aus anderen herauszuholen. Einmal rief sie Virginia an und lud sie zum Lunch am Bedford
Square mit ihr ganz allein für den folgenden Donnerstag ein –
sie würden ganz unter sich sein, denn sie wolle etwas Wichtiges
mit Virginia besprechen. Virginia traf an dem Donnerstag eine
Gesellschaft von zwölf Leuten an. Über das »Wichtige« wurde
kein Wort gesagt, bis Virginia aufstand, weil sie gehen wollte;
da fragte Margot, ob sie am Montag zu uns zum Tee kommen
könne. Sie kam und erklärte, daß sie Virginias schriftstellerisches Talent mehr als das von irgend jemand anderem
bewunderte. »Was ich von Ihnen möchte, Virginia«, sagte sie,
»ist, daß Sie den Nachruf auf mich in der *Times* schreiben –
wenn Sie ihn der *Times* anbieten, werden die bestimmt begeistert sein –, und ich bin sicher, ich würde glücklich sterben,

wenn ich wüßte, daß mein Nachruf in der *Times* von Ihnen ist.«
Virginia antwortete, nach ihrer Kenntnis sei Bruce Richmond
für Nachrufe zuständig, und sie glaubte nicht, daß er sehr
erfreut wäre, wenn andere ihm anboten, an seiner Stelle zu
schreiben. Sie wollte sich nicht festlegen. »Denken Sie darüber
nach, denken Sie darüber nach«, waren Margots letzte Worte.
Wir haben uns oft gefragt, ob sie wohl Bruce Richmond zu
einem Lunch unter vier Augen (mit zehn weiteren Anwesen-
den) eingeladen hat, um etwas Wichtiges zu besprechen, und
dann vorgeschlagen hat, daß Virginia ihren Nachruf schriebe.
Wenn ja, dann ohne Erfolg.

Es wäre Margot gegenüber unfair, nicht zu sagen, daß sie
ebensoviel gab, wie sie nahm. Aber ihre Großzügigkeit war so
sonderbar wie alle ihre Aktivitäten. Kurz vor dem Zweiten
Weltkrieg erzählte sie Virginia, daß sie eine original Bronze-
Reproduktion der berühmten Voltaire-Statue von Houdon
besäße. Vor Jahren sei sie mit einem Freund durch Paris gelau-
fen, der sehr verliebt in sie gewesen sei – sie aber nicht in ihn.
»Er ging mit mir in einen Antiquitätenladen und sagte, er
wollte mir etwas schenken; ich sollte mir selbst aussuchen, was
ich am liebsten hätte. Ich beschloß, das auszuwählen, was mir
am teuersten schien, und nahm den Voltaire. Und jetzt, Virginia, möchte ich ihn Ihnen schenken.« Es gab keinen Grund und
keine Erklärung dafür, daß Margot Virginia den bronzenen
Voltaire schenkte, und Virginia sagte auch, sie sollte das bitte
nicht tun. Aber einige Zeit danach, kurz nach dem Beginn des
letzten Krieges, als wir in Monks House waren, fuhr ein Rolls
vor, und ein Chauffeur trug Voltaire ins Haus, ein Geschenk
Ihrer Ladyschaft. Das Geschenk, der Wagen, der Chauffeur
und die 100-Meilen-Reise, um das Geschenk abzuliefern, wir

konnten das Geheimnis ihres Motivs nicht ergründen, fanden es aber typisch für Margot.

Der Höhepunkt der Wochenenden in Garsington im Spätfrühling oder Frühsommer war der Sonntagnachmittag; wenn die Sonne schien, gab es eine große Versammlung von jungen und alten, von hervorragenden (und nicht so hervorragenden), von bemerkenswerten (und nicht so bemerkenswerten) Männern, die sich im Garten drängten, hin und her spazierten, auf Stühlen und Hockern saßen und unaufhörlich redeten. Es ist bezeichnend, daß die Gesellschaft fast ausschließlich aus Männern bestand. Die einzigen bemerkenswerten Frauen, die ich je in Garsington sah, waren Margot, Katherine Mansfield und Virginia, dagegen gab es immer eine glänzende Schar männlicher Stars, von alten Roten Riesen wie Yeats bis zu neuen Weißen Zwergen vom Balliol oder New College. Die ältere Generation war anwesend: Bertie Russell, Goldie Dickinson, Bridges, Lytton, Maynard; am frühen Nachmittag brachen die Studenten und jungen Dozenten ein. Die Oxford Generation des zweiten und dritten Jahrzehnts unseres Jahrhunderts brachte eine bemerkenswerte Konstellation von Stars erster Größe hervor, und es machte mir großen Spaß, sie im Garten von Garsington blitzen zu sehen. Dort sah ich auch den jungen Aldous Huxley zum erstenmal, wie er seine langen Grashüpferbeine im Liegestuhl übereinanderlegte, und ich lauschte hingerissen einem Gespräch, wie ich es bei niemandem anderem je beobachtet habe. Ich wurde nie müde, dem zu lauschen: Der wißbegierigen Gelehrsamkeit, der äußerst spekulativen Neugier, der radikalen Intelligenz, die von einem liebenswürdigen Geist und einer bezaubernden Persönlichkeit geleitet, Konversation zu einer Kunst machten. Und aus den Oxford Colleges jener Jahre kamen neben Aldous L. A. G. Strong, David Cecil, Maurice Bowra.

In Garsington begegneten wir auch Katherine Mansfield und Middleton Murry zum erstenmal. Als wir sie kennenlernten, lebten sie zusammen, und kurz danach heirateten sie dann wohl. Sie hatten damals etwas an sich, was ich nur als literarische Unterwelt bezeichnen kann, unsere Vorfahren nannten es Grub Street. Ein seltsamer Hauch von Verschwörung umgab sie, es war, als erwischte man sie manchmal dabei, wie sie ein verstohlenes Blinzeln oder Flüstern tauschten: »Da, hast du gesehen? Hab' ich dir nicht gesagt, die Welt ist uns feindlich gesinnt?« Ich konnte Murry nie leiden; er hatte eine Pecksniff-Ader, die mich reizte und abstieß.* Er war immer bereit, laut und ausgiebig über das Elend dieser Welt zu weinen, aber seine Augen erinnerten mich nur an die eines Krokodils.

Katherine war ein ganz anderer Mensch. Ich mochte sie, obwohl ich glaube, daß sie mich nicht mochte. Sie hatte ein maskenhaftes Gesicht und schien noch mehr als Murry immer auf der Hut zu sein vor einer Welt, die sie für feindlich hielt. Bald nachdem wir sie kennengelernt hatten, besuchte sie uns für ein etwas beklemmendes Wochenende in Asham. Von Natur aus war sie sicher fröhlich, zynisch, amoralisch, ordinär, geistreich. Als wir sie das erstemal trafen, war sie außerordentlich amüsant. Ich glaube, niemand hat mich je so zum Lachen gebracht wie sie damals. Sie saß sehr aufrecht auf der Kante

---

* Ich habe einmal in der *Nation* ein Buch von ihm rezensiert, indem ich wahllos Zitate aus seinem Buch und Pecksniff-Zitate aus »Martin Chuzzlewit« mischte. Ich forderte jedermann auf zu versuchen, sie zu entflechten, und ich glaube nicht, daß irgend jemand es getan hat – die Murry-Pecksniff-Absätze klangen recht plausibel.

eines Stuhls oder Sofas und erzählte in aller Ausführlichkeit die Saga ihrer Erfahrungen als Schauspielerin, oder wie und warum Koteliansky im Zimmer ganz oben im Haus an der Southampton Row wie ein Hund gejault hatte. Es lag auch nicht die geringste Andeutung eines Lächeln auf ihrem maskenhaften Gesicht, während Blitze ihres bitterbösen Witzes die außerordentliche Komik der Geschichte steigerten. Meiner Meinung nach hat Murry auf irgendeine abstruse Art Katherine als Mensch und als Schriftstellerin korrumpiert und pervertiert und zerstört. Sie war eine sehr ernsthafte Schriftstellerin, aber mit den Gaben einer empfindsamen Realistin, mit einem wundervollen Sinn für Ironie und tiefgreifenden Zynismus. Sie verstrickte sich in der klebrigen Sentimentalität Murrys und schrieb gegen ihre eigene Natur. Ganz tief in ihrem Inneren wußte sie das, vermute ich, und es machte sie wütend. Und deshalb war sie auch so oft wütend auf Murry. Wenn man sie zusammen sah, vor allem in ihrem eigenen Haus in Hampstead, fühlte man sich sehr unbehaglich, denn Katherine schien dauernd verärgert über Murry oder wütend auf seinen Bruder, der bei ihnen wohnte und, Katherine zufolge, zuviel aß. Ab und zu sagte sie sotto voce irgend etwas Bitteres und Bissiges über einen der beiden.

Das Verhältnis zwischen Katherine und Virginia war ambivalent. Virginias erster Eindruck, als sie 1917 zum erstenmal zu uns kam und bei uns zu Abend aß, war Entsetzen – Entsetzen über das billige Parfüm, die »Gewöhnlichkeit« – die »harten und billigen Züge«. Aber bevor der Abend zu Ende war, bemerkte sie: »Wenn das nachläßt, ist sie so intelligent und tiefgründig, daß sich die Freundschaft lohnt.« Eine merkwürdige Freundschaft, mit ein paar tiefen Wurzeln, entwickelte sich zwischen ihnen. Wenn sie nicht zusammen waren, betrachtete Katherine Virginia mit Argwohn und Feindseligkeit, was Virginia irritierte und verärgerte und herablassend gegenüber Katherines billigem Parfüm und ihrer billigen Sentimentalität reagieren ließ. Aber sobald sie sich sahen, fiel das in der Regel weg, und es herrschte eine tiefe Übereinstimmung und Gemeinsamkeit zwischen ihnen. Am besten kann ich das zeigen, indem ich zitiere, was Virginia über Katherines Tod am 16. Januar 1923 in ihr Tagebuch schrieb, denn es ist erschreckend freimütig, nicht nur in bezug auf Katherine, sondern auch auf sie:

»Katherine ist seit einer Woche tot, und wieweit gehorche ich ihrem ›Vergiß Katherine nicht ganz‹, das ich in einem ihrer alten Briefe gelesen habe? Vergesse ich sie bereits? Es ist seltsam, der Entwicklung der eigenen Gefühle nachzuspüren. Nelly sagte beim Frühstück am Freitag in ihrer aufgeregten Art: ›Mrs. Murry ist tot. Es steht in der Zeitung!‹ Darauf fühlt man – was? Einen Schock der Erleichterung? Eine Rivalin weniger? Dann Verwirrung, weil man so wenig empfindet, und dann, nach und nach, Leere und Enttäuschung; schließlich eine Niedergeschlagenheit, aus der ich mich den ganzen Tag nicht befreien konnte. Als ich anfing zu schreiben, kam mir das einfach sinnlos vor. Katherine wird es nicht lesen. Katherine ist nicht mehr meine Rivalin. Ich bin jetzt großzügiger: Aber wenn ich auch dies besser kann als sie, wo ist sie, die konnte, was ich nicht kann? Ich sehe sie deutlich vor mir, wie immer steigen die Bilder unaufhaltsam in mir hoch – Katherine, wie sie einen weißen Kranz aufsetzt und von uns geht, weil man sie gerufen, geehrt, erwählt hat. Und man hat Mitleid mit ihr. Und man spürt, wie widerwillig sie den Kranz trug, der eiskalt war. Und

dabei war sie erst dreiunddreißig. Ich sah sie so genau vor mir
und das Zimmer in Portland Villas. Ich gehe hin. Sie erhebt
sich, ganz langsam, von ihrem Schreibtisch. Ein Glas Milch
und eine Medizinflasche standen dort. Und Stapel von Romanen. Alles war sehr ordentlich und hell, ein bißchen wie in
einem Puppenhaus. Auf einmal, oder beinahe, verloren wir
unsere Scheu. Sie (es war Sommer) lag halb auf ihrem Sofa am
Fenster. Sie sah wieder wie eine japanische Puppe aus, mit dem
glatt über die Stirn gekämmten Pony. Manchmal sahen wir
einander ganz unverwandt an, als hätten wir über die Augen
eine dauerhafte Beziehung erreicht, die von körperlichen Ver-
änderungen unabhängig war. Sie hatte wunderschöne Augen –
fast wie die eines Hundes, braun, weit auseinanderstehend, mit
einem beständigen, bedächtigen, eher treuen und traurigen
Ausdruck. Ihre Nase war spitz, ein bißchen gewöhnlich. Die
Lippen schmal und hart. Sie trug kurze Röcke und hatte gern
›ihren eigenen Stil‹, wie sie sagte. Sie sah sehr krank aus, verzerrt, und bewegte sich matt, schleppte sich durchs Zimmer
wie ein leidendes Tier. Ich habe wahrscheinlich von den Dingen, über die wir sprachen, einiges aufgeschrieben. Meistens,
glaube ich, erreichten wir eine Sicherheit – in Gesprächen über
Bücher oder vielmehr unser Schreiben –, die ich für dauerhaft
hielt. Und dann wieder war sie unergründlich. Mochte sie
mich? Manchmal behauptete sie das – küßte mich –, sah mich
an, als ob (ist das Gefühlsseligkeit?) ihre Augen gern immer
glaubwürdig sein wollten. Dann versprach sie, nie, nie zu vergessen. Das sagten wir auch am Ende unseres letzten
Gesprächs. Sie würde mir ihr Tagebuch zu lesen geben und
immer schreiben. Denn unsere Freundschaft sei echt, sagten
wir, und schauten einander fest in die Augen. Sie würde halten,

was auch immer geschähe. Was geschah, war vermutlich Besserwisserei und möglicherweise Klatsch. Meinen Brief hat sie nie beantwortet. Und doch ist mir irgendwie so, als bestünde die Freundschaft weiter. Es gibt immer noch Dinge zum Thema Schreiben, über die ich nachdenke und die ich Katherine mitteilen möchte. Wenn ich in Paris gewesen und zu ihr gegangen wäre, wäre sie aufgestanden, und innerhalb von drei Minuten hätten wir wieder miteinander geredet. Nur daß ich diesen Schritt nicht tun konnte. Die Umgebung – Murry und so weiter – und die kleinen Lügen und Treulosigkeiten, das dauernde Spielen und Hänseln, oder was es auch war, hat viel von der Stärke unserer Freundschaft genommen. Man war zu unsicher. Und deshalb ließ man alles laufen. Dabei erwartete ich mit Sicherheit, daß wir uns im nächsten Sommer wieder begegnen und von vorn anfangen würden. Und ich war eifersüchtig auf ihre Kunst zu schreiben – die einzige, auf die ich je eifersüchtig gewesen bin. Das machte es noch schwieriger, ihr zu schreiben. Und ich sah darin, vielleicht aus Eifersucht, all die Eigenschaften, die ich an ihr nicht mochte.

Zwei Tage lang hatte ich das Gefühl, ich sei gealtert, und verlor den Antrieb zum Schreiben. Das Gefühl legt sich jetzt. Ich sehe sie nicht mehr dauernd mit dem Kranz. Ich bemitleide sie nicht mehr so sehr. Trotzdem glaube ich, daß ich mein ganzes Leben lang immer wieder an sie denken werde. Vielleicht hatten wir etwas gemeinsam, das ich nie wieder bei jemand anderem finden werde. (Das habe ich 1919 mit so vielen Worten wieder und wieder gesagt.) Außerdem denke ich gern über ihren Charakter nach. Ich glaube, ich habe ihrem körperlichen Leiden und dem Einfluß, den es auf ihre Verbitterung gehabt hat, nie Glauben geschenkt.«

An das historisch so bedeutsame Jahr 1917 erinnere ich mich auch persönlich und autobiographisch aus zwei Gründen. Ich arbeitete an der Gründung des *1917 Club* mit, und Virginia und ich starteten die *Hogarth Press*. Der *1917 Club* war ein seltsames Phänomen. Eigentlich mag ich Clubs nicht besonders. Ich bin in meinem ganzen Leben in London nur in dreien Mitglied gewesen, in der Gewerkschaft, dem *1917 Club* und dem *Athenaeum*. Die meisten sind fürchterlich ehrbar, mit dieser Art männlicher Wichtigtuerei und Public-School-Substanzlosigkeit, die mich ärgerlich machen. Deshalb habe ich mich jahrelang geweigert, irgendwo beizutreten, und wurde erst spät im Leben Mitglied des *Athenaeum*. Ich gehe selten hin, und wenn ich die heiligen Hallen betrete, dann gewöhnlich nur um, unterwegs zu einem anderen Ziel, die Toilette aufzusuchen. Tatsächlich kommt es mir manchmal so vor, als zahlte ich die zweiundzwanzig Guineen Jahresbeitrag einzig für das Privileg und die Ehre, sechs- oder siebenmal im Jahr sein gepflegtes Pissoir zu benutzen – woraus man die stolzen Kosten von rund drei Guineen pro Mal errechnen kann.

Wenn das *Athenaeum* der Nadir der Ehrbarkeit ist, waren meine anderen beiden Clubs der Zenith der Verrufenheit. Der Snobismus, der mich im Alter veranlaßte, dem *Athenaeum* beizutreten, veranlaßte mich umgekehrt als unreifen Labour-Novizen, der Gewerkschaft beizutreten. Dabei benutzte ich dort nicht einmal die Toilette. Ich erinnere mich, daß sie nur ein oder zwei Räume im ersten Stock eines schäbigen Baus in Holborn hatten; ich war nur einmal dort und war so deprimiert von der melancholischen Düsternis und dem Geruch von abgestandenem Bier, daß ich nie wieder hinging.

Ich weiß nicht mehr, in wessen Kopf 1917 die Idee eines politisch links orientierten Clubs entstand. Ich glaube, es begann mit einem Gespräch zwischen Oliver Strachey, Lyttons Bruder, und mir. Jedenfalls horchten wir im April alle möglichen Leute über diese Idee aus und erhielten begeisterte Unterstützung. Wir brachten eine Art informelles Komitee zusammen, das sich am 23. April zum erstenmal versammelte und die Geschäfte bis zur ersten Generalversammlung des Clubs am 19. Dezember führte. Ich habe vergessen, wer all die Leute waren, die mit uns arbeiteten, aber außer uns waren mit Sicherheit beteiligt: Ramsay MacDonald, J. A. Hobson, Mary MacArthur, eine prominente Gewerkschafterin, und ihr Mann, W. C. Anderson, H. N. Brailsford, Molly Hamilton (Mrs. M. A. Hamilton), die Abgeordnete der Labour-Partei wurde und eine Biographie MacDonalds schrieb, Emile Burns, der später Kommunist wurde. Im Juli waren wir soweit, uns Häuser in Long Acre und anderswo anzusehen, und schließlich mieteten wir ein Haus in der Gerrard Street, einer Gegend, die in jener Zeit täglich ab 14.30 Uhr zum ziemlich trübseligen Schlupfwinkel von Prostituierten wurde. Am 19. Dezember, wie gesagt, war die erste Generalversammlung. Ich wurde ins Komitee gewählt und blieb darin für eine Reihe von Jahren.

In den ersten Jahren hatte der Club ein kurioses Gemisch von Mitgliedern. Die meisten waren politisch engagiert und waren, von Ramsay an abwärts, überwiegend Labour-Anhänger. Aber es gab auch das rein kulturelle, literarische und künstlerische Element, und während der ersten zwei oder drei Jahre seines Bestehens hatte die Kultur den größeren Anteil. Wer zur Teezeit gegen vier Uhr nachmittags hereinschaute, wäre nie auf den Gedanken gekommen, daß der Club politisch orientiert war. Virginia kam oft, und die Stracheys, inklusive

Lytton in einem Gefolge junger Frauen und Männer beherrschten die Szene. Jahre später muß dann die Bühne eingefallen sein und den Club erobert haben, denn lange nachdem ich aufgehört hatte, dort aktiv zu sein, wurde ich als Gründer aufgefordert, an einem Dinner zum Jahrestag seiner Gründung teilzunehmen. Ramsay MacDonald präsidierte, und ich saß mit ihm und einigen anderen alternden Politikern am Tisch der Honoratioren, während die aktiven Mitglieder überwiegend Schauspieler und Schauspielerinnen und Musiker zu sein schienen. Am Anfang hatte, glaube ich, die Bühne uns nur ein Mitglied geschenkt, Elsa Lanchester, und einen Musiker, Harold Scott.

Jetzt komme ich zu den Zufälligkeiten, die die Gründung der Hogarth Press verursachten und also Verleger aus uns machten. Virginias Gesundheit stabilisierte sich in den letzten zwei Kriegsjahren allmählich. Sie schrieb wieder eifrig und regelmäßig. Sie arbeitete an *Nacht und Tag* und schloß den Roman Ende 1918 ab; daneben schrieb sie von Zeit zu Zeit kürzere Sachen wie *Der Fleck an der Wand*. Es gab in den Jahren 1917 und 1918 nicht einen einzigen Monat, in dem keine Besprechung von ihr in *The Times Literary Supplement* erschien. 1925 wurden viele davon in *Der gwöhnliche Leser* nachgedruckt. Sie verdiente mit Rezensionen 1917 95 £. 9 s. 6 d und 1918 104 £. 5 s 6 d. Unser tägliches Leben wurde ziemlich regelmäßig. Während der Woche arbeiteten wir fleißig. Neben meinen politischen Aktivitäten schrieb ich an dem Buch *Empire and Commerce in Africa*. Am Wochenende unternahmen wir etwas, »verwöhnten uns«, wie wir es nannten. Es war nichts Umwerfendes, eine Busfahrt nach irgendwohin flußaufwärts, ein Spaziergang,

Einkehren in Hampton Court oder vielleicht im Kingston. Damals – vor vierzig oder fünfzig Jahren – waren Richmond und Richmond Park, Ham, Kingston, Hampton Court noch sehr schön, und selbst samstags und sonntags war die Schönheit von Bäumen und Gras und Fluß und Weiden noch nicht durch Hunderte von Autos und Tausende von Leuten getrübt, die jede Woche morgens wie Schlangen von Küchenschaben und Ameisen in London aufbrechen, und abends, nachdem sie ihre Papiertüten und Eispapiere und Bierflaschen in der Landschaft verteilt haben, wieder in die Stadt zurückströmen. Gesellschaftlich gesehen war es die prähistorische Ära, wo man noch im Haus wohnendes Personal beschäftigte. Wir hatten zwei Dienstboten von Roger Fry gewissermaßen geerbt: Die Köchin Nellie und das Stubenmädchen Lottie, die jahrelang bei uns waren. An Lohn kosteten sie uns 1917 76 £. 18 s. 8 d. Obwohl wir zwei Hausangestellte und zwei Häuser hatten, blieben unsere Ausgaben 1917 unter 700 £. Dabei sahen und bewirteten wir eine ganze Menge Besucher. Sie kamen zum Lunch oder zum Dinner nach Richmond hinaus und blieben oft über Nacht.

Ich habe nie wieder jemanden mit so angespannter und unermüdlicher Konzentration arbeiten sehen wie Virginia. Das war besonders der Fall, wenn sie an einem Roman schrieb. Der Roman wurde zu einem Teil von ihr, und sie selbst wurde von dem Roman absorbiert. Diese intensive Absorption bedeutete eine große seelische Anspannung für sie, weshalb sie ihr Leben lang versuchte, zwei verschiedene schriftstellerische Tätigkeiten nebeneinander zu betreiben: Erzählendes und Rezensionen. Wenn sie ein paar Wochen intensiv an einem Roman gearbeitet hatte, schaltete sie zur Erholung und zum

Ausruhen auf Kritiken um. Und obwohl sie selbst einer vergleichsweise unwichtigen Kritik viel Sorgfalt und Konzentration widmete, war der Teil des Verstandes, den sie für Besprechungen oder sogar Biographisches benutzte, ein anderer als
der, den sie bei ihren Romanen einsetze.

Wie schon an anderer Stelle erwähnt, bezog ich meine Weis-
heiten und Sprüche aus dem breiten Erfahrungsschatz meiner
Kinderfrau aus Somerset. Eine ihrer großen Wahrheiten, die
sie mir am Beispiel eines gewissen Jack vermittelte, war, daß
die Seele einen irreparablen Schaden davontrüge, wenn sie nur
durch Arbeit belastet und nie durch Spiel entlastet würde. So
galt es also für mich, ein Spiel für Virginia zu finden, das spannend genug war, um sie völlig von ihrer Arbeit abzulenken.

Wir interessierten uns beide für das Drucken und hatten
immer mal wieder die Möglichkeit erwogen, es zu erlernen.
Das schien mir nun ein geeignetes Mittel, Virginia mit Hilfe
einer manuellen Tätigkeit für die Nachmittagsstunden völlig
von ihrer Arbeit abzulenken. Ende 1916 beschlossen wir endgültig, die Schwarze Kunst zu erlernen. Doch unser Vorhaben
ließ sich nicht problemlos in die Tat umsetzen. Denn der
Mensch im 20. Jahrhundert ist in die komplizierte Motorik des
Alltags eingebunden, deren kolossale anonyme Gesellschaft
ihn nach ihren Regeln in Gang setzt und dadurch scheinbar
harmlose und einfache Aktionen erschwert. So erfuhren wir,
als wir die St. Bride's Druckerschule in der Bride Lane, Ecke
Fleet Street aufsuchten, daß der gesellschaftliche Apparat es
verbietet, zwei mittelalten Mittelschichtsangehörigen die
Kunst des Druckens beizubringen. Die durfte nur von Lehrlin-
gen mit Gewerkschaftszugehörigkeit erlernt werden, deren
Zahl darüber hinaus streng begrenzt war.

Unsere Karriere als Drucker schien also bereits beendet, bevor sie begonnen hatte. Am 23. März 1917 machten wir einen Nachmittagsspaziergang von der Fleet Street über die Farringdon Road zum Holborn Viaduct. Unser Weg führte uns an der Excelsior Printing Supply Co. vorbei, keine sehr große Firma, aber sie verkaufte jede Art von Druckmaschinen und -material, von der Handpresse und Lettern bis zum Winkelhaken. Fast alles Zubehör im Druckgewerbe ist vom Material her reizvoll, und wir starrten durch das Fenster wie zwei hungrige Kinder auf Brötchen und Kuchen vor einem Bäckerladen. Ich weiß nicht, wer von uns vorschlug, wir sollten hineingehen und schauen, ob wir nicht eine Maschine und Lettern kaufen und uns das Setzen selbst beibringen könnten. Jedenfalls traten wir ein und erklärten einem sehr verständnisvollen Mann im braunen Overall unseren Wunsch und unser Dilemma. Er war außerordentlich kooperativ und konnte uns nicht nur eine Druckmaschine, Lettern, Schließrahmen, Setzkästen und alles notwendige Gerät verkaufen, sondern auch eine 16seitige Broschüre, die uns zuverlässig beibringen würde, wie man druckt. Es sei nicht nötig, sagte er, zu einer Druckerschule zu gehen oder Lehrling zu werden; wenn wir die Anweisungen der Broschüre befolgten, wären wir bald sachkundige Drucker. Als wir den Laden verließen, hatten wir eine kleine Handpresse gekauft, dazu Old-Face-Lettern und alle notwendigen Geräte und Materialien für den Preis von 19 £. 5 s. 5 p. Die Maschine war so klein, daß ein Küchentisch ausreichend Platz bot; es war eine gewöhnliche Tiegelpresse, bei der man mittels eines Hebels den Drucktiegel mit dem Papier von unten gegen den Satz im Schließrahmen drückte. Man konnte darauf eine

Demy-Oktav-Seite drucken und, glaube ich, gerade zwei Crown-Oktav-Seiten unterbringen.*

Als die Gerätschaften in Richmond eintrafen, bauten wir alles im Eßzimmer auf und fingen an, uns im Selbstunterricht das Drucken beizubringen. Es erwies sich, daß der Mann von Excelsior recht gehabt hatte; wir folgten den Anweisungen der Broschüre und stellten fest, daß wir sehr bald setzen, die Lettern im Schließrahmen ausschließen, die Walzen einfärben und eine halbwegs lesbare Seite drucken konnten. Nach einem Monat hielten wir uns für ausreichend professionell, um eine Seite für ein Buch oder eine Broschüre zu drucken. Wir beschlossen, eine Broschüre mit Papierumschlag zu drucken, die von uns beiden je eine Geschichte enthielt, um sie per Subskription an eine begrenzte Anzahl von Leuten zu verkaufen, die wir durch ein Rundschreiben ansprechen wollten. Unsere Idee war, falls wir damit Erfolg hatten, weiterzudrucken und auf diese Weise Gedichte oder andere kurze Werke zu veröffentlichen, die die gewerbsmäßigen Verleger keines Blickes würdigen würden.

Wir machten uns ans Werk und druckten ein 32-Seiten-Heft im Format Demy-Oktav mit folgender Titelseite:

---

* Demy-Oktav = 8¾ × 5⅝ Zoll; Crown Oktav = 7½ × 5 Zoll [Anm. d. Hrsg.]

TWO STORIES
WRITTEN AND PRINTED

BY

VIRGINIA WOOLF

AND

L. S. WOOLF

HOGARTH PRESS
RICHMOND
1917

Virginias Geschichte war *Der Fleck an der Wand* und meine *Three Jews*. Wir besaßen sogar die Kühnheit, vier Holzschnitte von Carrington aufzunehmen. Wenn ich mir heute ein Exemplar dieses seltsamen Druckwerks ansehe, muß ich sagen, daß der Druck ziemlich ehrenwert ist für zwei Leute, die sich gerade einen Monat lang im Eßzimmer selbst unterrichtet hatten. Satz, Farbverteilung, Druck sind wirklich nicht schlecht. Ganz schiefgegangen ist die Satzspiegelanordnung, denn mir war noch nicht klar, daß die Vorderseite eines Blattes so bedruckt werden muß, daß sie genau mit der Rückseite des Blattes übereinstimmt.

Wir begannen am 3. Mai mit dem Druck von *Two Stories* in einer Auflage von etwa 150 Exemplaren. Wir banden sie selbst, indem wir sie in Papierumschläge hefteten. Es kostete uns ziemlich viel Mühe, ein besonders ungewöhnliches, lebhaftes Japanpapier für diese Umschläge zu finden. Jahrelang widmeten wir der Suche nach schönen, außergewöhnlichen und manchmal lustigen Papieren zum Binden unserer Bücher viel Zeit und Sorgfalt, und da wir die ersten Verleger waren, die das taten, kreierten wir, glaube ich, eine Mode, der sich viele von den normalen, wohlsituierten Verlagen anschlossen. Wir bezogen das Papier von überall, unter anderem ein farbenfroh gemustertes aus der Tschechoslowakei, und wir ließen sogar marmorierte Umschlagpapiere von Roger Frys Tochter in Paris herstellen. Ich kaufte einige Lettern der Caslon Old Face Auszeichnungsschrift und benutzte sie für den Druck der Umschläge.

Wir druckten ein Rundschreiben, in dem wir die *Publication No. 1* für 1 s. 6 d netto anboten und ankündigten, daß wir auf diese Weise in der Hogarth Press von Zeit zu Zeit in Papier gebundene Broschüren oder kleine Bücher eigenhändig zu drucken und zu veröffentlichen gedächten, die wenig oder keine Chance hätten, von normalen Verlegern veröffentlicht zu werden. Wir luden die Empfänger ein, Subskribenten der Hogarth Press-Veröffentlichungen zu werden, wobei die A-Subskribenten automatisch jede Veröffentlichung erhielten, während die B-Subskribenten regelmäßig vorab informiert würden. Dieses Rundschreiben ging an alle, die wir kannten oder die unserer Ansicht nach an unseren Veröffentlichungen interessiert sein könnten. Ich weiß nicht, wie viele Menschen wir anschrieben, aber wir brachten das Heft im Juli heraus, und Ende des Monats war die Auflage so gut wie vergriffen, denn wir hatten 124 Exemplare verkauft. (Insgesamt wurden letztendlich 134 verkauft.) Ich besitze noch eine Liste der 87 Personen, die diese ersten 134 Exemplare kauften, und bis auf fünf oder sechs waren es alles Freunde oder Bekannte. Es sind einige ziemlich unerwartete Namen darunter, z. B. die der Abgeord-

neten Charles Trevelyan und Arthur Ponsonby, Mrs. Sidney
Webb und Mrs. Bernard Shaw. Die Produktionskosten beliefen sich auf 3 £. 7 s inklusive der stattlichen Zahlung von 15 s an
Carrington für die Holzschnitte, 12 s. 6 d für Papier und 10 s für
Umschlagpapier. Die beiden Autoren bekamen kein Honorar.
Die Gesamteinnahmen betrugen 10 £. 8 s, so daß wir Nettoeinnahmen von 7 £. 1 s hatten. Schließlich hatten wir fünfundvierzig A-Subskribenten und dreiundvierzig der B-Klasse. Unter
den A-Leuten befand sich nur ein Buchhändler, James Bain
aus der damaligen King William Street, Strand; abgesehen von
ihm wurden alle Exemplare unserer ersten Veröffentlichungen
zum vollen Preis an Privatpersonen verkauft. Bis 1923 hatte
sich die Hogarth Press so entwickelt, daß wir mehr oder
weniger normale Verleger geworden waren und unsere Bücher
überwiegend an Buchhändler mit dem üblichen Rabatt verkauften, wir gaben deshalb das Subskriptionssystem ganz auf.

Es hatte uns so viel Spaß gemacht, die *Two Stories* herzustellen, und der Verkauf war so erfolgreich gewesen (134
Exemplare!), daß wir beschlossen, zu etwas Ehrgeizigerem
überzugehen. Katherine Mansfield und Murry waren an
unserem Projekt außerordentlich interessiert, und Katherine
bot uns für *Publication No. 2* eine längere Kurzgeschichte mit
dem Titel *Prelude* an. Wenn ich mir heute mein Exemplar
von *Prelude* ansehe, staune ich über unseren Mut und die
Energie, mit der wir, nur ein Jahr, nachdem wir uns selbst
das Drucken beigebracht hatten, darangingen und es her-
stellten. Denn wir druckten nur nachmittags, und auch nicht
jeden Nachmittag; es ist ein Buch von achtundsechzig Seiten, und Druck und Bindung waren ausschließlich das Werk
unserer Hände. Die Auflage muß fast 300 Exemplare betra-

gen haben, denn als sie vergriffen war, hatten wir 257 verkauft. Virginia übernahm meist die Setzarbeiten, während ich die Presse bediente; ich setzte zwar auch, aber nur, wenn es nichts zu drucken gab.

Prelude druckte ich nicht auf unserer kleinen Handpresse; es hätte viel zu lange gedauert, es Seite für Seite zu drucken. Ich verwendete eine größere Tiegeldruckmaschine, die vier Crown-Oktav-Seiten auf einmal druckte und einem Akzidenzdrucker namens McDermott gehörte. McDermott hatte eine kleine Akzidenzdruckerei in einer Straße in der Nähe von The Green in Richmond. Ich lernte ihn auf merkwürdige Weise kennen, und wir wurden gute Freunde. Während ich die *Two Stories* druckte, stellte ich eines Tages, als ich eine Fahnenseite abzog, fest, daß etwas nicht stimmte, was ich nicht beheben und auch gar nicht begreifen konnte. Keine der Lettern druckte richtig schwarz, überall waren kleine weiße Pünktchen. Die Anleitung half mir nicht weiter. Ich hatte McDermotts Druckerei bemerkt, sie hieß *The Prompt Press*. (Nachdem ich McDermott kennengelernt hatte, dachte ich manchmal, daß er sie nach dem Prinzip des *Lucus a non lucendo The Prompt Press* genannt hatte.) Nachdem ich Stunden mit meiner Seite gerungen hatte, nahm ich eine Fahne, ging zu McDermotts Laden und trat kühn – wenn auch innerlich ziemlich ängstlich – ein. Ich erklärte McDermott, daß ich mir selbst das Drucken beizubringen versuchte und daß ich dabei in unerklärliche Schwierigkeiten geraten war. Ich zeigte ihm meine gesprenkelte Fahne und fragte, ob er mir sagen könnte, was da falsch wäre. »Falsch?« sagte er. »Er steht nicht auf den Füßen, das ist alles; er steht nicht auf den Füßen.« Und er erklärte mir, daß man beim Ausschließen im Schließrahmen manchmal eine Seite nicht ganz flach auf die Schließplatte bekäme, es ginge nur um Winzigkeiten – dann wäre der Satz »von den Füßen« und drucke nicht gleichmäßig.

Das war der Anfang einer Freundschaft, die hielt, solange wir in Richmond wohnten. McDermott war jahrelang Setzer in einer großen Londoner Druckerei gewesen. Sie hatten den *Spectator* gedruckt, und McDermott wurde nie müde, mir Geschichten von dem Chefredakteur, St. Loe Strachey, einem Vetter von Lytton, zu erzählen, und was für ein Aufhebens er immer um die »Farbe« – nämlich das Einfärben der Farbwalzen – bei der Zeitung gemacht hatte. Es mußte alles sehr schwarz werden, zu schwarz für McDermotts Geschmack. Er hatte sich immer nach Unabhängigkeit gesehnt, nach einer kleinen eigenen Akzidenzdruckerei; jahrelang hatte er gespart und in fortgeschrittenem Alter das kleine Unternehmen in der Straße bei The Green gekauft. Er begann mit einer altmodischen Albion-Presse, auf der er Plakate druckte, und zwei großen Tiegeldruckpressen, von denen die eine elektrisch, die andere mit Pedal angetrieben wurde. Kurz bevor ich ihn kennenlernte, hatte er eine sehr große Rotationsmaschine gekauft und aufgestellt.

Er war ein außerordentlich netter Kerl, und er interessierte sich sehr für unsere – in seinen Augen – recht exzentrische und amüsante Druckerposse. Er besuchte uns, sah sich unsere Ausrüstung an und wie wir arbeiteten und meinte schließlich, ich könnte, wenn ich wollte, die Schließrahmen für seine große Trittdruckmaschine leihen, die vier Seiten von *Prelude* auf einmal ausschließen konnte, sie zur *Prompt Press* bringen und auf seiner Maschine selbst drucken. Das tat ich; es war ein ziemlich

aufwendiges Unternehmen, aber nicht so aufwendig wie der
Druck von achtundsechzig einzelnen Seiten. Währenddessen
lernte ich McDermott und sein Unternehmen immer besser
kennen. Seine große Rotationsmaschine war eigentlich ein teu-
res Vergnügen; sie war zu groß, um bei der Größe seines Unternehmens rentabel zu sein. Es ging auch dauernd etwas schief,
teilweise, so argwöhnte ich immer, weil er, der sein Leben lang
Setzer gewesen war, vom Drucken und von dieser Maschine,
die er da gekauft hatte, eigentlich nichts verstand. Das Ergebnis war, daß ich ihn oft, wenn ich hinkam, von Öl und Druckerschwärze verschmiert vorfand, wobei er Ströme von Schweiß
und haarsträubende Beschimpfungen über seine verdammte
Maschine ergoß. In solchen Fällen verbrachte ich die nächsten
paar Stunden damit, statt *Prelude* zu drucken, mit ihm an seiner
verdammten Maschine herumzufummeln, bis ich ebenfalls
von Öl und Druckerschwärze verschmiert und schweißüber-
strömt war.

McDermott, das muß ich leider sagen, stellte eines der am
schlechtesten gedruckten Bücher her, das je erschienen ist, auf
jeden Fall das schlechteste in der Hogarth Press. 1919 waren
wir richtige Freunde geworden, und er bedrängte mich, ihn ein
Buch für uns drucken zu lassen. Ich hatte meine Zweifel, denn
obwohl er natürlich ein erstklassiger Setzer war, war er doch
ein sehr ungeduldiger, fahriger Arbeiter und auf den anderen
Gebieten des Druckereigewerbes fast der gleiche Amateur wie
ich. Virginia und ich hatten in Erwägung gezogen, ein Buch
mit ihren Kurzgeschichten und Skizzen herauszubringen,
waren aber der Ansicht gewesen, daß die Aufgabe, es selbst zu
drucken, für uns zu groß wäre – darum gaben wir es nach langem Zögern törichterweise doch an McDermott. Es bekam

einen papierüberzogenen Pappeinband mit einem Holzschnitt von Vanessa auf dem Cover und vier weiteren Holzschnitten von ihr im Text. Mein größter Fehler war, daß ich ihm gestattet hatte, selbst das Papier zu besorgen. Er kam mit einem abstoßenden, saugfähigen alten Zeug an, und obwohl ich zu der Zeit von Papier und Drucken noch keine Ahnung hatte, hatte ich von Anfang an meine Zweifel. Ich ging hin und half ihm, das abscheuliche Ding zu drucken. Ich habe nie eine verzweifeltere, komischere – aber für mich zu der Zeit tragische – Szene gesehen als McDermott beim Drucken von *Montag oder Dienstag*. Er bestand darauf, die Holzschnitte mit dem Text zusammen zu drucken. Die Folge war, daß er, um die richtige »Farbe« für die Illustrationen zu bekommen, vier- oder fünfmal soviel Druckerschwärze auf die Farbwalzen auftragen mußte, wie für den Textsatz gut war. Die Lettern waren bald farbverklumpt, aber auch das war noch nicht das schlimmste: Er hatte soviel Farbe auf den druckenden Flächen, und sein Papier war so weich und saugfähig, daß kleine Papierfussel mit der Farbe abgerissen wurden, an dem Druckmaterial kleben blieben und dann auf die Walzen und schließlich auf den Satz übertragen wurden. Wir mußten alle paar Minuten unterbrechen und alles saubermachen, aber auch dann waren die Seiten noch ein schrecklicher Anblick. Wir druckten 1000 Exemplare, sanken erschöpft und wortlos neben der Maschine auf den Boden, wo wir sitzen bleiben und schweigend Bier tranken, bis ich mich soweit erholt hatte, daß ich zerschlagen und gebrochen nach Hogarth House zurückschleichen konnte.

Dadurch, daß wir *Montag oder Dienstag* von einem kommerziellen Drucker hatten drucken lassen, waren wir natürlich von der ursprünglichen Idee der Hogarth Press abgewichen, nämlich, kleine Bücher selbst zu drucken. Genau genommen hatten wir 1919 zufällig schon einmal einen ähnlichen Schritt tun müssen, den ersten Schritt auf dem Weg zum normalen und professionellen Verleger. 1918 druckten wir zwei kleine Bücher: *Poems* von T. S. Eliot und *Im Botanischen Garten* von Virginia. Von Toms Gedichten druckten wir knapp 250 Stück. Wir veröffentlichten sie im Mai 1919, für 2 s. 6 d., und sie waren Mitte 1920 vergriffen. Von *Im Botanischen Garten* druckten wir etwa 170 Exemplare (verkauft wurden von dieser ersten Auflage 148). Wir brachten sie am 12. Mai 1919 zum Preis von 2 s. heraus. Als wir angefangen hatten, unsere *Publication No. 1* zu drucken und zu veröffentlichen, hatten wir keine Besprechungsexemplare verschickt, aber von *Prelude,* von Toms Gedichten und von *Im Botanischen Garten* schickten wir Exemplare zur Besprechung an *The Times Literary Supplement*. Bis zum 31. März wurden neunundvierzig Exemplare von *Im Botanischen Garten* verkauft. Am Dienstag, dem 27. Mai, fuhren wir für eine Woche nach Asham und kamen am 3. Juni nach Richmond zurück. Inzwischen war eine Besprechung im *Literary Supplement* erschienen, die das Buch in den höchsten Tönen pries. Als wir die Haustür von Hogarth House öffneten, fanden wir den Fußboden übersät von Briefen und Postkarten, die Bestellungen von Buchhändlern aus dem ganzen Land enthielten. Es war uns nicht möglich, genügend Exemplare zur Befriedigung dieser Nachfrage zu drucken, deshalb gingen wir zu einem Drucker, Richard Madley, und ließen ihn eine zweite Auflage von 500 Stück drucken, was uns 8 £ 9 s. 6 d. kostete. Sie war bis Ende 1920 ausverkauft, und wir haben sie nicht noch einmal nachgedruckt.

Die Ausweitung der Hogarth Press in etwas, das wir

ursprünglich nicht beabsichtigt oder ins Auge gefaßt hatten, kann man an der folgenden Liste der in den ersten vier Jahren ihrer Existenz von uns veröffentlichten Bücher ablesen:

1917   L. und V. Woolf *Two Stories*.
        Von uns gedruckt und gebunden
1918   K. Mansfield *Prelude*.
        Von uns gedruckt und gebunden.
1919   V. Woolf *Im Botanischen Garten*.
        1. Aufl., von uns gedruckt und gebunden.
        T. S. Eliot *Poems*.
        Von uns gedruckt und gebunden.
        J. Middleton Murry *Critic in Judgment*.
        Für uns gedruckt.
        Hope Mirrlees *Paris*.
        Von uns gedruckt und gebunden.
1920   E. M. Forster *Story of the Siren*.
        Von uns gedruckt und gebunden.
        L. Pearshall Smith *Stories from the Old Testament*.
        Für uns gedruckt.
        Gorki *Erinnerungen an L. N. Tolstoi*.
        Für uns gedruckt.

Die Veröffentlichung von T. S. Eliots Gedichten muß als denkwürdiges Ereignis für die Hogarth Press und für uns herausgestellt werden, obwohl ich zu der Zeit, als ich die ersten vier Zeilen setzte,

»Das wulstnackige Hippopotamus
Im Matsch auf seinem Bauche ruht,
Wiewohl es so massiv erscheint,
Ist es doch nur aus Fleisch und Blut...«

natürlich die bemerkenswerte Zukunft des Autors und den genauen Verlauf unserer langen Freundschaft mit ihm nicht vorhersehen konnte. Ich weiß nicht mehr genau, wie oder wann wir Tom das erste Mal begegneten, aber es muß wohl 1917 oder schon 1916 gewesen sein. Als ich 1917 ein Exemplar seines *Prufrock* kaufte, das eben bei The Egoist Ltd. in London erschienen war, hatte es die folgende Inschrift auf dem Umschlag

Gewidmet Leonard Woolf (meinem

nächsten   ⎫
               ⎬ Verlegers
zweiten   ⎭

mit Dankbarkeit und Zuneigung
T. S. Eliot

Tom zeigte uns einige der Gedichte, die er soeben geschrieben hatte, und wir druckten und veröffentlichten sieben davon in dem schmalen, in Papier gebundenen Bändchen. Dazu gehörten drei bemerkenswerte Gedichte, die, finde ich, noch immer allerbester Eliot sind: *Sweeney unter den Nachtigallen, Mr. Eliots Sonntagmorgen-Andacht* und *Unsterblichkeits-Wehen.* Professionelle Setzer, überhaupt professionelle Drucker, achten kaum auf den Inhalt dessen, was sie drucken – jedenfalls meinte das McDermott, der mir außerdem eines Tages sagte, er bezweifelte, daß von all den Millionen von Zeilen, die er in seinem Leben gesetzt hätte, mehr als ein paar hundert lesenswert

wären. Aber als Amateurdrucker und außerdem Verleger dessen, was ich druckte, war es mir unmöglich, nicht auf den Sinn
zu achten. Meistens fand ich Zeilen, die ich gesetzt hatte,
schrecklich irritierend, wenn ich sie wieder und wieder las.
Aber ich wurde und werde noch heute nicht müde, jene Zeilen
zu lesen, die einen neuen Ton in die Dichtung brachten, der
dem Eliot jener Tage direkt aus dem Herzen gekommen war
(und mit noch größerer Tiefe und Volumen in seinem nächsten
von uns verlegten Werk erklang, jenem Gedicht, das die englische Lyrik, oder besser die englische Literatur stärker als alles
andere im 20. Jahrhundert beeinflußte, *Das wüste Land*):

> Der Wirt spricht an der Türe leis
> Mit wem, man sieht ihn nicht genau.
> Die Nachtigallen schlagen laut
> Im Kloster unsrer Lieben Frau
>
> Und schlugen in dem blutigen Wald,
> Der Agamemnons Schrei ertrug,
> Und spritzten Tropfen flüssigen Kots
> Auf ein entehrtes Leichentuch.

Als wir Tom kennenlernten, mochten wir ihn sehr, aber wir
hatten beide ein bißchen Angst vor ihm. Er war sehr korrekt,
förmlich, vorsichtig oder sogar gehemmt. Man merkt es an der
Sprache eines seiner ersten Briefe an Virginia, den er 1918
schrieb, vor allem im ersten Satz:

Liebe Mrs. Woolf,

bitte vergeben Sie mir, daß ich Ihre Nachricht nicht unver-
züglich beantwortet habe – an den Montagen bin ich immer bis
spät in die Nacht in Anspruch genommen. Darüber hinaus war
ich auch nicht ganz sicher, ob es mir möglich sein würde zu
kommen, denn ich glaubte, meine Frau käme am Freitag morgen zurück, aber gerade höre ich, daß sie morgen kommt.

Ich sehe dem Freitag mit großer Freude entgegen

Ihr ergebener

T. S. Eliot

Ein bißchen ängstlich luden wir Tom nach dem Krieg zu einem
Wochenendbesuch nach Monks House ein, und damit war das
Eis gebrochen. Seine Zurückhaltung schmolz selbst in der
Sprache, und ab 1922 hieß es dann »Liebe Virginia« und »Lieber Leonard« statt »Liebe Mrs. Woolf« und »Lieber Woolf«. In
dem folgenden Brief, mit dem er eine Einladung zum Tee
annahm, sieht man seinen neuen Stil:

> Auf keinen Fall ist Possum* dagegen
> Am Dienstag bei Woolfs den Tee zu nehmen.
> Und sollte er noch lebend sein
> Trifft er um fünf zur Teezeit ein.
> Noch früher geht es leider nicht
> Zum Arbeitsessen ruft die Pflicht
> Sie läßt ihn eben niemals ruh'n
> Und vor dem Tee muß er was tun.

---

* Wortspiel: Possum ist die Kurzform von Opossum, bedeutet aber auch sich
krank- oder totstellen. [Anm. d. Hrsg.]

Gebt ruhig schon Wasser in den Kessel
Und haltet Teller und Tasse bereit
Ich hoffe auf Lächeln und einen Sessel
Und auf einen Tee zur Zufriedenheit.

Oder dieser von 1937:

Danke, Virginia, ich WERDE am Dienstag, dem 4. Mai um
16.30 Uhr zum Tee kommen, und ich hoffe, Leonard kommt
auch, bevor ich wieder gehe; jedenfalls sieht es so aus, als ob
dies die einzige Möglichkeit zwischen jetzt und Ende Mai ist.
Aber es ist nicht einzusehen, weshalb Sie Rundfunksendungen
ohne Bezahlung machen sollen, es sei denn, es ginge um eine
gute Sache (was auch harte Arbeit bedeutet). Meiner Meinung
nach gibt es schon ausreichend unbezahlte Arbeit, der Rundfunk muß nicht auch noch dazukommen. Ein Logenplatz in der
Oper ist die einzige Möglichkeit, die Oper zu ertragen: Unter
diesen Voraussetzungen habe ich sie schon seit Jahren ent-
behrt. Vielleicht sollte ich nach Wien gehen und schauen, ob
ich dort einen billigen Opernplatz bekomme. Ich wünschte, ich
könnte Sie öfters sehen, denn wie die Dinge liegen, degeneriere
ich immer mehr zu einem närrischen alten Kauz. Selbst meine
Vergnügungen werden kauzig – am letzten Wochenende bin
ich zum Beispiel nach Wisbech gefahren, um anläßlich des
Honoratiorentisches vom Magdalene Port zu trinken, und ich
bin zu den Lastern der Dining Clubs übergegangen. Es würde
mich nicht verwundern, wenn ich als Mitglied des Wein-Aus-
schusses oder etwas Ähnlichem endete. Und diesen Juni soll
ich die Rede zu den Preisverleihungen in der Kingswood
(Methodisten) Schule halten. Ein ehrbarer Bürger. Und ich

wohne am Emporer's Gate. O je! Bin ich ein Hochstapler? Ich beneide Sie, Sie sind mit einem Opus immer so rasch fertig, daß niemand erwartet, daß Sie an etwas Neuem arbeiten. Ich versuche ein Stück zu schreiben, aber es ist sehr schwierig und ärgerlich, wenn man unterbrochen wird, und sehr langweilig, wenn man nicht unterbrochen wird. O je.

Ihr treuer

Tom

Erst Ende 1922 gab uns Tom *Das wüste Land* zu lesen; wir versprachen, es zu veröffentlichen, druckten es selbst und brachten es am 12. September 1923 heraus. Es gehört eigentlich nicht in diesen Zusammenhang, aber Tom war für eine interessante Episode unserer Geschichte als Verleger verantwortlich, die sich vor dem Ende des Krieges abspielte. Ende 1917 oder Anfang 1918 erzählte er uns, daß Miß Harriet Weaver von *The Egoist,* der seinen *Prufrock* veröffentlicht hatte, sich große Sorgen wegen eines Manuskripts von James Joyce machte, das sie vorliegen hatte. Sowohl sie als auch er hielten es für ein bemerkenswertes Werk, aber es war anstößig, und sie bezweifelten sehr, daß man es in England veröffentlichen konnte. Er fragte uns, ob wir es vielleicht für die Hogarth Press in Erwägung ziehen oder zumindest mit Miß Weaver darüber sprechen wollten. Dazu waren wir gern bereit, und am Sonntag, dem 14. April 1918 kam Miß Weaver zum Tee zu uns und brachte ein großes, in braunes Papier eingeschlagenes Paket mit, das das Manuskript des *Ulysses* von James Joyce enthielt – allerdings nicht das ganze, denn Joyce schrieb noch daran. Sie ließ uns das Manuskript da, und wir legten dieses bemerkenswerte Stück Dynamit in die oberste Schublade einer Vitrine im

Wohnzimmer. Wir versprachen, es zu lesen, und sofern es uns gefiele, würden wir uns nach einem Drucker umsehen, der es für uns druckte. Meine Tagebucheintragung für diesen Tag lautet:

»Miß Weaver zum Tee bei uns, wegen Joyces Buch und *The Egoist,* eine sehr sanfte, blauäugige, fortschrittliche alte Jungfer.«

Und so lautete Virginias Eintragung:

»Beinahe sofort erschien Mrs. Weaver. Hier waren unsere Vorstellungen völlig falsch. Ich tat, was ich konnte, um Mrs. Weaver dazu zu bringen, die Lektorin des *Egoist* hinter ihrer äußeren Erscheinung zu offenbaren, aber sie blieb unverändert sittsam, vernünftig und schicklich. Ihr geschmackvolles malvenfarbiges Kostüm paßte zu Geist und Körper, die grauen Handschuhe, die sie säuberlich neben ihren Teller gelegt hatte, versinnbildlichten häusliche Korrektheit, ihre Tischmanieren waren die einer wohlerzogenen Henne. Wir konnten kein Gespräch in Gang bringen. Vielleicht war die arme Frau dadurch behindert, daß sie wußte, daß der Inhalt des braunen Pakets mit ihrem eigenen Wesen ganz unvereinbar war. Aber wie kam sie dann überhaupt in Berührung mit Joyce und den anderen? Warum sucht deren Unflätigkeit durch ihren Mund auszutreten? Das weiß der Himmel. Geschäftlich gesehen ist sie inkompetent und wußte nicht, was für Vereinbarungen sie treffen sollte. Wir haben uns das Ms. beide angesehen; es scheint ein Versuch zu sein, die Grenzen des Ausdrucks zu erweitern, allerdings immer noch in die gleiche Richtung. Dann ging sie.«

Wir lasen das Manuskript und beschlossen, es zu veröffentlichen, wenn wir einen Drucker fänden, der es für uns druckte.

Ich zeigte es William Maxwell von *R. & R. Clark* in Edinburgh und Clay, zwei angesehenen und erstklassigen Druckern. Keiner wollte sich damit befassen, und beide sagten, kein anständiger Drucker würde damit etwas zu tun haben wollen, weil mit Sicherheit Verleger und Drucker gerichtlich belangt werden würden. Das alles dauerte seine Zeit, und es muß 1919 gewesen sein, als wir das Manuskript an Miß Weaver zurückgeben mußten.

Die Veröffentlichung von Maxim Gorkis *Erinnerungen an Lew Nikolajewitsch Tolstoi* im Jahre 1920 war ein weiterer Meilenstein auf dem Weg der Hogarth Press zum normalen, kommerziellen Verlag. Ich weiß nicht mehr, wie wir Koteliansky – überall als Kot bekannt – kennengelernt haben, aber ich glaube, es muß durch Katherine Mansfield und Murry geschehen sein. Er kam 1919 mit einem Exemplar der *Erinnerungen,* die gerade in Moskau erschienen waren, zu uns; Gorki hatte sie ihm geschickt und ihm das Recht der Übersetzung ins Englische übertragen. Kot schlug vor, daß er und ich es zusammen übersetzten und die Hogarth Press es verlegte. Damit waren wir einverstanden, und so entwickelte sich die Zusammenarbeit zwischen Kot, Virginia und mir bei der Übersetzung von russischen Büchern. Technisch gingen wir dabei so vor, daß Kot den ersten Entwurf handschriftlich mit viel Raum zwischen den Zeilen erstellte; wir übersetzten dann seine außerordentlich kuriose Version ins Englische. Um dies zu vereinfachen und zu präzisieren, fingen wir an, Russisch zu lernen, und irgendwann hatte ich soviel gelernt, daß ich in der Lage war, durch eine Zeitung oder sogar Aksakow zu stolpern.

Gorkis Buch war ein großer Erfolg. Wir brachten es im Juli heraus und mußten fast sofort nachdrucken. Im ersten Jahr

verkauften wir rund 1700 Exemplare. Es wurde noch oft nachgedruckt und ist vierzig Jahre nach seiner Veröffentlichung
immer noch lieferbar. Wir ließen es teilweise im *London Mercury*
in Fortsetzungen erscheinen und verkauften die amerikanischen Rechte, so daß Kot Ende 1920 fast 50 £. bekam, womit
sowohl er als auch wir in jenen frühen Tagen mehr als zufrieden
waren.

Kot war ein ausgezeichneter Übersetzer aus dem Russischen, und auch Lawrence und Katherine arbeiteten bei Übersetzungen zeitweise mit ihm zusammen. Die Übersetzung von
Bunins *Der Herr aus San Francisco,* ein Meisterwerk oder
wenigstens beinahe ein Meisterwerk, die er mit Lawrence
zusammen erstellte und die wir 1922 herausbrachten, ist großartig. Ich finde, Gorkis *Erinnerungen* sind zweifellos ein erstklas-
siges kleines Meisterwerk. Kots Englisch, das ich in mein Englisch umwandeln mußte, war im allgemeinen sehr seltsam,
aber auch so lebendig und individuell, daß ich oft versucht war,
es unverändert zu übernehmen. Zum Beispiel schrieb er: »Sie
trat ins Zimmer, mit einem abgepellten kleinen Hund in den
Armen«, und an einer anderen Stelle: »Sie hatte eine hexische
Miene.« Wenn er wegen eines Wortes Zweifel hatte, schaute er
es in seinem Wörterbuch nach und setzte alle Varianten in
seine Übersetzung ein, manchmal mit sehr komischen Ergebnis: »Er schaute im Spiegel in seine Visage, Grimasse,
Gesicht.« Man lernte Kots eiserne Integrität und Intensität
nur kennen, wenn man an einer Übersetzung aus dem Russischen mit ihm zusammenarbeitete. Nachdem ich all sein Englisch in mein Englisch umgewandelt hatte, gingen wir sie Satz
für Satz durch. Kot hatte ein sensibles Verständnis und Gefühl
für Sprache und Literatur, und zusätzlich einen scharfen,

durchdringenden Verstand. Er ließ keinen Satz durchgehen, ehe er nicht absolut überzeugt war, daß er genau die Nuance von Bedeutung und Stimmung des Originals wiedergab, und manchmal diskutierten wir eine Viertelstunde über ein einziges Wort.

Mit der Veröffentlichung von Gorkis *Erinnerungen* begann unsere Freundschaft mit Kot, die fünfunddreißig Jahre, bis zu seinem Tod 1954, andauerte.

Es ist vielleicht nicht ganz unwichtig, über die finanzielle Seite der ersten vier Jahre Hogarth Press zu berichten. Für die neun genannten Titel betrug der Kapitalaufwand bis Ende 1920 38 £. 8 s. 3 d für Druckmaschine, Lettern, Zubehör und eine Papierschneidemaschine. Die Nettoeinkünfte für jedes der neun Bücher sahen so aus:

	£	s	d
Two Stories	7	1	0
Prelude	7	11	8
Im Botanischen Garten	14	10	0
Eliots *Poems*	9	6	10
Murrys *Critic in Judgment*	2	7	0
Forsters *Story of the Siren*	4	3	7
Mirrlees *Paris*	8	2	9
Stories from the Old Testament	11	4	5
Gorkis *Erinnerungen an Tolstoi*	26	10	9

Wir hatten also in den ersten vier Jahren einen Reingewinn von 90 £, allerdings blieben Miete und allgemeine Unkosten dabei

unberücksichtigt. Dem Autor zahlten wir normalerweise 25 %
der Bruttoeinnahmen, und wenn wir selbst druckten, berech-
neten wir nichts für Druck und Bindearbeiten.

Als der Krieg zu Ende war, hatten wir, obwohl das Manuskript des *Ulysses* in der Vitrine im Wohnzimmer lag und ich im
Begriff war, McDermott seine große Tiegeldruckmaschine für
70 £ abzukaufen, noch längst nicht die Absicht, einen normalen, kommerziellen Verlag aus unserem Unternehmen zu
machen. Aber bis 1924, wenn nicht eigentlich schon 1922, war
dies geschehen, ohne daß wir uns dessen bewußt waren. Denn
1922 veröffentlichten wir Bunins *Herrn aus San Fransisco*, Dostojewskis *Bei Tichon*, Virginias *Jakobs Raum* und die Autobiographie der Gräfin Tolstoi; 1923 *Tolstois Liebesbriefe, Leo Tolstoi.
Gedanken und Erinnerungen*, von Goldenweiser, *Sampler of Castile*
von Roger Fry, *Letters* von Stephen Reynolds, *Pharos & Pharillon*
von Forster; 1924 dann *Gesammelte Aufsätze* von Freud und
damit den Anfang der *Psycho-analytical Library; Kenya* von Norman Leys, *The Rector's Daughter* von F. M. Mayor, *Living Painters*
von Duncan Grant, *Verführer in Ecuador* von V. Sackville-West
und *Early Impressions* von Leslie Stephen.

Zehn Jahre nachdem wir angefangen und die *Two Stories*
gedruckt hatten, war die Hogarth Press ein erfolgreicher kommerzieller Verlag. Er blieb für Virginia und mich eine Halb-
tagsbeschäftigung, und ist es für mich auch immer geblieben.
Ich bezweifle nicht, daß daraus ein größeres, einträglicheres
und wohlhabenderes Unternehmen geworden wäre, wenn ich
mich ihm ganztägig gewidmet hätte. Ich habe professionelle
Verleger und andere Leute, die sich im Gewerbe der Buchher-
steller und Buchhändler viel besser auskennen als ich, oft sagen
hören, daß es heute völlig unmöglich wäre, so anzufangen wie

wir zwischen 1917 und 1927, also einen erfolgreichen Verlag von Null an ohne Kapital aufzubauen. Die Produktionskosten sind derartig gestiegen, die Verlage sind so sehr auf die Massen- und Bestsellerindustrie abgestimmt, daß es für die Bücher, mit denen wir angefangen und der Hogarth Press zur Blüte verholfen haben, keinen Platz mehr gibt. Ich sehe diese Schwierigkeiten, aber ich bin nicht sicher, daß so etwas 1963 nicht auch möglich wäre. Zunächst müßte man natürlich genauso viel Glück haben, wie wir es hatten – ein paar Autoren zu kennen oder zu finden, die noch unbekannt, aber potentiell erstklassig sind. Zweitens müßte man den Verlag anfangs als Teilzeitbeschäftigung betreiben, wie wir das taten, und seinen Lebensunterhalt in den ersten Jahren auf andere Weise verdienen. Drittens müßte man, wie wir jahrelang, es strikt ablehnen, etwas zu verlegen, wovon man nicht sicher ist, ob das Buch oder sein Autor es wert sind. Ich glaube, daß dieser dritte Punkt der wichtigste unter den drei Bedingungen für den Erfolg ist. Die meisten Kleinverleger gehen ein, weil sie zu schnell groß werden wollen. Ein Grund dafür, daß die Hogarth Press überlebte, war, daß es jahrelang nicht unser Ziel war zu expandieren, sondern klein zu bleiben. Im Geschäftsleben ist der Weg zum Bankrott mit den »allgemeinen Unkosten«, wie der Buchhalter sagt, gepflastert, und zu viele Verleger lassen sich von den allgemeinen Unkosten den Umfang ihres Geschäfts und die Art der zu veröffentlichenden Bücher diktieren. Nach meiner Theorie muß das Hauptziel des Verlegers als Geschäftsmann darin bestehen, die allgemeinen Unkosten so nahe an Null zu halten wie möglich, und wenn er das tut, kann er an etwas anderes denken und nur das verlegen, was er zu verlegen wünscht. Ich glaube noch immer, daß das Überleben der Hogarth Press viel damit zu tun hatte.

Das letzte Kriegsjahr war unglaublich trübe. Wenn ich daran zurückdenke, kommt es mir vor, als hätten wir in immerwährendem Nebel gelebt. Nur wenige Ereignisse tauchen aus dem Nebel in mein Gedächtnis auf. Luftangriffe wurden bedeutsam. Signalhörner wurden geblasen, und Virginia und ich und die Köchin Nellie und das Stubenmädchen Lottie gingen in die Küche im Untergeschoß; dort blieben wir, während die Flugabwehrkanonen in Richmond Old Deer Park drauflosfeuerten, und manchmal fiel das Schrapnell rasselnd in der Nähe herunter.

Eines Nachts, als Desmond bei uns zu Besuch war, gab es eins der längsten und heftigsten Gewitter, die ich je erlebt habe. Schlafen war unmöglich, und so saßen Desmond und ich zusammen, unterhielten uns und schauten aus dem Fenster seines Zimmers auf die Straße. Gegen drei Uhr morgens galoppierte ein einzelner Reiter durch den strömenden Regen die leere Straße herunter, während Blitze zuckten und der Donner ihn umgrollte.

Um 11 Uhr morgens am Montag, dem 11. November 1918, saß ich in meinem Zimmer in Richmond und schrieb, als die »Maroons«, wie wir die Kanonenschläge nannten, abgefeuert wurden. Daraus konnten wir entnehmen, daß der Waffenstillstand unterzeichnet und der Erste Weltkrieg zu Ende war. Virginia feierte die Rückkehr des Friedens damit, daß sie zum Zahnarzt in der Harley Street ging, und ich, ruhelos, folgte ihr. Wir trafen uns in der Wigmore Street und ließen uns zum Trafalgar Square treiben. Die ersten Stunden des Friedens waren schrecklich deprimierend. Der Platz und überhaupt alle Straßen waren voller Leute, Omnibusse und Fahrzeuge aller Art. Ein dünner, feiner, kalter Regen fiel unbarmherzig auf uns alle nieder. Einige trugen triefend nasse Fahnen, andere verließen oder betraten stolpernd die Pubs, wir wanderten ziellos in Regen und Matsch herum, unfähig, den Frieden zu feiern oder unserer Erleichterung und Freude Ausdruck zu verleihen. Unser Gefühl von Freude und Erleichterung versiegte, der Schwung erlahmte. Alle, oder fast alle, beschlossen gleichzeitig, nach Hause zu gehen, und augenblicklich wurde es unmöglich, dies in die Tat umzusetzen, denn Busse, Züge und Bahnhöfe wurden zu einer kompakten Masse von Menschen, die sich mühten heimzukommen. Schließlich erreichten wir Waterloo und rund zwei Stunden später Richmond.

Ich habe berichtet, daß mir die Pralinen in Marseille nach meiner Rückkehr aus Ceylon den tiefsten Eindruck hinterließen. Es ist eine merkwürdige Tatsache – und zweifellos beschämend für mich, ein anstößiges Jonglieren zwischen meinem schäbigen Ego und dem verkommenen Es –, daß eins der wichtigsten Dinge, die ich mit der Rückkehr des Friedens nach diesem schrecklichen, vier Jahre dauernden Krieg verbinde, wieder Pralinen sind, an die ich mich erinnere. Im ersten Kriegsjahr ließen sich ziemlich viele belgische Flüchtlinge in Richmond nieder, und eine große, blühende Belgierin eröffnete einen Delikatessen- (so nannte man das damals) und Teeladen ein Stück weiter bergauf in der Nähe der Richmond Brücke. Im Verlauf des Krieges wurden die Delikatessen immer weniger, und Pralinen verschwanden ganz. Einige Monate nach dem Tag des Waffenstillstands gingen Virginia und ich in den Laden, als wir gerade auf der

Richmond Hill Straße waren, und da lagen auf dem Laden-
tisch Stapel von gefüllten Schokoladenriegeln. Als ich ein
Kind war, kosteten dicke Schokoladenriegel mit Cremefül-
lung, soweit ich mich erinnere, einen halben Penny. Es gab
die von Cadbury und die von Fry, und wenn man Cadbury-
süchtig war, hielt man von den Fry-Essern genauso viel wie
ein Freund des Musigny Vielles Vignes von jemandem, der
australischen Burgunder trinkt. Ich gehörte zur Cadbury-
Fraktion und bin immer nach gefüllten Schokoladenriegel
süchtig geblieben (obwohl ich seit Jahren keine mehr gesehen habe). Die belgischen Schokoladenriegel waren ganz
unenglisch, dünn und kontinental, aber als wir sie sahen,
schien sich die Welt ein bißchen zu verändern, und wir stürzten in den Laden und kauften jeder drei Riegel – mehr gab
Madame X nicht an einen einzelnen Kunden ab. Wir nahmen sie mit nach Hogarth House und aßen sie schweigend,
fast ehrfurchtsvoll. Der Erste Weltkrieg war endlich vorbei.

Wir wohnten weiterhin in Richmond, vor allem, um Virginia vor London und den verheerenden Auswirkungen zu schützen, die ihr vom gesellschaftlichen Leben drohten. Es war ein
ständiges Ringen um die Stabilität ihrer Gesundheit, die durch
die Anstrengungen und Belastungen vom Schreiben und
gesellschaftlichem Leben gefährdet war. Die Routine des täglichen Lebens mußte regelmäßig und sehr streng eingehalten
werden. Alles mußte portionsweise zugeteilt werden, von
Arbeit und Spaziergengehen bis zu Menschen und Partys. Ihr
Tagebuch zeigt, wie oft sie trotz all unserer Vorsichtsmaßnah-
men in den ersten Jahren nach dem Krieg krank oder von
Krankheit bedroht war. Die Bedrohung äußerte sich fast
immer in Kopfschmerzen, dem Warnsignal für geistig-seeli-

sche Überlastung; Krankheit, wenn es soweit kam, war der erste Schritt in Richtung Zusammenbruch. Wir wußten genau, welche Behandlung sie brauchte: sobald Kopfschmerzen auftraten, mußte sie augenblicklich ins Bett gehen, im Dämmerzustand liegenbleiben und essen und schlafen, bis die Symptome wichen. Das war die Therapie; die Schwierigkeit war, zu tun, was die Therapie erforderte: Unglücklicherweise kann man nicht schlafen – oder auch essen –, nur weil man weiß, daß Schlafen oder Essen das einzige ist, das einen von dem Schatten über dem Geist heilen kann.

1921 und 1922 war Virginia ständig diesen Attacken ausgesetzt. Zum Beispiel gibt es in dem Tagebuch von 1921 eine Eintragung für den 7. Juni, in der beschrieben ist, wie Tom Eliot zum Tee kam und mit uns den Pecksniff-Charakter von John Middleton Murry beklagte. Die nächste Eintragung im Tagebuch ist dann vom 8. August, und ich möchte sie zitieren, weil sie so deutlich zeigt, was Virginia bei diesen bedrohlichen Anfällen tatsächlich erleiden mußte:

»Was für eine Lücke! Wenn man mir am 7. Juni, als ich hier die letzten Worte schrieb, gesagt hätte, daß ich noch in derselben Woche im Bett und bis zum 6. August nicht ganz wieder heraus sein würde, wäre ich völlig überrascht gewesen – zwei volle Monate ausradiert! Das; heute morgen, sind die ersten Worte, die ich seit sechzig Tagen geschrieben habe; und verbracht habe ich diese Tage mit peinigenden Kopfschmerzen, jagendem Puls, schmerzendem Rücken, Aufregungen, Herumzappeln, Wachliegen, Schlafmitteln, Sedativen, Digitalis, kleinem Ausgang, Rückkehr ins Bett – alle Schrecken aus dem dunklen Schrank der Krankheit einmal mehr zu meinem Zeitvertreib vor mir ausgebreitet. Laß mich das Gelübde tun, daß dies nie, nie wieder vorkommen soll, und danach beichten, daß es dabei auch etwas gibt, das entschädigt. Müde sein und im Bett liegen dürfen, ist angenehm; und für jemanden wie mich, der 365 Tage im Jahr kritzelt, ist es sehr heilsam, zu nehmen, ohne auch nur den kleinen Finger zu rühren, um zu geben. Ich habe das Gefühl, mir dabei ohne Anstrengung über alles Mögliche klarwerden zu können. Das Dunkel der Unterwelt hat nicht nur seine Schrecken, sondern auch seine Faszination. Und dann vergleiche ich manchmal die grundsätzliche Sicherheit meines Lebens in allen (hier unterbricht mich Mrs. Dedman für 15 Minuten) Stürmen (meinte ich vielleicht) mit seinen elenden, fürchterlich zufälligen Umständen. Später kamen meine Besucher. Jeden Tag einer, so daß ich sogar mehr Menschen sah als sonst. Vielleicht sollte ich mir in Zukunft diese Methode mehr zu eigen machen als bisher. Roger, Lytton, Nessa, Duncan, Dorothy Bussy, Pippa, Carrington, James und Alix – sie alle kamen; und sie waren wie gesonderte Porträts – ausgeschnitten, hervorgehoben, wenn man sie so einzeln sieht, verglichen mit ihrem sonstigen Auftreten in Haufen. Lytton, wie ich bemerke, ist herzlicher als je zuvor. Das muß man wohl sein, glaube ich, wenn man berühmt ist. Man muß zu seinen alten Freunden sagen: ›Ach, meine Berühmtheit ist nichts, gar nichts, im Vergleich mit dem hier.‹«

Dies war natürlich ein schlimmer Anfall; im Herbst und Winter 1921 hatte sie ihr normales Gleichgewicht wiedergewonnen, das es ihr – in Grenzen – erlaubte, zu arbeiten und am gesellschaftlichen Leben teilzunehmen. Aber in den ersten sieben Monaten 1922 ging es ihr immer wieder mal nicht gut, und dauernd drohten Kopfschmerzen. Im März hatte sie Fieber, was die Ärzte beunruhigte; sie schickten uns auf eine ziemlich lange Odyssee durch die Harley Street und Wimpole Street, die uns seltsame Erkenntnisse über die medizinische Wissenschaft und die besten Spezialisten der Harley Street vermittelte. Wir hatten zu der Zeit einen außerordentlich netten und vernünftigen praktischen Arzt, Dr. Ferguson. Er schickte uns zunächst zu einem Lungen-Facharzt; der sagte, Virginias Symptome kämen von der Lunge, die in einem bösen Zustand wäre. Als Ferguson das erfuhr, sagte er, das sei Unsinn; er hätte ihre Lunge regelmäßig untersucht, und sie sei in Ordnung, wir sollten diese Diagnose ignorieren. Dann schickte er uns zu einem Herzspezialisten; der sagte, Virginias Symptome kämen vom Herzen, das in einem bösen Zustand wäre. Wir kehrten traurig nach Richmond und zu Ferguson zurück. Ich erfuhr von ihm, daß der große Mann eine Entzündung des Herzens diagnostiziert hätte, eine Krankheit, an der irgendein berühmter Mann – ich glaube, es war der große Alfred Harmsworth, Lord Northcliffe – gerade gestorben sei. Diese Krankheit sei unheilbar, der Tod schnell und unausweichlich. Nach seiner Ansicht, sagte er, sei das Unsinn; er habe Virginias Herz regelmäßig untersucht, und es sei nicht ernsthaft krank, wir sollten diese Diagnose ignorieren. Das taten wir. Wir gingen dann, glaube ich, noch zu einem weiteren Spezialisten, einem berühmten Pathologen, der feststellte, daß Virginia an der Krankheit litt, für die er Spezialist war. Er täuschte sich. Wir ignorierten auch seine Diagnose und beschlossen, nicht mehr daran und an die Harley Street zu denken. Virginia erholte sich nicht nur von den drei fatalen und unheilbaren Krankheiten, auch die beunruhigenden Symptome klangen langsam ab.

Bei unserer letzten Unterredung mit dem letzten der berühmten Harley-Street-Spezialisten, denen wir unsere drei

Guineen zahlten, sagte der große Dr. Saintsbury zu Virginia, als er ihr die Hand schüttelte: »Gleichmut – Gleichmut – üben Sie Gleichmut, Mrs. Woolf!« Das war zweifellos ein ausgezeichneter Rat und drei Guineen wert, aber als sich die Tür hinter uns schloß, fand ich doch, daß es genauso nützlich gewesen wäre, wenn er gesagt hätte: »Eine normale Temperatur – sechsunddreißigacht –, üben Sie eine normale Temperatur, Mrs. Woolf.«

Was ihr Schreiben anging, lernte Virginia mit Sicherheit nie, Gleichmut zu üben. Wie die meisten professionellen Autoren ging sie, wenn es ihr gut ging, jeden Tag in ihr Zimmer und schrieb, mit der gleichen Regelmäßigkeit, mit der ein Börsenmakler zwischen seiner Wohnung im Vorort und seinem Büro in der Nähe der Throgmorton Street pendelt, an ihrem Roman. Ihr Zimmer sah allerdings ganz anders aus als das Büro eines Börsenmaklers. Virginia war nicht nur als Schriftstellerin ihrer Zeit voraus, sie war auch in anderen Dingen unzeitgemäß. Sie häufte Dinge an, die Lytton Strachey mit dem Wort Kehrichthaufen zu belegen pflegte: All die Häufchen von alten Schreibfedern, Bindfäden, abgebrannten Streichhölzern, rostigen Büroklammern, zerknüllten Briefumschlägen, kaputten Zigarettenspitzen usw., die sich heimtückischerweise bei anderen Leuten auf den Tischen und Kaminen anhäufen. In Virginias Arbeitszimmer gab es einen sehr großen, soliden, glatten Holztisch, der immer mit Kehrrichthaufen von Papieren, Briefen, Manuskripten und großen Flaschen Tinte bedeckt war. Sie saß nur selten an diesem Tisch, schon gar nicht, wenn sie morgens an einem Roman schrieb. Dazu setzte sie sich in einen sehr niedrigen Lehnstuhl, der immer an prolapsus uteri zu leiden schien; auf den Knien lag eine große Sperrholzplatte mit einem

angeleimten Tintenfaß und darauf ein großes Notizbuch im
Quartformat, mit unliniertem Papier, das sie sich selbst gebunden und mit irgendeinem (meistens) leuchtendfarbigen Papier
überzogen hatte. Der erste Entwurf all ihrer Romane wurde
morgens mit Feder und Tinte in eins dieser Notizbücher
geschrieben. Später am Vormittag oder nachmittags, manchmal auch früh am nächsten Morgen tippte sie das ab, was sie in
dem Notizbuch entworfen hatte, wobei sie während des Tip-
pens den Text überarbeitete; auch alle späteren Überarbeitun-
gen wurden an der Schreibmaschine vorgenommen. Eins war
ganz seltsam bei ihr: Obwohl sie so außerordentlich empfindlich auf Geräusche reagierte und zu den Leuten gehörte, die bei
einem plötzlichen Laut oder einer unerwarteten Begegnung
›aus der Haut fahren‹, schien sie sich beim Schreiben immer in
eine Schutzhaut oder Hülle zu verkriechen, die sie von der
Umgebung abschirmte. Ihr Zimmer war nicht nur unordentlich, sondern immer am Rande der Verwahrlosung. Das End-
stadium der geordneten Unordnung und des Unbehagens
erreichte sie, als wir von Richmond nach Bloomsbury, Tavistock Square 52, zogen. An der Rückseite des Hauses gab es
einen riesigen ehemaligen Billardraum. Wir benutzten ihn als
Lagerraum für die Hogarth Press, und dort, zwischen Stapeln
und Bergen von Paketen, Büchern und Packpapier saß Virginia mit ihrem ausgeweideten Stuhl, ihrem Tisch und dem
Gasofen.

Ihre Systematik und das Abschalten von ihrer Umgebung
beim Schreiben könnte man durchaus als ein gewisses Maß an
Gleichmut deuten. Bis zu einem bestimmten Grad war das
auch richtig; ihre Haltung beim Schreiben und ihre Einstellung zu ihren Werken waren außerordentlich kontrolliert, lei-

denschaftslos, kritisch distanziert. Im Prozeß ihres Schreibens – der künstlerischen Erschaffung eines Werkes – gab es am Anfang lange Phasen stillen, intensiven, träumerischen Grübelns, in denen sie sich durch die Straßen von London treiben ließ, durch die feuchten Wiesen von Sussex lief oder einfach nur still am Kamin saß, und am Ende dann die angespannte, analytische, kritische Überarbeitung dessen, was sie geschrieben hatte. Kein Autor hat wahrscheinlich mehr Zeit und Intensität in die Vorbereitung und die Überarbeitung seiner Arbeiten investiert. Beide Phasen forderten und bekamen ihren leidenschaftslosen Gleichmut. Aber es gab auch zwei Perioden der Leidenschaft und Erregung für sie. Die erste war der Moment des Erschaffens, der eigentliche Schreibvorgang. Ich glaube, wenn Virginia schrieb, arbeitete sie die ganze Zeit mit konzentrierter Erregung. Der lange, anstrengende intellektuelle Prozeß war vorbei und würde für die Überarbeitung wieder abgerufen werden; jetzt herrschten Emotion und Imagination. Zeitweise schienen Genie oder Inspiration die Kontrolle zu übernehmen, wie sie es nach Beendigung der letzten Seiten von *Die Wellen* beschrieb: ». . . nachdem ich die letzten zehn Seiten mit einigen Augenblicken solcher Intensität und solchen Rausches abgespult habe, daß ich hinter meiner eigenen Stimme herzustolpern schien, oder hinter einer Art Sprecher, als wäre ich geisteskrank. Fast bekam ich Angst, weil ich mich an die Stimmen erinnerte, die mir vorauszufliegen pflegten.«

Da war natürlich keine Zeit und kein Raum für Dr. Saintsburys »Gleichmut« in diesem emotionalen und imaginativen Ausbruch, dem Moment künstlerischen Schaffens. Ich glaube schon, daß Virginias psychische Verfassung dem oben beschriebenen mehr oder weniger entsprach, wenn sie einen

Roman – oder einen ersten Entwurf – niederschrieb. Die Anspannung war groß und ließ nie nach, ein Ausbruch von Gefühlen, ihr Bewußtsein schien, obwohl es da war, der Stimme oder dem »Gedanken«, der vorausflog, immer um Haaresbreite hinterherzueilen.* Die besessene permanente Spannung war es, die das Schreiben zu einer ständigen Bedrohung für ihre innere Stabilität machte, da auf sie geistige Erschöpfung folgte. Und sobald die Symptome dieser Erschöpfung auftraten, konnte sie nicht mehr schreiben.

Beinahe ohne Ausnahme wurde sie davon überwältigt, sobald sie ein Buch beendet hatte und der Moment kam, wo es zum Drucker geschickt werden mußte. Es war eine Art leidenschaftliche Verzweiflung, ein heftiger Ausbruch ihrer Gefühle, der sie so sehr entkräftete, daß sie jedesmal an den Symptomen eines bevorstehenden Zusammenbruchs erkrankte. Wirklich zusammengebrochen ist sie direkt nachdem sie *Die Fahrt hinaus* zu Ende geschrieben hatte, und der Zusammenbruch von 1941, der mit ihrem Selbstmord endete, folgte unmittelbar auf die Beendigung von *Zwischen den Akten*. 1936, als sie *Die Jahre* abgeschlossen hatte und die Fahnen korrigieren mußte, kam sie einem geistigen Zusammenbruch bedenklich nahe. Am 9. April schrieb sie in ihr Tagebuch:

»Das Schlimme ist, daß ich nach diesem einen windigen Tag

---

* Ich glaube, wenn sie überarbeitete und in die Maschine tippte, was sie morgens mit Feder und Tinte geschrieben hatte, waren ihre psychische Verfassung und ihre Arbeitsweise ganz anders. Der bewußte, kritische Intellekt hatte die Kontrolle, und die Anspannung war geringer. Wenn sie Kritiken schrieb, war das ähnlich. Ich war immer davon überzeugt, daß ich an dem Grad der Rötung ihres Gesichts ablesen konnte, ob sie Erzählendes oder eine Besprechung geschrieben hatte, wenn sie nach ihrer Arbeit am Morgen zum Lunch hereinkam.

Unterbrechung – oh, dieser eisige Nordwind, der seit unserer Ankunft jeden Tag so verheerend bläst, aber ich habe weder Ohren, noch Augen oder Nase: habe gerade rasch die Räume durchschritten, meistens in Verzweiflung –, nach diesem windigen Tag der Unterbrechung, wie gesagt, muß ich wieder am Anfang anfangen und sechshundert Seiten langweilige Fahnen durchsehen. Warum nur? Warum? Nie wieder, nie wieder.«

Virginia war ungeheuer – beinahe krankhaft – empfindlich gegenüber jeder Art von Kritik, gleichgültig, woher sie kam. Ihr Schreiben war für sie die wichtigste Sache der Welt, und wie bei vielen ernsthaften Autoren waren ihre Bücher ein Teil ihrer selbst. Ihr erging es nicht anders als einer Mutter, die ihr Leben lang fühlt, daß ihre Kinder ein Teil ihrer selbst bleiben. Und gleich einer Mutter, der die geringste Kritik an ihrem Kind einen Stich versetzt, verursachte Virginia jede Kritik an ihrem Buch heftige Schmerzen, auch wenn sie von dem unbedeutendsten Schwachkopf kam. Es ist deshalb kaum übertrieben, wenn ich sage, daß die Veröffentlichung eines Buches in ihrer Sicht einer Folter gleichkam.

Diese Folter begann, sobald sie das letzte Wort des ersten Entwurfes ihres Buches geschrieben hatte, und hielt solange an, mal mehr, mal weniger intensiv, bis der letzte Rezensent, Kritiker, Freund oder Bekannte gesagt hatte, was er zu sagen hatte. Und doch steckte in Virginia, trotz ihrer ungeheuren Überempfindlichkeit, eine intellektuelle und seelische Zähigkeit, wie sie beispielsweise Desmond abging. Sie zeigte sich in der verbissenen Beharrlichkeit, mit der sie an jedem Wort, Satz, Absatz eines jeden Textes feilte, vom großen Roman bis zur belanglosen – d. h. für jeden anderen Autor belanglosen – Rezension. Die Konsequenz war, daß irgendwann der

Moment kam, wo sie es mit den Kritikern, sich selbst und der Welt aufnahm. Letztendlich hatte sie dann den Mut, zu ihrer Überzeugung zu stehen und zu publizieren, wenn auch mit der – wenig überzeugenden – Aussage: »Virginia macht es nichts aus.« Und darum hatte sie im Gegensatz zu Desmond, als sie starb, siebzehn Bücher herausgebracht.

Das Wesen menschlichen Leidens ist seltsam und kompliziert. Etliche Kritiker haben aus ihrer Überraschung und Mißbilligung keinen Hehl gemacht, als sie von Virginias Qual erfuhren, die Tadel oder auch nur mangelndes Lob bei ihr auslösten. Max Beerbohm zum Beispiel »hatte Vorbehalte« ihr gegenüber und mochte ihr Tagebuch nicht. »Ich habe nie begriffen«, sagte er, »warum die Leute Tagebücher schreiben. Ich hatte nie den leisesten Wunsch, das zu tun – man muß so unglaublich selbstbewußt sein.« (Es ist bezeichnend, daß Max glaubte, wenn er selbst etwas nicht tun mochte, sei das ein guter Grund oder eine Entschuldigung dafür, daß er nicht verstand, weshalb andere Menschen es zu tun wünschten und taten.) Es sei beklagenswert, meinte er, »wenn man sich feindselige Kritik so zu Herzen nimmt wie Virginia Woolf«. Sicher war es beklagenswert, sowohl vom moralischen als auch vom Standpunkt ihrer eigenen Glückseligkeit her gesehen. Aber ganz so schwer verständlich wie für Max ist dies und das Schreiben von Tagebüchern sicherlich nicht. Der Instinkt, mit dem eine Mutter es übelnimmt, wenn ihre Kinder kritisiert werden, ist irrational und beklagenswert, aber weit verbreitet und nicht unbedingt unnatürlich. Eitelkeit erklärt das zum Teil, aber nach meiner Ansicht doch nicht ganz. Seltsamerweise beinhaltet Eitelkeit auch so etwas wie eine objektive Idealvorstellung, was in diesen Fällen fast das Gegenteil von Eitelkeit bedeutet. Die

Mutter möchte ihren Kindern zuliebe, daß sie vollkommen sind. Virginia, die wie viele Autoren ihren Büchern gegenüber mütterliche Gefühle hegte, wollte ihren Büchern zuliebe, daß sie vollkommen sind. Außerdem war sie sowohl körperlich als auch geistig außergewöhnlich empfindsam, was ihr einerseits dazu verhalf, ihre Romane zu publizieren und andererseits darunter zu leiden, wenn Mrs. Jones oder Max Beerbohm sie nicht mochten. Und ich möchte fast meinen, es verhalf ihr auch dazu, die Spatzen vor ihrem Fenster griechisch reden zu hören.

Wenn ich bedenke, daß Virginia ihrer Gesundheit zuliebe das tägliche Schreiben auf ein paar Stunden beschränkte und oft wochen- oder gar monatelang gänzlich darauf verzichten mußte, wie langsam sie schrieb und wie beharrlich sie das Geschriebene vor der Veröffentlichung revidierte und überarbeitete, bin ich erstaunt, daß sie bis zu ihrem Tod siebzehn Bücher geschrieben und veröffentlicht hat. Die Liste ihrer Veröffentlichungen umfaßt heute (1965) einundzwanzig Bände. Das ist um so überraschender, als sie keins dieser Bücher vor ihrem dreißigsten Lebensjahr geschrieben hat, und alle wichtigen Arbeiten außer *Die Fahrt hinaus* und *Nacht und Tag* in den letzten Jahren ihres Lebens. In der Zeit, mit der ich mich jetzt befasse, unseren Jahren in Richmond 1919 bis 1924, war ihre Schreibarbeit streng rationiert und wurde oft unterbrochen. Diese Jahre waren für ihre Entwicklung als Schriftstellerin von entscheidender Bedeutung, denn in dieser Zeit empörte sie sich gegen den Stil und die Ausdrucksformen der zeitgenössischen Prosa – vor allem der von Galsworthy, Wells und Bennett – und schuf die ersten Texte in ihrem eigenen Stil mit ihren Ausdrucksformen, der sich schließlich und logisch in den Romanen *Die Wellen* und *Zwischen den Akten* entfaltete.

Die Entwicklung begann mit den Kurzgeschichten, die sie in der Sammlung *Montag oder Dienstag* im März 1921 veröffentlichte. Sie hatte sie alle zwischen 1917 und 1921 geschrieben, und sie waren eine Art Vorspiel oder Vorstudie zu *Jakobs Raum*, das im Oktober 1922 erschien. *Der Fleck an der Wand* war das erste Zeichen für die Veränderung des Stils, der in *Jakobs Raum* zum Ausdruck kommt; die Erzählung wurde im Juli 1917 veröffentlicht und war eine der *Two Stories*, unserer ersten Hogarth-Press-Publikation, geschrieben hatte sie sie Ende 1916 oder Anfang 1917. Einige Kritiker haben gemeint, Virginia hätte ihren Stil, den sie »Bewußtseinsströme« nennen, von Joyce und Dorothy Richardson übernommen. Die Idee, daß in der Kunst niemand jemals etwas erfunden oder einen neuen Gedanken gehabt hat, weil alles wie ein endloser künstlerischer Schüttelreim von etwas anderem abgeleitet ist, ist extrem weit verbreitet und erschien mir immer unwahr – und sollte sie doch wahr sein, so finde ich sie zumindest belanglos. Die Stärken oder Schwächen von *Die Wellen* bleiben bestehen, ob sie nun von Joyces *Ulysses* oder Dorothy Richardsons *The Tunnel* »beeinflußt« wurden oder nicht. Trotzdem lohnt es sich vielleicht, darauf hinzuweisen, daß *Der Fleck an der Wand* spätestens bis zur ersten Hälfte des Jahres 1917 geschrieben war, während Virginia das Manuskript von *Ulysses* nicht vor April 1918 las und *The Tunnel* erst im Januar 1919.

Im Mai 1919 brachten wir in der Hogarth Press *Im Botanischen Garten* heraus. Wie ich schon berichtet habe, war dieses dünne Bändchen, das wir selbst gedruckt hatten, für uns von großer Bedeutung, denn der sofortige Erfolg war das erste von vielen unvorhergesehenen Ereignissen, die uns unbeabsichtigt und oft widerwillig dazu veranlaßten, die Hogarth Press in ein kommerzielles Verlagsunternehmen zu verwandeln. Aber es war auch ein entscheidender Schritt in Virginias Entwicklung als Autorin. So schmal das Buch ist, so ist es doch innerhalb seiner Grenzen vollkommen; in seinem Rhythmus, der Bewegung, der Bildhaftigkeit und dem Stil konnte niemand anderes als Virigina es geschrieben haben. Es ist wie ein Mikrokosmos all ihrer bis dahin noch ungeschriebenen Romane, von *Jakobs Raum* bis zu *Zwischen den Akten*. Beispielsweise wurden die Eigenheiten von Simons innerem Monolog aus dem gleichen künstlerischen Gen oder Chromosom erschaffen, das zwölf Jahre später Bernhards Monolog in *Die Wellen* und zweiundzwanzig Jahre später das leise Murmeln Isas in *Zwischen den Akten* hervorbrachte.

Virginia begann *Jakobs Raum* im April 1920 zu schreiben; die elf Monate zwischen diesem Datum und dem Mai 1919, als *Im Botanischen Garten* erschien, waren eine Zeit des Grübelns und der Vorbereitung gewesen. Sie schrieb wenig, und was sie schrieb, war journalistischer Art. Es war eine beunruhigende Zeit für sie, einerseits wegen der warnenden Kopfschmerzen, andererseits wegen der Veröffentlichung von *Nacht und Tag* im Oktober. Aus dem Tagebuch wird deutlich, daß die »schöpferische Kraft«, die, wie Virginia sagte, »zu Beginn eines neuen Buches so angenehm sprudelt«, diese ganzen elf Monate unter der Oberfläche brodelte. Im April 1920 müssen Inhalt, Charaktere und Form von *Jakobs Raum* schon ziemlich detailliert in ihrem Kopf vorhanden gewesen sein, denn sie hatte dem Buch schon seinen bezeichnenden Titel gegeben. Und sie war sich dessen bewußt, daß der Stil ihrer experimentellen Kurzgeschichten *Der Fleck an der Wand*, *Im Botanischen Garten* und *Ein ungeschriebener Roman* jetzt in einem ganzen Roman umgesetzt

werden mußten. Am 26. Januar 1920 schrieb sie in ihr Tagebuch:

»Wenn ich davon ausgehe, daß sich eins aus dem anderen
entwickelt – wie in *Ein ungeschriebener Roman,* aber nicht nur über
zehn Seiten sondern über zweihundert oder mehr – müßte mir
das nicht die Luftigkeit und Leichtigkeit geben, die ich haben
möchte; würde das nicht dichter werden und doch Form und
Tempo bewahren und alles, alles einschließen? Ich weiß nur
nicht, wie weit es auch das menschliche Herz einschließen wird
– bin ich in dem Maße Herrin meines Dialogs, es darin einzu-
fangen? Denn ich stelle mir vor, daß die Methode diesmal eine
ganz andere ist: Kein Gerüst, man wird kaum einen Baustein
sehen, alles bleibt im Zwielicht, aber das Herz, die Leidenschaft, die Stimmung, das alles leuchtet wie Feuer im Nebel.
Das gibt mir Raum für so vieles – etwas Lustiges – eine Inkonse-
quenz – ein leichtfüßiges tanzendes Schreiten nach meinem
Willen und Mutwillen. Ich zweifle noch, ob ich die Dinge
beherrschen kann, aber man stelle sich vor, *Der Fleck an der
Wand, Im Botanischen Garten* und *Ein ungeschriebener Roman* faßten
sich bei der Hand und tanzten miteinander.«

Am 6. November 1921 schrieb sie die letzten Worte von
Jakobs Raum; veröffentlicht wurde das Buch im Oktober 1922.
Mit der Arbeit an diesem Roman begann eine bedeutende
schöpferische Phase. In den drei Jahren von 1921 bis 1924
schrieb sie *Mr. Bennett und Mrs. Brown* (erschienen 1924) und
entwarf oder schrieb die Texte für *Montag oder Dienstag* (erschienen 1925). 1922 begann sie mit *Mrs. Dalloway* und arbeitete
daran von 1923 bis 1924. Ursprünglich sollte es eine Kurzgeschichte werden, und Virginia zögerte eine Weile mit der Entscheidung, es zu einem Roman auszuweiten. Anfang 1923

beschloß sie, daß es ein Roman werden sollte; sie nannte ihn zuerst *The Hours,* kam dann aber auf den ursprünglichen Titel *Mrs. Dalloway* zurück.

Wenn man bedenkt, wieviel Zeit sie ihren Büchern widmete, und wie begrenzt die Zeit war, die ihr zum Schreiben zur Verfügung stand, dann war das, was in den Jahren von 1919 bis 1924 noch an journalistischen Arbeiten erschien, ganz beträchtlich. Ihr Journalismus bestand überwiegend in Rezensionen für *The Times Literary Supplement* und – nach 1923 – für *The Nation.* Ihre Einstellung zu der Rezensionstätigkeit war nicht widerspruchsfrei. Sie betrachtete sie als eine Möglichkeit, Geld zu verdienen – was zu der Zeit auch fast stimmte. Und als solches hatte sie für diese Arbeit nicht viel übrig und beschloß, wie ihre Tagebucheintragung vom 15. September 1920 zeigt, sie ganz aufzugeben:

»Ich hätte mehr aus meiner Befreiung von den Buchbesprechungen machen sollen. Als ich Richmond* meinen Brief schickte, fühlte ich mich wie jemand, der an die Luft gesetzt worden ist. Jetzt habe ich einen weiteren Brief ähnlichen Inhalts an Murry** geschrieben und ihm Mallock*** zurückgeschickt, und ich denke, es wird das letzte Buch sein, das mir je ein Herausgeber schickt. Daß ich mich im Alter von achtunddreißig Jahren befreit habe, scheint mir ein großes Glück zu sein – es kam im richtigen Augenblick und ist natürlich L. zu verdanken, ohne dessen Journalismus ich meinen nicht würde aufgeben können. Aber ich beruhige mein Gewissen mit der

---

* Bruce Richmond, Herausgeber von *The Times Literary Supplement.*
** J. Middleton Murry, zu der Zeit Herausgeber von *Athenaeum.*
*** *Memoirs of Life and Literature* von William Hurrell Mallock erschien im September 1920 [Anm. d. Hrsg.].

Überzeugung, daß ein außenpolitischer Artikel wertvoller ist, weniger Arbeit macht und mehr einbringt als meine Arbeit, und mit ein bißchen Glück können wir, wenn ich meine Bücher fertigbringe, schließlich auch damit Geld verdienen. Und sehen wir den Tatsachen ins Gesicht: Das Bücherpublikum ist weitaus kritischer als das Zeitungspublikum; also drücke ich mich nicht vor der Verantwortung. Jetzt kann ich mir natürlich kaum vorstellen, daß ich je wöchentliche Besprechungen geschrieben habe, und literarische Aufsätze haben allen Reiz für mich verloren. Gott sei Dank hab' ich nichts mehr mit dieser *Athenaeum*-Welt zu tun, mit ihren Besprechungen, Auflagen, Lunches und Tratsch – ich hoffe, ich sehe nie wieder einen Autor. Die Nähe von Mr. Allison*, dem wohlbekannten Herausgeber des *Field*, reicht mir. Ich möchte massenhaft sensible, phantasievolle, unverklemmte Menschen kennenlernen, die nichts mit Literatur zu tun haben und nie ein Buch gelesen haben. Jetzt auf zu Dean, im Regen, um mit ihm über die Kohlenkellertür zu reden.«

Aber diese unnachgiebige Haltung gegenüber ihrem Journalismus und ihren Rezensionen erhielt Virginia nicht immer aufrecht. Sie wußte, daß sie nicht über längere Zeit ununterbrochen Erzählendes schreiben konnte, und sie entspannte sich, indem sie sich mit Dingen beschäftigte, die einen anderen Teil ihres Gehirns oder ihrer literarischen Vorstellungskraft beanspruchten. Im Lauf der Jahre entdeckte sie, daß Rezensieren diese Aufgabe großartig erfüllte; das gab ihr die Entla-

---

* Nicht zutreffend. Er war Chef der Anzeigenabteilung der *Times* und Besitzer des *London Mercury*. Er hatte gerade ein großes Haus mit Farm in Rodmell gekauft.

stung, die manche Denker oder Schriftsteller beim Schachspielen oder beim Lösen von Kreuzworträtseln finden.

Im Folgenden habe ich Virginias Einnahmen aus schriftstellerischer Arbeit der Jahre 1919 bis 1924 zusammengestellt.

	Journalismus	Bücher	Gesamt
1919	153 £. 17 s. 0 d		153 £. 17 s. 0 d
1920	234 £. 6 s. 10 d	106 £. 5 s. 8 d	340 £. 12 s. 8 d
1921	47 £. 15 s. 1 d	10 £. 10 s. 8 d	58 £. 5 s. 9 d
1922	69 £. 5 s. 0 d	33 £. 13 s. 0 d	102 £. 18 s. 0 d
1923	158 £. 3 s. 9 d	40 £. 0 s. 5 d	198 £. 4 s. 2 d
1924	128 £. 0 s. 0 d	37 £. 0 s. 0 d	165 £. 0 s. 0 d

1924 war Virginia zweiundvierzig Jahre alt. Jane Austen starb im Alter von zweiundvierzig Jahren, Emily Brontë mit dreißig, Charlotte Brontë mit neununddreißig; alle drei waren berühmte Romanautorinnen und hatten zum Zeitpunkt ihres Todes Bestseller geschrieben. Virginia hatte im Alter von zweiundvierzig Jahren schon drei wichtige Romane veröffentlicht: *Die Fahrt hinaus, Nacht und Tag* und *Jakobs Raum.* Alle drei waren weithin als Romane von großem Wert, ja Genie anerkannt worden; sie waren nicht nur in England, sondern auch in Amerika erschienen, aber die Absatzzahlen blieben in beiden Ländern niedrig. Die Gesamteinnahmen aus ihren Büchern, die amerikanischen Ausgaben eingeschlossen, betrugen in den sechs Jahren bis 1924 228 £ oder 38 £ per annum; und ihre Gesamteinnahmen aus Romanen und journalistischer Tätigkeit betrugen nur 1019 £ oder 170 £ per annum.

Viele Leute, einschließlich vieler Schriftsteller und Verleger, werden von diesen armseligen Zahlen überrascht sein. Nachdem ich fünfzig Jahre lang als Autor, Herausgeber und

Verleger Aufstieg und Fall vieler literarischer Renommees und Einkommen beobachtet habe, weiß ich, daß daran nichts Außergewöhnliches ist. Nichts ist unberechenbarer und unbeständiger als das Renommee und die Einkünfte der Literaten. 1963, also vierzig Jahre später, brachten diese drei Romane an Autorenhonorar in England allein 251 £ ein, 22 £ mehr als alle Bücher Virginias, einschließlich der drei Romane, innerhalb jener sechs Jahre in England und Amerika. Es dürfte viele Bestseller des Jahres 1924 gegeben haben, die aber ihren Autoren 1963 weder ein verkauftes Exemplar noch einen Penny bieten konnten. Ich werde immer mal wieder auf Viginias Verkaufszahlen und Einnahmen zurückkommen, hier nur noch eine Einzelheit, um zu zeigen, wie plötzlich und unberechenbar die Bewegungen des Marktes sind, auf dem Schriftsteller ihre Ware verkaufen. In den fünf Jahren nach 1924, in dem Virginia 38 £ verdiente, erhöhten sich ihre Einnahmen bis zum Jahre 1929 auf 2063 £. Diese astronomische Steigerung nach sechs Jahren absoluter Stagnation war zum Teil auf *Mrs. Dalloway*, erschienen 1925, *Die Fahrt zum Leuchtturm*, erschienen 1927, aber am meisten auf das Erscheinen von *Orlando* im Jahre 1928 zurückzuführen.

Die Entwicklung der Hogarth Press war mit Virginias Entwicklung als Schriftstellerin und ihrer literarischen oder schöpferischen Kraft verbunden. Als wir am 13. März 1924 vom Hogarth House in Richmond zum Tavistock Square 52 zogen, hatte die Hogarth Press in den sieben Jahren ihres Bestehens zweiunddreißig Bücher herausgebracht. Die komplette Liste der in diesen sieben Jahren veröffentlichten Bücher, zeigt Umfang und Charakter der Entwicklung. Ich habe die von uns selbst gedruckten Titel mit einem Sternchen gekennzeichnet:

1917 Leonard und Virginia Woolf *Two Stories**

1918 Katherine Mansfield *Prelude*

1919 T. S. Eliot *Poems**

Virginia Woolf *Im Botanischen Garten**

John Middleton Murry *Critic in Judgment*

1920 E. M. Forster *Story of the Siren**

Hope Mirrlees *Paris**

Gorki *Erinnerungen an Tolstoi*

Logan Pearsall Smith *Stories from the Old Testament*

1921 Virginia Woolf *Montag oder Dienstag*

Leonard Woolf *Stories from the East**

Clive Bell *Poems**

Tschechow Notizbücher

1922 Virginia Woolf *Jakobs Raum*

Dostojewski *Bei Tichon*

Bunin *Der Herr aus San Francisco*

Die Autobiographie der Gräfin Tolstoi

Fredegund Shove *Daybreak**

Ruth Manning-Sanders *Karn**

1923 E. M. Forster *Pharos and Pharillon**

Roger Fry *Woodcuts**

Roger Fry *Sampler of Castile*

T. S. Eliot *Das wüste Land**

Robert Graves *The Feather Bed**

Herbert Read *Mutations of the Phoenix**

Clive Bell *Legend of Monte della Sibilla**

Ena Limebeer *Poems**

Tolstoi *Liebesbriefe*

A. V. Goldenweiser *Leo Tolstoi. Gedanken und Erinnerungen*

Stephen Reynolds Briefe
Leonid Andrejew *Der Abgrund*
Mrs. Lowther *When it was June*

Diese Liste zeigt, daß wir, obwohl wir 1917 mit der Hogarth Press anfingen, erst ab 1920 Bücher von kommerziellen Druckern für uns drucken ließen. Bis dahin wäre es uns nie in den Sinn gekommen, ernsthaft Verleger von Beruf zu werden. Die Hogarth Press war ein Hobby, und zu dem Hobby gehörte das Drucken, dem wir uns in unserer Freizeit nachmittags widmeten. Ein zweites Ziel, das sich aus dem ersten entwickelte, wurde es, kurze Texte herzustellen und zu veröffentlichen, die die kommerziellen Verlage nicht übernehmen konnten oder wollten, wie T. S. Eliots Gedichte, Virginias *Im Botanischen Garten* und Katherine Mansfields *Prelude*. Uns war das ohne finanzielle Verluste möglich, weil wir die Bücher im Eßzimmer oder im Untergeschoß von Hogarth House druckten und banden und dadurch keine allgemeinen Unkosten entstanden. Unser erster Schritt in die Höhen und Tiefen des professionellen Verlegens war, wie gesagt, der plötzliche Erfolg von Virginias *Im Botanischen Garten,* das in unerwarteter Höhe von den Buchhändlern bestellt wurde, so daß wir beschlossen, eine zweite Auflage drucken zu lassen. Dadurch bekamen wir Kontakt zu allen großen und vielen kleinen Buchhändlern, zum Groß- und Einzelhandel, und es war nicht schwer, die recht einfachen Gebräuche und die Struktur des Buchhandels zu durchschauen. *Im Botanischen Garten* zeigte mir, daß wir, wenn wir wollten, kommerziell erfolgreich Bücher verlegen konnten.

Als Koteliansky uns dann Gorkis *Erinnerungen an Tolstoi* zur Veröffentlichung anbot, standen wir vor einer schwerwiegenden Entscheidung. Er übersetzte uns einige Passagen, und wir erkannten sofort, daß es sich um ein Meisterwerk handelte. Eine Auflage von weniger als 1000 Exemplaren schien uns sinnlos, und andererseits überstiegen 1000 Exemplare unsere Kapazitäten. Also taten wir unseren ersten Schritt zur kommerziellen Unternehmung und ließen es zu einem Preis von 73 £ bei der Pelican Press drucken.* Das Buch war auf Anhieb ein Erfolg, und noch vor Jahresende mußten wir 100 Exemplare nachdrucken.

Der Erfolg von Gorkis Buch war der eigentliche Wendepunkt für unsere Zukunft und auch für die der Hogarth Press. Keiner von uns wollte Verleger im Hauptberuf sein; wir wollten Bücher schreiben und nicht drucken und verlegen. Andererseits hatte uns die dreijährige Druck- und Verlagserfahrung soviel Spaß gemacht, daß unser Appetit auf mehr geweckt war. Die Hogarth Press, soviel war mir 1920 klar, mußte entweder expandieren oder explodieren oder schrumpfen und sterben, sie war zu jung und lebendig, um in Passivität zu überleben. Und noch ein weiterer, sehr wichtiger Grund trieb uns, die Hogarth Press zu erhalten: Die Veröffentlichung von *Two Stories* und *Im Botanischen Garten* hatte uns und insbesondere Virginia gezeigt, wie angenehm es für einen Schriftsteller ist, die Möglichkeit zu haben, seine Bücher selber zu verlegen. Wie ich schon mehr als einmal dargelegt habe, litt Virginia außerordentlich unter der allgemeinen Berufskrankheit der Schriftsteller – der Künstler überhaupt – der Überempfindlichkeit gegen-

---

* Middleton Murrys *Critic in Judgment* hatten wir schon 1919 von McDermott drucken lassen, aber nur eine Auflage von 200 Exemplaren, und ich hatte ihm beim Drucken geholfen. Virginia und ich hatten es dann gebunden.

über Kritik. Ihre ersten beiden Romane hatte ihr Halbbruder Gerald Duckworth verlegt, ein freundlicher und unkritischer Mensch, der Virginia sehr zugetan war. Sein Lektor, Edward Garnett, der in dem Ruf stand, einen guten Blick für Meisterwerke unbekannter Autoren zu haben, hatte damals ein begeistertes Gutachten über *Die Fahrt hinaus* geschrieben. Trotzdem versetzte Virginia die Vorstellung in Angst und Schrecken, ihr nächstes Buch dem milden Gerald und dem begeisterten Edward zu schicken. Die Idee, *Jakobs Raum,* an dem sie gerade schrieb, selbst zu verlegen, begeisterte Virginia, denn dadurch konnte sie dem Elend entgehen, diesen sehr experimentellen Roman der Kritik Duckworths und Garnetts auszusetzen. Wir beschlossen also, die Hogarth Press zu einem ordentlichen Verlag auszubauen und 1921 ein Buch mit Kurzgeschichten von Virginia herauszubringen, *Montag oder Dienstag,* und Gerald zu bitten, er möge auf seine Option auf *Jakobs Raum* verzichten, damit es in der Hogarth Press erscheinen konnte.*

Mit der Entscheidung, die Hogarth Press expandieren zu lassen und zu einem professionellen, achtbaren und kommerziellen Unternehmen auszudehnen, stand eine weitere wichtige Entscheidung an. Lytton Strachey hatte das, was er unsere Verlags- und Druckereiposse nannte, nicht ganz kalt gelassen. Nachdem er der Hogarth Press und uns, auf seine übliche Weise, eine kalte Dusche verpaßt hatte, erwärmte er sich für die Sache, als wir ihm unseren Plan darlegten, daß wir bei der geplanten Expansion nicht umhin kämen, einen Mitarbeiter

---

* Gerald willigte ein, und später kauften wir ihm auch die Rechte und den Lagerbestand von *Die Fahrt hinaus* und *Nacht und Tag* ab, so daß Virginias Bücher alle in der Hogarth Press erschienen. Auch die Rechte an meinem Buch *Das Dorf im Dschungel* kaufte die Hogarth Press von Edward Arnold zurück.

einzustellen. Er schlug uns mit einigem Nachdruck vor, Ralph Partridge einzustellen. Ralph war zu dieser Zeit Teil einer seltsamen *ménage à trois*, die eine sehr schöne alte Mühle in Tidmarsh bewohnte. Das Haus gehörte Lytton, der 1918 mit der Veröffentlichung seines Buches *Eminent Victorians* zu Berühmtheit gelangt war. Er lebte mit Carrington zusammen, einer jungen Frau von rätselhaftem, unorthodoxem Charakter, die eine Menge widersprüchlicher Eigenschaften in sich vereinigte, die wie bei einer russischen Puppe ineinandergriffen. Sie war die Apotheose der schönen Kuhmagd, jener Heldin des Liedes: »Where are you going to, my pretty maid?« Sie hatte das dichteste blonde Haar, das ich jemals gesehen habe, und da sie es nach der Mode der Kunststudenten von Slade auf Kinnhöhe gerade abgeschnitten trug, stand es wie eine dicke, tadellos gewachsene und beschnittene Eibenhecke um ihren Kopf. Sie hatte die rundesten, weichsten, rosigsten Wangen, und große veilchenblaue Augen, aus denen man zu seiner Beunruhigung eine solche Unschuld herausblitzen sah, wie man sie diesseits des Gartens Eden, und schon gar im Haus des Autors der *Eminent Victorians*, nicht für möglich hielt. Sie war Malerin, hatte in Slade studiert und kleidete sich meistens in diese sackartigen Kleider, die künstlerische junge Damen Anfang der zwanziger Jahre bevorzugten und die man auf den Bildern von Augustus John noch sehen kann. Aus irgendeinem mir unbekannten Grund wurde sie allgemein nur Carrington genannt, das war ihr Nachname; ich habe nie jemanden sie beim Vornamen nennen hören und bin nicht ganz sicher, ob sie Doris hieß oder nicht. Ich mochte sie sehr, denn sie war bezaubernd zu uns, wenn wir in Tidmarsh waren oder sie uns besuchte, und sie war uns außerordentlich zugetan. Aber sie war eine schweigsame

Person und beteiligte sich selten an der allgemeinen Unterhaltung. Es war unmöglich herauszufinden, ob diese russischen Puppen voll komplizierter seelischer Geheimnisse oder alle einfach nur leer waren. Carrington betete Lytton an; sie führte ihm das Haus und umsorgte ihn und alle Besucher wie eine perfekte Haushälterin, hingebungsvolle Köchin, Stubenmädchen und Dienstmädchen.

Ralph Partridge war das dritte Mitglied dieser Dreieinigkeit in Lyttons Haus in Tidmarsh. Er war ein sehr großer, sehr gut aussehender, unerhört kräftiger junger Mann. In Oxford war er ein erstklassiger Ruderer gewesen und wäre bestimmt in die Universitätsmannschaft gekommen, wenn er nicht plötzlich eine Abneigung gegen das Rudern entwickelt hätte. Im Ersten Weltkrieg hatte er als Offizier gekämpft. Woher er Lytton kannte, weiß ich nicht genau, ich glaube, durch Carrington, in die er 1920 sehr verliebt war. Ralph war eine interessante Persönlichkeit; auf den ersten Blick der typische Public-School-Boy, Oxford Rudermannschaft, robust, kraftvoll, und zu all dem war er noch sehr männlich, ein sehr englischer Don Juan. Aber hinter dieser Fassade des gelassenen, emotionslosen Athleten lag eine außerordentliche, kindliche, emotionale Verletzlichkeit. Ein Ereignis ließ mich vermuten, daß Ralphs Empfindsamkeit teilweise ererbt war.

Einmal fragte er, ob er seinen Vater zum Dinner zu uns mitbringen dürfe, er trüge einen großen Kummer mit sich herum, und Ralph hoffte, daß die Unterhaltung mit uns ihn ablenke. Sein Kummer war seltsam. Wie sein Sohn war er ein sehr großer Mensch, äußerlich von robuster Unerschütterlichkeit. Er hatte in Indien im Öffentlichen Dienst gearbeitet und war inzwischen pensioniert. Er lebte auf dem Lande, wo Ralph ihn hin und wieder für ein Wochenende besuchte. Vor ein paar Wochen hatte Ralph im Arbeitszimmer seines Vaters zufällig die Tür eines kleinen Safes geöffnet und darin einen geladenen Revolver gefunden. Da er das sehr befremdlich fand, fragte er seinen Vater, wieso er einen geladenen Revolver in einem unverschlossenen Safe aufbewahrte. Anfangs versuchte sein Vater das mit einem Achselzucken abzutun, aber schließlich gab er zu, daß er schrecklich besorgt wäre. Und dies war die Geschichte: Er hatte damals in Indien eine beträchtliche Anzahl Aktien einer indischen Gesellschaft gekauft. Nach seiner Pensionierung glaubte er aus irgendeinem Grunde bei der Abgabe seiner Steuererklärungen für die in Indien von einer indischen Gesellschaft gezahlten Dividenden keine Einkommensteuer abführen zu müssen, weshalb er sie jahrelang unberücksichtigt gelassen hatte. Dann irgendwann war ihm plötzlich klar geworden, daß diese Dividenden immer Teil seines Einkommens und somit steuerpflichtig waren. Er hatte Steuern hinterzogen! Er schrieb an die Regierungskommission für Steuereinnahmen, erklärte, was er getan hatte, und bat darum, ihm mitzuteilen, was er jetzt tun müßte. Sein Schreiben wurde bestätigt, ansonsten schwieg die Kommission. Er schrieb abermals, mit demselben Ergebnis, und dann ein drittes Mal, wieder mit dem gleichen Erfolg. Da lud er seinen Revolver und beschloß, wenn er nicht innerhalb von zehn Tagen Antwort von der Kommission bekäme, würde er Selbstmord verüben. Nachdem Ralph ihn überredet hatte, ihm den Revolver zu überlassen, schrieb er selbst an die Regierungskommission für Steuereinnahmen und teilte mit, daß sich sein Vater erschießen würde, wenn sie ihm nicht innerhalb von zehn Tagen auf seinen Brief antworteten. Postwendend kam ein Brief, in dem ihm mitgeteilt wurde, wieviel Steuern er insgesamt auf die nicht bekanngegebenen Dividenden zu zahlen hätte. Der arme Mr. Partridge wurde vor dem Selbstmord bewahrt und starb einige Jahre später eines natürlichen Todes.

Ich glaube nicht, daß Ralph in seinem ziemlich langen und bestimmt glücklichen Dasein jemals dem Selbstmord oder auch nur dem Gedanken daran nahekam. Aber hinter der geradezu überschäumenden, geselligen Mann-von-Welt-Fassade gab es eine seltsame Empfindsamkeit, die der von Mr. Partridge nicht unähnlich war. Er war schnell zu Tränen gerührt. Wie gesagt, er hatte sich in Carrington verliebt. Sie war das klassische Weib – wenn es je ein klassisches Weib gegeben hat: Wenn ein Mann sie verfolgte, rannte sie weg; wenn ein Mann wegrannte, verfolgte sie ihn. Diese Taktik, auf Ralph angewendet, trieb ihn fast zum Wahnsinn, so daß wir beschlossen, drastische Maßnahmen zu ergreifen. Wir fragten Ralph, ob er Carrington wirklich und ernsthaft heiraten wolle, und er sagte, ja, das wolle er. Ich erklärte ihm das Phänomen des klassischen Weibes und empfahl ihm, zu Carrington zu gehen und nicht sich selbst, sondern ihr die Pistole auf die Brust zu setzen. Er sollte zu ihr sagen, sie müsse ihn auf der Stelle heiraten oder ihn gehen lassen – wenn sie nein sagte, würde er ganz fortgehen. Sie gab nach und heiratete ihn.

Lytton war, wie gesagt, sehr erpicht darauf, daß wir Ralph in die Hogarth Press aufnehmen sollten, zunächst als Angestellten auf Probe, aber mit der Aussicht, schließlich Teilhaber zu werden. Wir stimmten schließlich zu, und am 31. August 1920 stellte die Hogarth Press den ersten bezahlten Angestellten ein, allerdings nicht für die volle Zeit. Er kam und arbeitete zwei oder drei Tage die Woche zu einem Gehalt von 100 £ und 50

Prozent der Nettoeinnahmen. Im Jahr 1920 betrugen seine Einnahmen 56 £. 6 s. 1 d, und 1921 waren es 125 £. Als allererstes mußten wir ihm das Drucken beibringen, denn seine Hauptaufgabe war anfangs, uns beim Drucken zu unterstützen. Sobald er in der Lage war, eine Seite zu setzen und zu drucken, beschlossen wir, diesen Teil unserer Tätigkeit weiterzuentwickeln: Im November 1921 kaufte ich eine Minerva-Schnellpresse für 70 £. 10 s und 35 Kilo Lettern der Caslon Old Face 12-Punkt-Schrift für 18 £. 9 s. 5 d. 1923, also genau fünf Jahre nach ihrer Gründung, betrug das insgesamt in die Hogarth Press investierte Kapital 135 £. 2 s. 3 d, alles für Druckmaschinen, Lettern und Material. Die Minerva-Maschine war ein fürchterliches Monstrum, eine sehr schwere Tritt-Tiegeldruckpresse, und wenn ich sie vier Stunden ohne Pause getreten hatte, nachmittags von zwei bis sechs Uhr, was oft vorkam, fühlte ich mich, als hätte ich kräftig Gymnastik betrieben.

Als die Druckpresse angeliefert wurde, ließen wir sie in der Ecke des Eßzimmers aufstellen, doch als McDermott sie da sah, schüttelte er den Kopf und meinte, das sei viel zu gefährlich: Die Maschine sei so schwer, daß sie, wenn wir sie dort in Gang setzten, wahrscheinlich durchbrechen und der Köchin ein Stockwerk tiefer auf den Kopf fallen würde. Also ließen wir sie wieder abbauen und in einer kleinen Speisekammer hinten im Untergeschoß aufstellen. Die Besetzung der Speisekammer erweckte bei Nellie und Lottie, Köchin und Stubenmädchen, keine Begeisterung, aber letztlich war es für sie sicherer, die Maschine dort zu lassen, als über ihren Köpfen im Eßzimmer.

Daß Ralph zur Hogarth Press gestoßen war, hatte Auswirkungen, die man an der schnellen Erweiterung unserer Titelliste auf sechs Bücher für 1922 und dreizehn für 1923 ablesen kann. Vier der Bücher von 1922 wurden im Auftrag für uns gedruckt. *Jakobs Raum* war unser erstes großes Werk, ein ausgewachsener Roman. Eine Auflage von 1200 Exemplaren wurde von R & R Clark Ltd. in Edinburgh für uns gedruckt. Es war der Anfang unserer langen Verbindung zu einer der größten und besten englischen Druckereien und ihrem bemerkenswerten Geschäftsführer William Maxwell. Willie Maxwell war ein durch und durch schottischer Schotte; er war ein begeisterter Drucker und erstklassiger Geschäftsmann. Als er unseren eigenartigen, unorthodoxen Verlagsversuch sah, begann er sich persönlich dafür zu interessieren, und er gab sich damals ebensoviel Mühe, 1000 Exemplare für uns zu drucken, wie später für 20 000 Exemplare. Auf seinen regelmäßigen Geschäftsbesuchen bei Londoner Verlegern nahm er sich, trotz großer Beanspruchung, immer noch die Zeit, zur Hogarth Press nach Richmond herauszukommen. *Jakobs Raum* erschien im Oktober 1922 und verkaufte sich gleich recht gut, so daß ich weitere 1000 Exemplare von Clark nachdrucken ließ. Ende 1923 hatten wir 1413 Exemplare verkauft; die Kosten für Druck und Veröffentlichung beliefen sich zu dem Zeitpunkt auf 276 £. 1 s. 6 d, die Einnahmen lagen bei 318 £. 6 s, so daß der Verlagsgewinn 42 £. 4 s. 6 d betrug. Wir betrachteten das als großen Erfolg. Es stimmt natürlich, daß die Verlegerin Virginia Woolf die Autorin Virginia Woolf in gewisser Weise betrogen hatte. Da das ganze Unternehmen ein Experiment war, ein Sprung in die Abgründe des Verlagsgeschäfts, mit dem wir praktisch keine Erfahrung hatten, und da Ralph eben eingestiegen war, dem die Hälfte des Gewinns zustand, waren wir übereingekommen, daß Virginia keine Tantiemen, sondern ein

Drittel des Gewinns bekommen sollte. Von den verkauften 1413 Exemplaren bekam sie 14 £. 1 s. 6 d ausbezahlt.

Die drei anderen kommerziell für uns gedruckten Bücher, die wir 1922 herausbrachten, hatten russische Autoren; wir bekamen sie durch Kot, und entweder Virginia oder ich arbeiteten bei ihrer Übersetzung mit ihm zusammen. Alle drei waren bemerkenswert. Zwei von ihnen waren eben von der sowjetischen Regierung in Rußland veröffentlicht worden und durch Gorki zu Kot gelangt: *Bei Tichon* enthielt unveröffentlichte Kapitel aus Dostojewskis Roman *Die Dämonen*, und die *Autobiographie der Gräfin Sophie Tolstoi* war im Jahre 1913 von Tolstois Frau geschrieben worden. Das dritte Buch, Bunins *Herr aus San Francisco*, gehört zu den ganz großen Erzählungen. Diese Bücher, von denen ich immer noch finde, daß sie wunderschön gedruckt und gebunden sind, waren sehr sorgfältig von Virginia und mir entworfen worden und sahen anders aus als die Bücher, die andere Verleger zu der Zeit herausbrachten. Es waren mit Papier bezogene Pappbände, für die wir uns unendlich viel Mühe gaben, um lebhafte, eindrucksvolle und schöne Papiere aufzutreiben. Die beiden von Dostojewski und Bunin waren in sehr lebhaft gemustertes Papier gebunden, das wir aus der Tschechoslowakei bekamen, und das Tolstoi-Buch in ein sehr gutes marmoriertes Papier. Wir druckten, glaube ich, je 1000 Exemplare von diesen drei Büchern und brachten Bunin und Tolstoi zu 4 s und Dostojewski zu 6 s heraus. Von jedem verkauften wir innerhalb von zwölf Monaten zwischen 500 und 700 Exemplare, was ein kleiner Gewinn war, und sie verkauften sich weiter, bis wir sie nachdruckten oder sie vergriffen waren.

Die große Expansion der Hogarth Press fand 1923 statt, in dem Jahr, in dem wir sieben von uns selbst gedruckte und sechs für uns gedruckte Bücher herausbrachten. *Pharos und Pharillon* von E. M. Forster, das wir selbst druckten, war eine großartige Arbeit. Es war ein 8oseitiges Demy-Oktav-Bändchen, und wir druckten zwischen 800 und 900 Exemplaren. Virginia, Ralph und ich setzten, Ralph und ich druckten. Wir konnten auf der Minerva-Maschine vier Seiten auf einmal drucken; Ralph und ich mußten also insgesamt zweiundzwanzigmal eine Auflage von über 800 treten. Die erste Auflage war in weniger als einem Jahr verkauft; die Einnahmen, bei einem Verkaufspreis von 5 s, lagen bei 135 £. 10 s. 11 d und unsere Auslagen bei 90 £. 19 s, so daß das Buch einen Gewinn von 44 £. 11 s. 11 d für die Hogarth Press einbrachte. Wir ließen sofort eine zweite Auflage im Crown-Oktav nachdrucken, die mit Papierumschlag für 3 s verkauft wurde.

Wir drei müssen 1921 und 1922 ungeheuer viel gedruckt haben, um diese Ausbeute von Hand produzierter Bücher, wie sie 1923 erschien, herzustellen. Dazu gehörten *Das wüste Land*, 37 Seiten, und Robert Graves' *The Feather Bed*, 28 Seiten Crown-Quarto; ein großes Buch mit Roger Frys Holzschnitten, das für Amateure und Neulinge nicht leicht zu drucken war; zwei Crown-Quarto-Bücher mit Gedichten von Herbert Read und Clive Bell, letzteres von Duncan Grant illustriert und verziert, und ein kleines Buch mit Gedichten von Ena Limebeer. Die Holzschnitte und Ena Limebeers Gedichte banden wir selbst, aber die anderen waren zu groß, als daß wir uns selbst damit hätten befassen können, und wir gaben sie zum Buchbinder.

Die Hogarth Press wurde in diesen frühen Jahren von den Buchhändlern ziemlich frostig aufgenommen oder bekam vielmehr die kalte Schulter gezeigt. Wenn man die dreizehn Bücher, die wir in jenem Jahr herausbrachten, mit irgendwelchen dreizehn Büchern aus anderen Verlagen vergleicht, stellt man fest, daß unsere alle mehr oder weniger unorthodox aussehen. Sie haben entweder nicht das herkömmliche Format oder nicht die herkömmliche Form, oder die Bindung ist nicht herkömmlich. Noch schlimmer war, was man innen fand. Denn auch das was der Autor sagte, war in vielen Fällen ungewohnt und damit lächerlich und verwerflich. Die Veröffentlichung von Gedichten von T. S. Eliot, Robert Graves und Herbert Read und einem Roman von Virginia Woolf bedeutete vor zweiundvierzig Jahren, vier Bücher herauszubringen, die die große Mehrheit einschließlich der Buchhändler und des literarischen »Establishments« als unverständlich und absurd verurteilte. Konservativismus ist in allen Gewerben und Berufen eine Berufskrankheit, und Buchhändler leiden ebenso daran wie alle anderen. 1923 hatten wir noch keine Vertreter, weshalb wir unsere Bücher auf ziemlich ungewöhnliche Weise selbst bei den wichtigeren Buchhändlern vorstellten, um vor der Veröffentlichung Bestellungen zu bekommen. Das war ein deprimierendes Geschäft, obwohl sicher heilsam und lehrreich für einen werdenden Verleger. Es gab ein paar Buchhändler, wie den großen Mr. Wilson von Bumpus, James Bain in der King-William-Street, Lamley in South Kensington, Goulden und Curry in Tunbridge Wells, die Reigate-Buchhandlung, die sich sofort für unseren Versuch interessierten und alles taten, um uns zu unterstützen und zu ermutigen. Aber sie waren Ausnahmen. Die Aufnahme von *Jakobs Raum* war bezeichnend. Es war unser erstes Buch mit einem von Vanessa gestalteten Umschlag. Ich finde, es war ein sehr guter Umschlag, und heute würde sein Anblick keinen Buchhändler mehr in Rage bringen oder ihm die Haare zu Berge stehen lassen. Doch war keine begehrenswerte Frau und weder Jakob noch sein Raum darauf zu sehen, und er war das, was 1923 viele Leute vorwurfsvoll als postimpressionistisch bezeichnet hätten. Er wurde von den Buchhändlern fast einhellig verurteilt, und etliche Käufer lachten darüber.

Die meisten Menschen bewegen sich nicht von der Stelle, bevor man ihnen eine Karotte vor die Nase hängt, und wie der Esel müssen sie genau die Karotte haben, die sie und ihre Väter und ihrer Väter Väter bis zurück zum Uresel immer als die einzig wahre, gute und anständige Karotte anerkannt haben. Unsere Bücher vor zweiundvierzig Jahren wurden von der Branche nicht als die richtige Karottensorte anerkannt, weder innerlich noch äußerlich. Aber heute würde jeder Buchhändler, der sie sich ansieht, zugeben, daß es außerordentlich gut hergestellte Bücher mit bewundernswerten Umschlägen sind. Innerhalb von zehn oder zwölf Jahren wurden kartonierte Bucheinbände mit lebhaften, ansprechenden oder schönen Papierüberzügen für alle Arten von Büchern weithin übernommen, vor allem für Lyrik. Die Zeit und die weitere Entwicklung der Autoren haben unsere Beurteilung dieser Bücher gerechtfertigt. Nur drei von den dreizehn, Ena Limebeers Gedichte, Mrs. Lowther und Reynolds' Briefe würde man heute nicht mehr als wichtige Bücher wichtiger Autoren ansehen, und selbst zu diesen läßt sich noch einiges sagen. Was die anderen zehn angeht, gibt es wenige Verleger, die sie 1965 nicht gern in ihrem Programm hätten.

1922 tobte ein Sturm in der Hogarth Press, eine Krise, die sich während der folgenden zwanzig Jahre mit deprimierender Regelmäßigkeit wiederholen sollte. Nach zweijähriger Erfahrung war uns klar, daß sich unsere Vereinbarung mit Ralph nicht bewährt hatte. Er arbeitete nur zwei oder drei Tage in der Woche, und zwar eher unregelmäßig. Das war ein unmöglicher Zustand, wenn wir wie 1923 ein Dutzend Bücher herausbringen und die Hälfte davon selbst herstellen wollten. Wir wollten Ralph ganztägig einstellen, als professionellen Verleger. Das wollte er nicht, obwohl er von der Hogarth Press immer noch begeistert war und mit Tränen in Augen und Stimme behauptete, daß ihn nichts veranlassen könne, sie aufzugeben.

Die Wahrheit war – wie ich schon damals vermutete und heute im Rückblick auf 1923 deutlich erkenne –, daß wir das praktisch Unmögliche zu tun versuchten, nämlich die Vorteile von zwei einander entgegengesetzten Welten zu genießen. Der Erfolg zwang die Hogarth Press, ein kommerzieller Verlag zu werden. Meine Erfahrungen in Ceylon hatten mich (wie ich unbescheidenerweise glaube) zu einem erstklassigen Geschäftsmann gemacht, aber ich hatte nicht vor, ein professioneller Verleger zu werden. Die Hogarth Press war deshalb innerhalb der Geschäftswelt ein Bastard. Wir betrieben sie in unserer Freizeit nach von mir erfundenen Richtlinien ohne Mitarbeiter und ohne Geschäftsräume; wir druckten in der Speisekammer, banden die Bücher im Eßzimmer und sprachen mit Druckern, Buchbindern und Autoren im Wohnzimmer. Ich führte die Geschäftsbücher, Absatzlisten usw. nach meinen eigenen Vorstellungen, die in den Augen eines konzessionierten Rechnungsprüfers unorthodox waren, aber als ich nach Aufforderung vom Finanzamt meine Bücher dem Steuerinspektor vorlegte, gab er zu, daß sie Gewinn und Verlust für jedes veröffentlichte Buch genau auswiesen, die Einnahmen und Ausgaben des Unternehmens sowie den Jahresgewinn und -verlust, und die Finanzbehörde akzeptierte viele Jahre lang meine Abrechnungen für die Einkommensteuerveranlagung.

Organisation und Ausrüstung waren dilettantisch; die Hogarth Press war, was Virginia und mich anging, ein Hobby, dem wir uns nachmittags widmeten, wenn wir nicht Bücher oder Artikel schrieben oder Texte edierten. Wir erwarteten nicht, damit Geld zu verdienen. Aber gleichzeitig hatten wir uns schon darauf festgelegt, Bücher in voller Länge zu veröffentlichen, nicht nur von Virginia, sondern auch von anderen Autoren, die wir für bedeutend hielten. Wir fühlten diesen Autoren und Büchern gegenüber die Verantwortung des kommerziellen Verlegers gegenüber seinem Autor; wir mußten ihre Bücher professionell und fachgerecht herausbringen. Unser Plan von 1922 war, jemanden wie Ralph ganztägig unter mir im Verlag arbeiten zu lassen, der damit seinen Lebensunterhalt verdiente, während Virginia und ich weiterhin in unserer Freizeit mitarbeiteten, als Nebenprodukt unseres Lebens und unseres Wirkens.

Dieser letzte Satz zeigt, was für eine merkwürdige Art von Betrieb wir da versuchten aufzuziehen, und daß die Position des jungen Mannes, der unter mir arbeiten sollte, nicht leicht sein würde – noch wäre es leicht für uns, den richtigen jungen Mann zu finden. Ich bin nie ein Mensch gewesen, mit dem man leicht zusammenarbeiten konnte. Die Betonung liegt auf dem Wort »zusammenarbeiten«. Meine Erfahrungen im Verwaltungsdienst in Ceylon hatten erwiesen, daß ich weit besser mit

Untergebenen als mit Gleichgestellten oder Vorgesetzten bei der Arbeit zurechtkomme. In praktischen Dingen bin ich in mancher Hinsicht ein Perfektionist – ein Typ, für den ich theoretisch oder auf andere Menschen bezogen keine große Bewunderung hege. Ich habe eine Art Sucht oder Leidenschaft dafür, den »besten« Weg für etwas zu suchen; mit dem »besten Weg« meine ich die schnellste, präziseste und einfachste Art, etwas zu tun. 1923 war ich noch jung genug, um jähzornig und allergisch auf Dummköpfe zu reagieren.

Mitte 1922 war uns klar, daß Ralph, von unserem Standpunkt aus, nicht der richtige war. So wie die Dinge lagen, wurde ich zum Ganztags- und er zum Teilzeitarbeiter, während wir genau das Gegenteil wollten. Wir saßen sehr unbequem auf den Hörnern eines Dilemmas – und diese Situation wiederholte sich in den folgenden Jahren regelmäßig: Sollen wir die Hogarth Press ganz und gar aufgeben oder noch einen Versuch machen, einen Manager oder Partner zu suchen, der uns hilft, diesen kaufmännischen Hippogryph nach unseren Maßstäben weiterzuentwickeln? Wir waren damals (und auch später noch mehr als einmal) sehr geneigt, alles aufzugeben und uns von der Verantwortung zu befreien, um unseren anderen Tätigkeiten nachgehen zu können. Andererseits wurden wir von außen gedrängt, die Hogarth Press weiterzuentwickeln, und das schmeichelte uns natürlich. James Whittall, ein gebildeter Amerikaner, streckte seine Fühler aus, und wir zogen ihn als möglichen Partner in Betracht. Aber noch überraschender war ein direktes Angebot des großen Heinemann Verlags, uns in einer Art Partnerschaft oder »Gesellschaft« aufzunehmen. Wir sprachen mehrmals mit Whittall, und am 27. November 1922 nahm ich die Einladung des Geschäftsführers von Heinemann

zu einem Gespräch mit ihm an. Er wollte die gesamte kaufmän-
nische Verwaltung der Hogarth Press übernehmen, Vertrieb,
Buchhaltung, Werbung und, wenn wir einverstanden wären,
auch die Druck- und Bindearbeiten. Wir sollten weiterhin
absolut autonom entscheiden, welches Buch wir herausbringen oder nicht herausbringen wollten.

Wir sagten Whittall ab, und wir sagten Heinemann ab.
Whittall mochten wir persönlich sehr, aber wir kamen zu dem
Schluß, daß er für uns und die Hogarth Press zu kultiviert war.
Wir wollten vermeiden, daß sie eine von diesen (auf ihre Art
bewunderswerten) »privaten« oder halbprivaten Verlagen
wurde, deren Ziel hervorragend hergestellte Bücher sind,
Bücher, die man nicht zu lesen, sondern nur anzusehen
braucht. Wir waren primär an dem immateriellen Inneren
eines Buches interessiert, an dem, was der Autor zu sagen hatte
und wie er das sagte. Natürlich wollten wir, daß unsere Bücher
»hübsch aussahen«, und wir hatten unsere eigenen Vorstellungen davon, was bei einem Buch »hübsch aussehen« bedeutete,
aber wir waren beide nicht an edlem Druck und edlem Einband
interessiert. Wir konnten auch das Raffinement und die Prezio-
sität nicht leiden, mit der sich diese Kultur wie ein wuchernder
Pilz auf Kunst und Literatur breitmachte; in England ist das
nicht unbekannt, und man findet es oft bei kultivierten Ameri-
kanern. Da Whittall uns zu kultiviert war und er wahrscheinlich vorhatte, die Hogarth Press zu einer Art Kelmscott Press
oder Nonesuch Press zu machen, sagten wir ihm ab. Ich weiß
natürlich, daß viele Leute es grotesk fanden – und manche finden das sicher heute noch –, daß wir und besonders Virginia
jemanden als zu kultiviert ablehnten. Virginias Mythos als
Königin von Bloomsbury und Königin der Kultur, die in einem

elfenbeinernen Zimmer oder einem literarisch-ästhetischen Gewächshaus lebt, besteht bis zu einem gewissen Grade immer noch. Meiner Meinung nach stimmt nichts an diesem Mythos.

Ihr offensichtlichster Fehler als Mensch und als Autorin war eine Art intellektueller und gesellschaftlicher Snobismus – das gab sie selbst zu. Auch ist in ihrem Humor manchmal ein Hauch von widersinniger Koketterie, die geradezu ladylike und höchst verwirrend wirkt. Aber ihre Romane und noch mehr ihre Literaturkritiken zeigen keine Spur von Ästhetentum oder Hyperkultiviertheit. Man muß nur ihre Haltung gegenüber Leben und Literatur, gegenüber Kunst und Mensch mit der von Schriftstellern wie George Meredith oder Henry James oder Max Beerbohm vergleichen, dann sieht man, daß die Wurzeln ihrer Persönlichkeit und ihrer Kunst, obwohl sie eine gebildete Frau war, nicht in der Bildung steckten, denn sie besaß den gesunden Menschenverstand, die Nüchternheit und Unbeugsamkeit in Geist und Seele, die für viele Generationen der Familie ihres Vaters bezeichnend war.

Heinemann sagten wir aus einem ganz einfachen Grund ab: *Timeo Danaos et dona ferentes* – ich fürchte die Danaer, auch wenn sie Geschenke bringen. Wir fanden, wir wären eine viel zu kleine Fliege, um sicher in so einem großen Spinnennetz zu landen. Da standen wir nun – mit zwei ziemlich schweren Albatrossen an unseren Hälsen: Der Hogarth Press und Ralph Partridge. Lytton und Ralph machten verschiedene Vorschläge, auf die wir nicht eingehen konnten, und irgendwann im Jahr 1922 kamen wir überein, uns zu trennen. Dann geschah etwas Merkwürdiges. Im November 1922 steckten wir mitten in Verhandlungen und Gesprächen und Unschlüssigkeit, und am 17. waren wir im *1917 Club* mit Whittall verabredet, um mit ihm

das Angebot von Heinemann zu diskutieren. Während wir auf
ihn warteten, kam eine junge Frau herein und fing an mit einem
Mann zu reden, der in unserer Nähe saß. In Virginias Tagebuch ist sie als »eine von diesen schäbig und nachlässig ausse-
henden jungen Frauen mit kurzgeschnittenen Haaren, kleinem Gesicht und strahlenden Augen« beschrieben. Wir konnten ihre Unterhaltung gar nicht überhören. Sie erzählte dem
Mann (ich glaube, es war der Komponist Cyril Scott), daß sie
das Unterrichten leid sei und beschlossen hätte, Druckerin zu
werden. »Sie erzählen mir«, sagte sie, »es hätte noch nie einen
weiblichen Drucker gegeben, aber ich habe vor, einer zu werden. Nein, ich habe bisher keine Ahnung davon, aber ich will es
werden.« Virginia und ich »sahen uns an, mit der gleichen wilden Vermutung«, und als die junge Frau hinausging, folgte
Virginia ihr und holte sie an unseren Tisch. Wir erzählten ihr,
was wir in der Hogarth Press machten, und verabredeten, daß
sie sich das selbst ansehen und Möglichkeiten mit uns besprechen sollte.

Ein paar Tage später, am Sonntagnachmittag, kam die
junge Frau, Marjorie Thomson, in Begleitung eines Freundes
nach Richmond zum Tee, um sich unsere Arbeit anzusehen
und über ihre mögliche Anstellung zu reden. So begegnete ich
Cyril Joad zum erstenmal, denn ihr Freund war Joad, der später als Professor C. E. M. Joad, der intellektuelle Rundfunk-
star, berühmt wurde. Cyril war ein sonderbarer Mensch, den
hohe Gesinnung, lockeres Leben und lockeres Denken aus-
zeichneten; er lebte in einer Art platonischer oder aristoteli-
scher Unterwelt. Er gehörte zu den Menschen, die ich beinahe
mag, wenn sie da sind, und nicht leiden kann, wenn sie gegangen sind. Eigentlich war es ein selbstsüchtiger, schlagfertiger,

amüsanter, intellektueller Taugenichts. Er erzählte, er würde Marjorie in ein paar Monaten heiraten, und nach ein paar Monaten erzählte uns Marjorie, sie hätte ihn geheiratet. Sie lebten eine Weile, ich glaube nicht sehr glücklich, im Tal des Glücks zusammen, aber die Ehe war eines der vielen Produkte der fruchtbaren Einbildungskraft Professor Joads.

Marjorie hatte ein nettes Gesicht und einen netten Charakter. Sie gehörte dem an, was Virginia die Unterwelt nannte, und ich vermute, aus gewissen Höhen betrachtet war es sowohl gesellschaftlich wie intellektuell eine Unterwelt, eine Mischung zwischen Bohème und Grub Street im Zwanzigsten Jahrhundert, und eine bestimmte Anzahl ihrer Bewohner konnte man immer im *1917 Club* in der Garrard Street antreffen. Marjorie war gescheit, wenn auch ein bißchen oberflächlich, und als sie sah, wie wir die Hogarth Press betrieben, war sie begierig, sich uns anzuschließen. Mit Professor Joads Segen verabredeten wir, daß sie am 1. Januar 1923 bei uns anfangen sollte, mit einem Gehalt von 100 £ und der Hälfte des Gewinns; Ralph verließ die Hogarth Press schließlich im März. Das war der Stand, als wir im März 1924 vom Hogarth House in Richmond an den Tavistock Square in Bloomsbury zogen, und für unseren Verlag begann eine neue Phase schnellen Wachstums.

Unsere Energie in den letzten vier Jahren in Richmond war beträchtlich gewesen. Ohne Angestellte dreizehn Bücher in einem Jahr herauszubringen (sieben davon selbst gedruckt), das würden manche Leute wohl als Ganztagsbeschäftigung bezeichnen. Ich machte die Buchhaltung selbst und schrieb auch einen großen Teil der Rechnungen. Das allein ist schon keine leichte Arbeit. Zum Beispiel erschien *Jakobs Raum* am 27. Oktober 1922, und bis Ende 1923 waren 1182 Exemplare auf über 200 Bestellungen hin verkauft. Jede Bestellung trug ich mit laufender Nummer in ein Buch ein und außerdem ins Hauptbuch, die Fakturen stellten entweder ich oder Ralph aus, und das Verpacken und Abschicken besorgten Virginia, Ralph und ich. Dies war unsere Freizeitbeschäftigung, fast immer auf die Nachmittage beschränkt. Während der gleichen zwölf Monate des Jahres 1923 schrieb Virginia *Mrs. Dalloway*, bereitete *Der gewöhnliche Leser* vor und verdiente 158 £ mit Rezensionen. Auch meine Hauptbeschäftigung oder -beschäftigungen waren komplizierter und vielfältiger geworden.

In den vier Jahren von 1920 bis 1923, als sich Virginias Gesundheit stabilisierte, nahm unser gesellschaftliches Leben zu und wurde mehr und mehr zum Problem. Wir hatten in bezug auf Menschen so ziemlich den gleichen Geschmack, aber wir waren uns nicht immer darüber einig, wo wir ihnen begegnen sollten. Virginia liebte »die Gesellschaft«, ihre Festlichkeiten und Partys, je größer, desto besser; aber sie mochte eben – jedenfalls in der Vorfreude – überhaupt jede Party. Ihre Einstellung diesen wie den meisten Dingen gegenüber war durchaus nicht unkompliziert. Die Aussicht auf eine Party erregte sie immer, die geistigen und sinnlichen Anregungen, die Seele und Körper erhitzten, das Gären und Sprudeln von Geräuschen reizte sie außerordentlich. Manchmal genoß sie das Ereignis ebenso wie die Vorfreude. Aber manchmal, dank ihrer besonderen Verwundbarkeit, reichten natürlich die kleinen Schlingen und Pfeile eines (gar nicht übermäßig) empörenden Schicksals aus, daß sie eine langweilige Party in einer Verzweiflung verließ, als handelte es sich um die letzte Szene in Wagners *Götterdämmerung*, und Hogarth House und das Universum stünden in Flammen und stürzten über ihrem Kopf zusammen.

Über eine dieser katastrophalen Depressionen im August 1922 schrieb sie in ihr Tagebuch:

»Niemand hat je heftiger unter der Atmosphäre gelitten als ich, und meine Blätter erschlafften eins nach dem anderen, obwohl meine Wurzeln, weiß der Himmel, stark genug sind. Wie L. ganz richtig sagt, gibt es zuviel Ego in meinem Kosmos.«

Sie hatte nicht nur Freude an der Gesellschaft, dem Kaleidoskop von Menschen, den Gesprächen, der Erregung von Partys, sie war ebenso durch und durch Schriftstellerin, daß sie alles als Rohmaterial ihres Handwerks ansah. Diese zweifache Sensibilität gegenüber auch den trivialsten Begegnungen mit ihren Mitmenschen bedeutete, daß Gesellschaft und Partys eine große Belastung für ihre geistige Gesundheit waren, und sie selbst war sich dessen durchaus bewußt. Im folgenden noch ein Auszug aus ihrem Tagebuch vom Sommer 1922:

»Clive kam gestern zum Tee und bot mir nur die verblaßten und verblasenen Reste seines Verstands. Er war spät ins Bett gekommen. Ich auch – nach dem Kino. Was mich angeht, so kreischen alle meine Saiten nach dem durchfeierten Abend. Ausschweifung würde mein Schreiben verderben (wie es nun einmal ist, setze ich schamhaft hinzu). Am nächsten Tag tanzen die Wörter Figuren in meinem Kopf. Ich brauche eine Woche, um mich von Lady Colefax zu erholen – die mich übrigens für Freitag einlädt.«

Virginia glaubte vor einer Party immer, sie würde sich dort ungeheuer amüsieren, und oft stimmte das auch. Ich teilte ihren Optimismus nicht und war deshalb auch nie so enttäuscht wie sie. Obwohl ich Partys gelegentlich auch genoß, konnte ich ihre Begeisterung nie nachempfinden. Als wir noch in Richmond wohnten, schrieb sie in ihr Tagebuch, daß sie und ich zu Berühmtheiten würden und daß ich das leugnete. Aber im Gegensatz zu ihr kam ich nicht gerade von einer Teegesellschaft bei Logan Pearsall Smith in Chelsea oder einem Wochenende bei Ottoline Morrell in Garsington. Gelegentlich ging ich mit zu Logans Teegesellschaften, wo man Earl Grey inmitten von Porzellan, Möbeln, Bildern, Büchern und Menschen trank, die kaum voneinander oder von dem Tee mit seinem delikaten Geschmack und Aroma zu unterscheiden waren, denn sie waren alle gemäß den gesellschaftlichen Normen der höheren Bildung und des guten Geschmacks zubereitet, hergestellt und gesammelt. Earl Grey war nie nach meinem Geschmack und Logan auch nicht.

Ich fuhr manchmal nach Garsington, aber nicht so oft wie Virginia. Wochenenden in Garsington und Ottoline und Philip sind, mit oder ohne Gehässigkeit, in vielen Memoiren und Romanen beschrieben worden, ich habe mich ja auch selbst schon darüber ausgelassen und beabsichtige nicht, noch viel über dieses interessante Phänomen zu sagen.

Als sich Virginias Gesundheit stabilisierte und die Zivilisation in Form einer Buslinie und anderer Annehmlichkeiten nach Rodmell vorzudringen begann, wurden wir immer geselliger, und die Zahl unserer Freunde und Bekannten wuchs schnell. Sie besuchten uns in Richmond, oder wir luden sie zu Wochenenden nach Monks House ein. Unsere Wochenenden in Monks House waren das Gegenteil der Wochenenden in Garsington. Wir hatten nur Platz für einen Gast, und es war noch immer ziemlich primitiv und unbequem, so daß wir nur die einladen konnten, mit denen wir sehr gut bekannt waren, oder diejenigen, denen man sehr bald näherkommen könnte. Unter den ersteren waren Lytton Strachey und Morgan Forster, zu den letzteren gehörte T. S. Eliot.

Vita Sackville-West (Mrs. Harold Nicolson) lernte Virginia im Dezember 1922 kennen, und die erste Beschreibung Vitas in ihrem Tagebuch ist reichlich kritisch. Im folgenden Jahr trafen wir Harold und sie manchmal, aber wir lernten sie erst 1924 näher kennen. Sie lebten zu der Zeit teils in London, teils in einem sehr angenehmen Haus bei Sevenoaks, Long Barn, nicht weit von Knole, dem Sitz ihrer Vorfahren. Wir besuchten sie dort, und Virginia begann sich häufig mit Vita zu treffen. Es gab einen seltsamen und sehr anziehenden Widerspruch in Vitas Charakter. Sie stand damals buchstäblich – und wie wenige Menschen sind je etwas buchstäblich – in der Blüte des Lebens, ein Tier auf dem Gipfel seiner Kraft, eine wunderschöne Blume in voller Blüte. Sie war sehr gutaussehend, elegant, aristokratisch, gebieterisch, beinahe arrogant. In Romanen »durchschreiten« die Leute oft Räume; bis ich Vita sah, neigte ich zu der Auffassung, daß sie das nur in den unwirklichen romantischen Wohnzimmern des Romanciers täten – aber Vita schritt wirklich oder schien zu schreiten.

Wenn man an einem Hochsommernachmittag mit Vita durch London fuhr – sie war eine sehr gute, aber ziemlich unorthodoxe Fahrerin – und hörte, wie sie einen aggressiven Taxifahrer zurechtwies, auch wenn sie im Unrecht war, konnte man einen Ton in ihrer Stimme klingen hören, den die Sackvilles und Buckhursts vor sechshundert Jahren in Kent oder sogar in der Normandie noch dreihundert Jahre früher ihren Leib-

eigenen gegenüber angeschlagen hatten. Sie gehörte tatsächlich zu einer Welt, die völlig anders war als die unsere, und die
lange Linie der Sackvilles, Dorsets, De La Warrs und Knole
mit seinen 365 Zimmern hatten in Vitas Herz und Seele einen
Wesenszug gefestigt, der uns fremd war und Vertrautheit
zunächst schwierig machte.

Vita fühlte sich, wie wir ihr zu sagen pflegten, nur in einem
Schloß wirklich wohl, wobei ein Schloß so ziemlich der einzige
Ort ist, an dem ich mich unter keinen Umständen wohl fühlen
könnte. Verglichen mit dem Laissez-faire unseres Lebens in
Hogarth House und Monks House, schien uns Vitas Long Barn
mit Butler, Silber, Perserteppichen, italienischen Kabinetten
und all den anderen modernen Annehmlichkeiten als ein Haus
und ein Leben voller Überfluß und Grandezza. Auf ihre Weise
– die leider nicht die meine ist* – hatten sowohl das Haus wie
auch ihre Lebensweise beträchtlichen Charme und Schönheit.
Später verführte Vitas Begeisterung für Schlösser sie zum Kauf
des großen Turms und der verfallenen Gebäude von Sissinghurst. Tausende von Menschen, die heute alljährlich Sissinghurst besuchen, wissen, daß sie einen großen Teil des Schlosses
restaurierte und einen Garten von besonderer Schönheit schuf.

Bei der Gestaltung von Sissinghurst und seinem Garten war
sie, glaube ich, einer der glücklichsten Menschen, die ich

---

* Virginia mochte alles in allem den traditionellen Überfluß in dem Leben
und den Häusern der wohlhabenden englischen Oberklasse mehr als ich.
Trotzdem fügte sie zu der Beschreibung des »Überflusses« nach einem
Wochenende in Long Barn hinzu: »Dennoch ist mir dieses Zimmer eigentlich
lieber: Es strahlt mehr Mühsal und Leben aus, für mich jedenfalls, wenn das
nicht ein Vorurteil ist, weil man gewöhnlich das bevorzugt, was den eigenen
Charakter widerspiegelt.«

jemals gekannt habe. Sie liebte es, sich derartig zu betätigen, und es schenkte ihr vollkommene Befriedigung in den langen Jahren zwischen der Lebensmitte und dem Tod, wo so viele Menschen beim Blick aus dem Fenster nur Dunkelheit und schwindende Sehnsucht erkennen. Aber es gab noch eine andere Seite ihrer Persönlichkeit: Sie war in gewisser Weise ein schlichter Mensch, und diese Schlichtheit findet man sowohl in ihrem Gedicht *The Land* als auch in ihrer Begeisterung für Gärtnerei, obwohl diese, in Kombination mit der opulenten Pracht der Sackvilles und Knole, in Sissinghurst etwas hervorbrachte, was man genaugenommen nicht als schlicht bezeichnen konnte. Aber es war ihre Schlichtheit, die in Verbindung mit anderen Eigenschaften, der liebevollen Persönlichkeit, Aufrichtigkeit und Großzügigkeit, jeden für sie einnahmen. Die Ausmaße der Sackvilleschen Großzügigkeit waren damals wohl zum großen Teil durch die verrückte Freigebigkeit von Vitas Mutter beeinflußt (Vita beschrieb ihr Leben in dem Buch *Pepita*), die im Laufe ihres Lebens mehrere Millionen Pfund ausgegeben hat, ohne daß ihr irgend etwas blieb, was sie vorzeigen konnte. Lady Sackville lebte sehr exzentrisch in Rottingdean, wo Vita sie manchmal besuchte. Auf dem Rückweg schaute sie dann gewöhnlich bei uns in Monks House herein, und immer gingen wir dann mit hinaus zum Wagen, um uns die Geschenke anzusehen, mit denen Lady Sackville sie überschüttet hatte. Die Tatsache, daß einmal auf dem Rücksitz ein riesiger Spülstein aus Porzellan mit etwa 150 grünen Feigen stand, zeigt das Ausmaß ihrer Freigebigkeit. Ich weiß nicht, weshalb Lady Sackville Vita einen Spülstein geschenkt hatte, aber zu den Feigen war sie folgendermaßen gekommen. Lady Sackville war mit Vita zu dem berühmten Feigengarten in

Worthing gefahren und hatte sie gefragt, ob sie nicht ein paar mitnehmen wollte; als sie ja sagte, hatte ihre Mutter darauf bestanden, die ganze Ernte von reifen Feigen für sie zu kaufen.

Ich habe einige Schwierigkeiten, genau zu bestimmen, wann das, was dann Bloomsbury genannt wurde, entstand. Ich bin zuvor davon ausgegangen, daß es in den drei Jahren zwischen 1912 und 1914 entstanden ist. Jetzt möchte ich eigentlich eher sagen, daß in diesen drei Jahren eine Art Ur-Bloomsbury entstand. Von den dreizehn Mitgliedern von Old Bloomsbury wohnten zu der Zeit nur acht wirklich in Bloomsbury: Clive und Vanessa am Gordon Square, Virginia, Adrian, Duncan Grant, Maynard Keynes und ich am Brunswick Square und Saxon Sydney Turner in der Great Ormond Street. Erst als Lytton Strachey, Roger Fry und Morgan Forster in die Gegend zogen und wir uns alle ständig trafen, wurde unsere Gesellschaft komplett, das geschah aber erst ein paar Jahre nach dem Krieg. Zunächst hatte der Krieg uns völlig zerstreut, dann Virginias Krankheit, die uns in den fernen Vorort Richmond verbannte und eine Rückkehr zu unserer alltäglichen Vertrautheit unmöglich machte. Aber als es mit Virginias Gesundheit aufwärtsging und es uns möglich war, öfter nach London zu Partys und anderen Treffen zu fahren, begann das, was Archäologen vielleicht als zweite Periode des Ur-Bloomsbury bezeichnen würden. Zum Beispiel gründeten wir im März 1920 den Memoir Club; wir trafen uns am 6. März am Gordon Square, aßen zusammen und hörten oder lasen unsere Erinnerungen.

Die dreizehn Gründungsmitglieder des Memoir Clubs waren identisch mit den dreizehn Mitgliedern des alten Bloomsbury, alle waren enge Freunde, und es war vereinbart worden, daß wir mit dem, was wir schrieben und vorlasen, absolut aufrichtig sein würden. Absolute Aufrichtigkeit läuft selbst unter engen Freunden auf eine relative Aufrichtigkeit hinaus; ich glaube, daß das, was wir aus unserer Erinnerung sagten, absolut wahr war, daß aber die absolute Wahrheit manchmal durch eine gewisse Diskretion und Zurückhaltung gefiltert war. Anfangs waren die Kapitel ziemlich kurz; beim ersten Treffen lasen sieben Leute. Aber im Laufe der Zeit wurde das, was die einzelnen vorlasen, länger und in gewissem Sinne ernsthafter, so daß nach ein paar Jahren an einem Abend nur noch zwei Kapitel gelesen wurden. Sie waren im allgemeinen sehr amüsant, aber manchmal auch mehr als das. Zwei von Maynard Keynes waren so glänzend und ausgezeichnet wie eigentlich alles, was er geschrieben hat; das eine beschrieb seine Verhandlungen mit den deutschen Delegierten, insbesondere Dr. Melchior, im Eisenbahnwaggon bei Trèves nach dem Ersten Weltkrieg, das andere Moores Einfluß auf uns und unsere frühen Überzeugungen in Cambridge. Sie wurden nach seinem Tode unter dem Titel *Two Memoirs* genauso veröffentlicht, wie er sie uns vorgelesen hatte. Einige Kapitel von Virginia waren ebenfalls brillant, und Vanessa entwickelte ein bemerkenswertes Talent in der phantastischen Erzählung einer verworrenen häuslichen Krise. Die Jahre vergingen, und der Club veränderte sich, die älteren Mitglieder starben, und die jüngere Generation nahm ihre Plätze ein. Das letzte Treffen fand, glaube ich, 1956 statt, sechsunddreißig Jahre nach dem ersten. Nur vier der ursprünglichen dreizehn Mitglieder waren übrig, obwohl insgesamt zehn Mitglieder erschienen.

Diese Treffen bedeuteten für uns, daß wir von Richmond nach Bloomsbury fuhren, nach langen Abenden in London blieben oder um Mitternacht Bahnreisen nach Richmond

unternahmen. Und wir wurden auch in andere Partys hinein-
gezogen, in Bloomsbury und anderswo. Um eine genauere
Vorstellung von einer dieser Partys in Ur-Bloomsbury und der
bereits erwähnten Intensität zu vermitteln, mit der Virginia sie
erlebte, möchte ich aus Virginias Tagebuch die Beschreibung
eines Kostümfestes am Gordon Square aus der ersten Januarwoche 1923 zitieren:

»Die Szene beginnt auf den Stufen des Hauses Gordon
Square 50. Wir erstiegen sie gestern abend, beladen mit
Taschen und einem Singhalesen-Schwert. Mary war da; in
zitronengelben Hosen mit grünen Bändern. Wir setzten uns
zum Essen, kaltes Hühnchen. Auftritt Roger und Adrian und
Karin. In aller Ruhe bemalten wir unsere Gesichter und machten uns fertig für Nr. 46. Es war für Clive der stolzeste Moment
seines Lebens, als er Mary an dem einen und Virginia am anderen Arm in den Salon führte, der in verschiedenartigster, aber
meist orientalischer Pracht prunkte. Angenommen, der normale Puls liegt bei 70: Innerhalb von fünf Minuten stieg er auf
120, das Blut brilliert und prickelt wie Champagner, weit entfernt von der weißlich-klebrigen Flüssigkeit des Tages. In dieser Verfassung war ich, und die meisten anderen Leute auch.
Wir rempelten uns an, sprudelten über, duzten jeden, schmei-
chelten, priesen und dachten (ich jedenfalls) an Shakespeare.
Zumindest als gesungen wurde dachte ich an ihn. Shakespeare,
dachte ich, hätte heute Abend an uns allen seine Freude
gehabt...

Ich hatte Glück und fand einen Platz bei Frankie [Francis
Birrell] und Sheppard und Bunny [David Garnett] und Lydia
[Lopokova] – kurz bei all meinen Freunden. Aber worüber wir
redeten, weiß ich kaum. Bunny bat mich, bei seinem Kind

Patin zu werden. Und ein Belgier will mich übersetzen. Arnold Bennett findet mich wundervoll und ... und ... (das waren zweifellos Elemente meiner Glückseligkeit). Jumbo [Marjorie Strachey] verdrehte Kinderreime; Lydia tanzte; es gab Charaden: Sickert spielte Hamlet. Wir waren alle unbekümmert und begabt und freundlich und wurden wie brave Kinder mit der Fähigkeit, uns selbst so zu amüsieren, belohnt. Konnten das unsere Väter? Ich, in den Spitzen meiner Mutter, sah in dem alten Spiegel das Mausgesicht von X – und mußte feststellen, daß niemand etwas wirklich Brillantes sagte. Ich saß neben Sickert und genoß es, ihn fachmännisch und ohne den gesellschaftlichen Plauderton übers Drucken und über Whistler und über eine Operation, die er in Dieppe gesehen hatte, reden zu hören. Er fragte, ob das Leben solche Schmerzen wert sei. ›Tief durchatmen‹, sagte der Arzt. ›Das ist alles.‹ ›Aber über zwei Jahre nach dem Tod meiner Frau wollte ich nicht mehr leben‹, sagte Sickert. Seine Art, als Künstler zu reden, ist der meinen unbeschreiblich nahe; seine Werte sind auch die meinen und also richtig; keine Hindernisse: Das Leben ist bezaubernd, gut und interessant. Keine Mühe: Kunst brütet ruhig über allem, und nichts von dieser Bindung ans Weltliche, die ich in Chelsea sehe. Denn, Sickert sagte, warum sollte man so an seinem Körper und am Frühstück hängen? Sollte man nicht damit zufrieden sein, daß die anderen Nutzen vom eigenen Leben haben und es nachleben, und selbst tot sein? Kein Mystizismus, also großes Gefallen an eigentlichen Dingen – was immer das ist –, alte Spiele, Mädchen, Jungs, Proust, Händel gesungen von Oliver [Strachey], eine Drehung des Kopfes und so weiter. Wie jede Party begann auch diese dahinzuschwinden, bis nur noch ein paar hartnäckig Redselige in ganz verrückten Stellungen sitzend übrig waren... Und gegen drei, glaube ich, dann zurück nach Nr. 50, wohin Clive schon vorausgegangen war.«

Partys wie diese und unsere vermehrte Teilnahme an Geselligkeiten in London ließen die Frage, ob wir in Richmond bleiben oder nach Bloomsbury einwandern sollten, immer häufiger auftreten. Schon 1922 wollte Virginia unbedingt umziehen. Sie fühlte sich in Richmond eingesperrt, abgeschlossen und ausgeschlossen. Wenn sie in London wohnte, meinte sie, »könnte ich ausgehen und Musik hören oder mir ein Bild ansehen oder das British Museum erforschen oder mich unter Menschen wagen. Manchmal würde ich einfach nur die Cheapside entlangspazieren. Jetzt bin ich angebunden, gefangen, behindert.« Das stimmte natürlich, aber ich war nur deshalb gegen einen Umzug gewesen, weil ich die Konsequenzen für Virginias Gesundheit fürchtete. Sie war viel stabiler geworden, aber einige Regeln durften nie vernachlässigt oder mißachtet werden, und nichts war gefährlicher, als die, durch gesellschaftlichen Umgang und seine Vergnügungen hervorgerufene geistige Erschöpfung. Virginia gehörte zu den Menschen, die sich verzehren, sich geistig verausgaben, sowohl passiv wie aktiv, und nicht nur auf einer Party, sondern in jeder Art von Gespräch oder gesellschaftlichem Verkehr. In Richmond konnten wir unser gesellschaftliches Leben kontrollieren und uns auf ein Warnsignal hin für eine Weile davor verschließen. Ich fürchtete, daß das in London nicht möglich sein würde.

Mitte 1923 wurde ich dann doch bekehrt, denn die Nachteile unseres Verbleibens in Richmond schienen die Gefahren des Umzugs nach Bloomsbury aufzuwiegen. Virginias Gefühl, eingepfercht und beengt zu sein, wuchs, und es wurde immer belastender und erschöpfender, hinter überfüllten Zügen oder

Bussen herzuhetzen, um unseren vermehrten Verpflichtungen in London nachzukommen, beides mußte ich in die Rechnung miteinbeziehen. So gab ich nach, und im November fingen wir an, in Bloomsbury ein Haus zu suchen. Der übliche Wechsel zwischen Freude und Enttäuschung und Verzweiflung bei der Jagd nach einem Haus dauerte zwei Monate, aber am 9. Januar 1924 bekamen wir vom Bedford Estate einen 10-Jahres-Mietvertrag für Tavistock Square 52. Am 13. März zogen wir ein.

Gegen Ende des Ersten Weltkriegs entwickelte ich für unsere Finanzen ein System, das wir ebenso nützlich wie unterhaltend fanden und bis zu Virginias Tod beibehielten. Am Ende jeden Jahres arbeitete ich eine detaillierte Schätzung der Ausgaben für das kommende Jahr aus. Sie betraf ausschließlich die gesamten Ausgaben unseres gemeinsamen täglichen Lebens, also Mieten, Löhne, Haushalt, Heizung und Licht, Lebensmittel, Dienstboten, Garten, Unterhaltskosten für das Auto (nachdem wir eins hatten), Ärzte und Medikamente und einen festgesetzten Betrag für unsere Kleidung. Am Ende des Jahres arbeitete ich aus, wie hoch die Ausgaben und unser gesamtes Einkommen tatsächlich gewesen waren, und schließlich wurde der Überschuß von Einkommen über Ausgaben zwischen uns aufgeteilt und in einem persönlichen »Schatz« angelegt, wie wir es nannten, den jeder ausgeben konnte, wie er wollte. Als wir zum Beispiel beschlossen, einen Wagen anzuschaffen, kaufte ich ihn von meinem Schatz, und wenn Virginia ein neues Kleid haben wollte, das sie nicht von dem Betrag für Kleidung bezahlen konnte, kaufte sie es mit ihrem Schatz. Die Höhe unserer Schätze schwankte enorm im Lauf der Zeit. So bekamen wir Ende 1927 zum Beispiel jeder 60 £ und Ende 1929 jeder 1008 £.

Das umwerfende Wachstum unseres Einkommens beruhte erstens auf dem Erfolg von Virginias Büchern und zweitens auf dem der Hogarth Press. Im Januar 1925 war Virginia zweiundvierzig Jahre alt.* Sie hatte bereits drei Romane veröffentlicht (*Die Fahrt hinaus*, *Nacht und Tag* und *Jakobs Raum*) und ein Buch mit Erzählungen *(Montag oder Dienstag)*. 1924 betrug ihr Einkommen aus ihren Büchern 37 £, davon 21 £ von ihren englischen und 16 £ von ihren amerikanischen Verlegern; sie verdiente 128 £ mit journalistischen Arbeiten, so daß ihre Gesamteinnahmen 1924 bei 165 £ lagen. 1925 veröffentlichte sie *Mrs. Dalloway* und *Der gewöhnliche Leser* bei der Hogarth Press in England und bei Harcourt, Brace in Amerika. Diese zwei Bücher brachten ihr während der Jahre 1925 und 1926 162 £ in England und 358 £ in Amerika ein. In England wurden in den ersten zwölf Monaten von *Mrs. Dalloway* 2236 Exemplare und vom *Gewöhnlichen Leser* 1434 Exemplare verkauft. 1927 erschien *Die Fahrt zum Leuchtturm* und war wesentlich erfolgreicher als alle ihre früheren Bücher, jedenfalls in England, wo die Hogarth Press im ersten Jahr 3873 Stück verkaufte, und sie verdiente in jenem Jahr in England 270 £ und in Amerika 275 £ an ihren Büchern. Das bedeutete, daß Virginia im Alter von siebenundvierzig Jahren*, nachdem sie mindestens siebenundzwanzig Jahre geschrieben und fünf Romane veröffentlicht hatte, erstmalig so viel Erfolg hatte, daß sie 545 £ im Jahr

---

* Virginia Woolf, geb. 1882, war im Januar 1925 dreiundvierzig Jahre geworden; 1927 war sie folglich fünfundvierzig. [Anm. d. Hrsg.]

an ihren Büchern verdiente – der Höchstverdienst vorher war 356 £ im Jahr 1926 gewesen.

Der Wendepunkt in Virginias Karriere als erfolgreiche Schriftstellerin kam 1928 mit der Veröffentlichung von *Orlando*. In den ersten sechs Monaten verkaufte die Hogarth Press 8104 Exemplare, mehr als das Doppelte von dem, was von *Die Fahrt zum Leuchtturm* in den ersten zwölf Monaten verkauft worden war, und Harcourt, Brace verkaufte 13 031 Exemplare innerhalb der ersten sechs Monate. In Amerika hatte Mr. Crosby Gaige etwa eine Woche vor dem Erscheinen der Ausgabe von Harcourt, Brace eine limitierte Auflage von 872 Exemplaren herausgebracht. Das hatte sofort Auswirkungen auf Virginias Einnahmen als Schriftstellerin.

In der Reihenfolge verdiente sie:

	England	Amerika	Gesamt
1928	556 £	878 £	1434 £
1929	761 £	1545 £	2306 £

1929 erschien *Ein Zimmer für sich allein* und 1931 *Die Wellen*. In den ersten sechs Monaten wurden von *Ein Zimmer für sich allein* 12 443 Exemplare in England und 10 926 in Amerika verkauft, von *Die Wellen* 10 117 in England und 10 380 in Amerika.

	England	Amerika	Gesamt
1930	546 £	748 £	1294 £
1931	798 £	468 £	1266 £
1932	554 £	1241 £	1795 £

1932 erschien *Der gewöhnliche Leser Band 2,* und es wurden in den ersten sechs Monaten 3373 Exemplare in England und 3271 in Amerika verkauft. 1933 folgte dann *Flush,* ebenfalls ein großer Erfolg. Die Hogarth Press verkaufte 18 739 Exemplare in den ersten sechs Monaten, und Harcourt, Brace in Amerika 14 081, wo es für den Book of the Month Club vorgeschlagen wurde.

Virginia beendete ihre Arbeit an *Flush* im Januar 1933 und begann sofort, an *Die Jahre* zu arbeiten, das sie zunächst *The Pargiters* nannte. Sie schrieb vier Jahre daran, weshalb zwischen 1933 und 1937 kein größeres Buch von ihr erschien. Ihre Einnahmen aus Büchern während dieser vier Jahre sahen folgendermaßen aus.

	England	Amerika	Gesamt
1933	1193 £	1253 £	2446 £
1934	301 £	778 £	1079 £
1935	214 £	297 £	511 £
1936	158 £	476 £	634 £

Die Jahre erschien im März 1937 und war das bei weitem erfolgreichste Buch Virginias. Es wurde als einziges zum Bestseller in Amerika. Harcourt, Brace verkaufte 30 904 und wir in der Hogarth Press verkauften 13 005 Exemplare in den ersten sechs Monaten. Virginias Einnahmen aus Büchern betrugen in den Jahren 1937, 1938 und 1939:

	England	Amerika	Gesamt
1937	1355 £	2071 £	3426 £
1938	1697 £	1275 £	2972 £
1939	193 £	254 £	477 £

Diese Zahlen werden manchen Leuten vielleicht langweilig und zu ausführlich vorkommen, aber aus autobiographischer und biographischer Sicht sind sie wichtig. Die Tatsachen, die sich dahinter verbergen, hatten in wirtschaftlicher Hinsicht beachtliche Folgen für unser Leben. Nach 1928 ging es uns immer gut. In den folgenden zehn Jahren war unser Einkommen ständig zwei bis sechsmal so hoch wie 1924. Wir waren beide nicht extravagant und hatten auch keine besonders extravaganten Wünsche; wir änderten unser Leben nicht grundlegend, denn wir hatten von 1000 £ im Jahr schon so gelebt, wie wir es uns wünschten, und wir hatten nicht vor, unsere Vorstellungen vom Leben zu ändern, bloß weil wir 6000 statt 1000 £ im Jahr verdienten. Aber es lebt sich leichter mit 3000 £ im Jahr als mit 1000. Innerhalb des materiellen Rahmens, den wir für unser Leben gewählt hatten, erwarben wir mehr Dinge, die wir gern besaßen – Bücher, Bilder, einen Garten, ein Auto –, und wir taten das, was wir mochten, häufiger: Zum Beispiel reisen, und das, was wir nicht mochten, seltener, zum Beispiel journalistisch arbeiten.

Aber die Statistik von Virginias Einnahmen als Schriftstellerin ist unter einem anderen Gesichtspunkt von weit größerem Interesse und Bedeutung. Sie wirft ein seltsames Licht auf die wirtschaftlichen Verhältnisse des literarischen Berufsstandes und auf die wirtschaftlichen Folgen des allgemeinen

Geschmacks für einen ernsthaften Schriftsteller. *Orlando, Flush*
und *Die Jahre* waren unendlich viel erfolgreicher als irgendein
anderer von Virginias Romanen. *Die Jahre,* das bei weitem
erfolgreichste von allen, war nach meiner Ansicht das schlechteste Buch, das sie je geschrieben hat – jedenfalls steht es als
Kunstwerk oder in seiner Genialität in keinem Verhältnis zu
Die Wellen, Die Fahrt zum Leuchtturm oder *Zwischen den Akten.*
Orlando ist ein sehr originelles und amüsantes Buch mit wunderschönen Passagen, aber es ist ein *jeu d'esprit,* und das gleiche
gilt für *Flush,* ein noch leichteres Werk; auch diese beiden
Bücher kann man nicht ernsthaft mit ihren großen Romanen
vergleichen. Das Ergebnis all dessen ist sonderbar. Bis 1928,
als Virginia sechsundvierzig wurde, hatte sie fünf Romane veröffentlicht; in einem kleinen Kreis von Leuten, die große Werke
der Literatur zu würdigen wissen, zählte man sie zu den eigen-
ständigsten zeitgenössischen Schriftstellerinnen. So wurden
ihre Bücher immer mit der größten Ernsthaftigkeit in den Zeitungen besprochen, die sich mit der zeitgenössischen Literatur
auseinandersetzen. Aber niemand hätte sie als populäre oder
gar erfolgreiche Schriftstellerin bezeichnet, und sie hätte von
den Einnahmen aus ihren Büchern schlicht nicht leben können. 1932 schrieb Mrs. Leavis, eine ziemlich feindselige Kriti-
kerin:

»Die Romane sind wirklich intellektuelle Kunst. Der Leser,
der sich der Tatsache nicht bewußt ist, daß *Die Fahrt zum Leuchtturm* ein wunderbar konstruiertes Kunstwerk ist, wird nichts
mit dem Buch anfangen können ... *Die Fahrt zum Leuchtturm* ist
kein populärer Roman (auch wenn er längst zu den bedeuten-
den gehört), und man muß die Frage stellen, wieso die Bedingungen dieses Zeitalters ihn für eine Leserschaft unzugänglich

gemacht haben, deren Vorfahren sachkundige Leser von Sterne und Nashe gewesen sind.«*

Mrs. Leavis übertreibt. Es stimmt nicht, wie die spätere Geschichte von *Die Fahrt zum Leuchtturm* zeigt, daß der »durchschnittliche Leser«, der sich über die »wunderbare Konstruktion« oder wahre Kunstwerke nicht den Kopf zerbricht, mit dem Buch nichts anfangen kann. Es gibt keinen Grund anzunehmen, daß *Tristram Shandy* dem Durchschnittsleser des 18. Jahrhunderts zugänglicher gewesen wäre als *Die Fahrt zum Leuchtturm* dem Durchschnittsleser des 20. Jahrhunderts. Noch sonderbarer ist es, daß Mrs. Leavis in einem anderen Absatz behauptet, *Die Fahrt zum Leuchtturm* sei intellektueller und dem normalen Menschen weniger zugänglich als Henry James' *Das unbeholfene Zeitalter* und *Die Gesandten*. Aber natürlich stimmt es, wie ich im vorherigen an den Statistiken gezeigt habe, daß Virginia bis 1928 nur von einem kleinen Kreis gelesen wurde, obwohl sie schon als bedeutende Autorin anerkannt war. Das Schicksal ihrer Bücher nach 1928 weist jedoch auf eine ganz andere und interessantere Schlußfolgerung als die von Mrs. Leavis hin. Nimmt man zum Beispiel den Absatz von *Die Fahrt zum Leuchtturm* nach 1928 bis heute: Bis 1964 sind von dem Buch in Großbritannien 113 829 und in Amerika 139 644 Exemplare verkauft worden. Heute werden mehr davon abgesetzt als je zuvor seit seinem Erscheinen 1927. Zum Beispiel 1964 10 142 Exemplare in Großbritannien und 13 060 in Amerika und 1965 22 340 in Großbritannien und 21 309 in Amerika. Ein Buch, von dem neununddreißig Jahre nach seinem Erscheinen 43 649 Exemplare pro Jahr verkauft werden, kann man wohl kaum als

---

* Q. D. Leavis *Fiction and the Reading Public*, S. 223

unpopulär oder für normale Menschen nicht verständlich bezeichnen.

Ein Diagramm der Verkäufe von Virginias Büchern und der Entwicklung ihres Rufes seit 1920 zeigt, daß das Gesetz der Literatur, soweit es schöpferisches Schreiben betrifft, dem Greshamschen Gesetz genau zuwiderläuft, nach dem schlechtes Geld das gute verdrängt. Fast alle Künstler, von Beethoven abwärts, die etwas Eigenes zu sagen hatten und gezwungen waren, eine neue Form zu suchen, um sich auszudrücken, mußten durch eine Periode hindurch, in der der normale Mensch sie unverständlich oder »unzugänglich« gefunden hat, aber irgendwann, in manchen Fällen ganz plötzlich, in anderen allmählich, wird er verständlich und überall als guter oder großer Künstler anerkannt. In Virginias Fall mußte sie ein schlechtes und zwei nicht sehr ernsthafte Bücher schreiben, bevor ihre besten, ernsthaften Romane allgemein verstanden und anerkannt wurden. Und in ihrem Fall verdrängte das gute das schlechte. In den Jahren 1963 und 1964, als von *Die Fahrt zum Leuchtturm* jährlich 23 000 Stück verkauft wurden, war der Absatz von *Die Jahre* und *Orlando* unerheblich. In Amerika waren sie vergriffen, und in England wurden 1963 von *Orlando* 641 Exemplare und 509 Exemplare 1964 verkauft; 1963 von *Die Jahre* 213 und 470 Exemplare 1964. Aber von *Die Wellen*, dem besten und schwierigsten all ihrer Bücher, verkauften sich 1963 und 1964 906 bzw. 1336 Exemplare; und von *Mrs. Dalloway*, auch ein schwieriges und das »intellektuellste« ihrer Bücher, wurden 1963 insgesamt 8242 Exemplare (2306 in England und 5936 in Amerika) verkauft und 1964 insgesamt 10 791 (2098 in England und 8693 in Amerika) Exemplare.

In *A Writer's Diary* habe ich Auszüge aus Virginias Tagebüchern veröffentlicht, aus denen man ersehen kann, wie sie durch ihre tägliche Arbeit an den Büchern in Anspruch genommen wurde. Sie brauchte das Tagebuchschreiben wie Beethoven seine Notizbücher, um einen Gedanken festzuhalten oder ein Thema teilweise auszuformen, das Monate oder Jahre später in einem Roman oder einer Symphonie verwendet wurde. Während sie an einem Buch schreibt, berät sie sich in ihrem Tagebuch mit sich selbst darüber, über seinen Sinn und Zweck, über die Szenen und die Personen. Sie enthüllt, unverblümter vielleicht als jeder andere Autor, die großen Freuden und Leiden, den Glanz und das Elend künstlerischen Schaffens, die Beziehung des Schaffenden sowohl zu seiner Schöpfung und seinen Geschöpfen als auch zu seinen Kritikern und seinen Lesern. Ihre Hypersensibilität – die Tatsache, daß Kritik ihre Seele quälte wie der Bohrer des Zahnarztes einen freiliegenden Nerv – ist vielen ihrer späteren Kritiker ungewöhnlich und sehr verachtenswert vorgekommen. Sie selbst war mit ihren Kritikern einig, daß das höchst verachtenswert sei.* Das

---

* Am 17. Mai 1932 schrieb Virginia in ihr Tagebuch: »Wie ist die richtige Einstellung zur Kritik? Was soll ich fühlen und sagen, wenn Miss B. einen Artikel in *Scrutiny* darauf verwendet, mich anzugreifen? Sie ist jung, hitzig, kommt von Cambridge. Und sie sagt, ich sei eine sehr schlechte Schriftstellerin. Was ich wohl tun muß, ist dies: Den Kern des Gesagten – daß ich nicht nachdächte – in mich aufnehmen, und den kleinen Energiestoß, den Widerspruch liefert, nutzen, um nachdrücklicher ich selbst zu sein. Vielleicht stimmt es, daß es mit meinem Ansehen jetzt bergab geht. Man wird über mich lachen, mit dem Finger auf mich zeigen. Wie sollte ich mich verhalten – Arnold Bennett und Wells haben die Kritik der Jüngeren eindeutig falsch aufgenommen. Die richtige Art ist, nicht übelzunehmen, nicht lange zu leiden und auch nicht christlich und unterwürfig zu sein. Natürlich, bei meiner verrückten Mischung von Unbesonnenheit und Bescheidenheit (oberflächlich analysiert) erhole ich mich bald von Lob und Tadel. Aber ich möchte eine Haltung finden. Das wichtigste ist,

lag zweifellos zum Teil an dem Umstand, den ich bereits einmal zitiert habe, daß »zuviel Ego in ihrem Kosmos war«, und ein exzessiver Egoismus ist zu verachten. Zum anderen lag das aber auch an ihrer Haltung gegenüber ihrer Arbeit, ihrer Kunst, ihren Büchern. Der überwiegende Teil der Bevölkerung arbeitet täglich rund acht Stunden und widmet während dieser acht Stunden weniger als 50 Prozent seiner Aufmerksamkeit oder Konzentration der Arbeit. Von den sechzehn Stunden des Tages, in denen sie wach war, »arbeitete« Virginia nach meiner Schätzung normalerweise fünfzehn Stunden, und ich möchte behaupten, daß sie beim Schlafen außerdem noch die meiste Zeit davon träumte. Ihre Arbeit war das Schreiben, und wenn sie schrieb, war ihre Konzentration hundertprozentig, nicht fünfzigprozentig. Aber im Gegensatz zu den meisten Menschen war sie fast immer am Arbeiten, selbst wenn sie nicht arbeitete. In Rodmell ging sie fast jeden Nachmittag spazieren, eine Stunde, zwei Stunden oder noch länger. Die ganze Zeit, während sie über die Downs, durch feuchte Wiesen oder am Flußufer entlang lief, war sie bewußt oder unbewußt in Gedanken bei dem Buch oder Artikel, an dem sie gerade schrieb oder der Idee eines Buches oder einer Geschichte, die noch geschrieben werden sollte. Nicht, daß sie ihre Umgebung,

---

nicht zuviel über sich selbst nachzudenken. Unvoreingenommen den Vorwurf zu untersuchen; nicht nervös, nicht besonders ängstlich. Sich auf keinen Fall dadurch rächen, daß man ins andere Extrem verfällt – zuviel zu denken. Und nun ist der Dorn heraus – vielleicht zu leicht.«

Das Wort »Dorn« hat hier eine besondere Bedeutung. Wir pflegten zu sagen, daß Virginia sich unentwegt seelische Dornen einträte – Qualen, von denen sie sich nicht befreien konnte –, vor allem durch Kritik. Sie kam oft zu mir und sagte: »Ich hab wieder einen Dorn«, und dann redeten wir darüber, bis wir den Dorn heraus hatten.

das Kaleidoskop der Felder, Hügel, Fluß, Vögel, einen Fuchs oder einen Hasen nicht gesehen oder empfunden hätte. Sie sah und empfand sie sehr stark, wie man im Gespräch merkte und wie die außerordentliche Bildhaftigkeit ihrer Werke zeigte. Gleichzeitig aber schienen in ihrem Hinterkopf oder eben unter der Oberfläche ihres Denkens Gedanken, Gefühle, Bilder zu sieden, die mit ihrem Schreiben in Verbindung standen.

Ab und zu stieg es bis an die Oberfläche auf oder kochte in Form einer bewußten Überlegung zu irgendeinem Problem in ihrem Buch oder zum Bau eines Satzes oder des Umrisses einer Szene über, die am nächsten Morgen geschrieben wurden.

Mehr noch, obwohl sie das, was sie auf ihrem Spaziergang sah und hörte, um seiner selbst willen sehr genoß, so wurde es doch, meine ich, fast immer auch bis zu einem gewissen Grade als Rohmaterial für ihre Kunst registriert. Das gilt für alle Aktivitäten ihres Lebens. Zum Beispiel konnte, wie ich schon gesagt habe, niemand größeren Spaß an Gesellschaften und Partys haben als sie, sie wurde auf den ersten Blick oft davon mitgerissen und war dann ziemlich häufig ein »gesellschaftlicher Erfolg«. Und doch glaube ich nicht, daß dieser zweite Blick, die zweite Schicht in ihrem Denken, je ganz bewegungslos blieb. Da wurden die Szene, die Dinnerparty, die Unterhaltung, ihre eigenen Empfindungen dauernd registriert und als Rohmaterial ihrer Kunst erinnert. Es zeigt sich daran, daß sie in ihrem Tagebuch Partys so oft in allen Einzelheiten beschrieb.

Hier ein Beispiel, das sie am 27. Mai 1932 schrieb:

»Gestern abend Adrians Party. Zuckerman über Affen. Dora Chapman auf dem Fußboden. Ich besorgt, daß Eddy [Eddy Sackville-West] hereinkäme – ich habe ihm einen schar-

fen, aber wohlverdienten Brief geschrieben. Adrian merkwürdig in Erinnerungen schwelgend, redet von seiner Schule, von
Griechenland, von seiner Vergangenheit, als ob inzwischen
nichts geschehen wäre: Ein eigenartiger Charakterzug an ihm,
bei der Vergangenheit zu verweilen, wo ihn doch seine Gegenwart und Zukunft umgibt, nämlich D. C., und Karin, die spät
kam, raubgierig, streitbar, nie zugänglich oder wohltuend, was
sie sicher weiß, die Ärmste: Taub, verdreht, krumm, kurz, höl-
zern, verspottet, und doch kommt sie noch. Dick Strachey. All
die alten Elemente einer Party, die sich nicht mischen. L. und
ich reden mühsam. Duncan zieht davon. Nessa ist zu *Tarzan**
gegangen. Wir treffen James und Alix an der Tür. Kommt mit
essen, sagt James; mit dem Wunsch, Lytton zu erwischen,
glaube ich. Affen können zwischen hell und dunkel unterscheiden, Hunde nicht. Tarzan stammt hauptsächlich von
Menschenaffen ab ... Reden über Griechenland. Reden über
Spanien. Dick ist für ein Gespenst gehalten worden. Ein Gefühl
von Distanz, Ferne. Adrian düster, höflich, mager, in die Länge
gezogen, wissenschaftlich, wird Adrian von Solly genannt;
dann kommen kleine, schnelle Frauen herein, Hughes, und ich
glaube, seine Frau. Wir verschwinden um 11.20 Uhr: Adrian
dankt höflich für unser Kommen. Frage, welches Vergnügen
bereiten einem solche Partys? Irgendeins vermutlich, sonst
würden sich diese Einzelfiguren hier nicht zu solchen Klumpen
ballen.«

Diese beharrliche Intensität, mit der sie an allem arbeitete,

---

* Die Kino-Sensation *Tarzan der Affenmensch* mit Johnny Weissmuller und
Maureen O'Sullivan wurde am Empire Leicester Square gezeigt.
[Anm. d. Hrsg.]

war in Verbindung mit ihrer Sensibilität gegenüber allen Empfindungen und Eindrücken mit ein Grund für ihre Verletzlichkeit. Selbst als sie den gefährlichen Gipfel des Erfolgs erreicht
hatte und als bedeutende Autorin etabliert war, entdeckte man
an ihr nicht das leiseste Anzeichen der fatalen Berufskrankheit
von Erfolgsautoren, dem Gefühl, eine sehr bedeutende Persönlichkeit zu sein. Im Gegenteil, je erfolgreicher sie war, desto
verletzlicher schien sie zu werden, mit einer Bescheidenheit
und Zweifeln, die gerade das Gegenteil von der Selbstsicher-
heit und Bedeutsamkeit waren, die man bei den großen Männern ihrer Zeit wie Wells, Bennett, Galsworthy und Shaw
beobachten konnte, und sogar bei vielen gänzlich unbedeu-
tenden.

Obwohl sich ihre geistige Gesundheit allgemein besserte und
während der zwanziger und dreißiger Jahre stabiler wurde,
schienen die Krisen der Erschöpfung und finstersten Verzweiflung, wenn sie ein Buch beendet hatte, immer tiefer und gefährlicher zu werden. Als sie 1936 *Die Jahre* beendete, war sie dem
vollkommenen Zusammenbruch näher denn je seit 1913. Es
gibt zwei Lücken in ihrem Tagebuch von 1936, eine von zwei
Monaten zwischen dem 9. April und dem 11. Juni und eine
zweite von vier Monaten zwischen dem 23. Juni und dem
30. Oktober. Sie waren von einem endlosen Alptraum erfüllt.
Während der ersten drei Monate des Jahres hatte Virginia das
Buch überarbeitet, als sie damit fertig war, schickten wir es
zum Setzer, mit der Auflage, uns zunächst Fahnenabzüge zu
schicken. Virginia war wegen des Buches so verzweifelt, daß sie
unbedingt Fahnen (und noch keinen Umbruch) haben wollte,

damit sie die Möglichkeit hatte, so viele Änderungen anzubringen, wie sie wollte. Aber Anfang Mai ging es ihr derart schlecht, daß ich auf Unterbrechung der Arbeit bestand und ihr vierzehn Tage totales Ausspannen verordnete. Wir fuhren in kleinen Etappen nach Westen, blieben in Weymouth, Lyme Regis und Beckey Falls in Dartmoor, bis wir in Budock Vean auf dieser seltsamen, ursprünglichen, schläfrigen Halbinsel Cornwalls zwischen Falmouth und Helford Passage ankamen, wo allein schon die merkwürdigen Namen der Dörfer besänftigend wirken – Gweek und Constantine und Mawnan Smith. Als Kind hatte Virginia jeden Sommer in Leslie Stephens Haus in St. Ives in Cornwall verbracht – die Kulisse für *Die Fahrt zum Leuchtturm* ist St. Ives, und der Leuchtturm im Buch ist das Godrevy-Feuer, das sie Abend für Abend über die Bucht bis in die Fenster von Talland House leuchten sah. Kein Erkerfenster ist so magisch, kein Märchenland so einsam wie jene, die wir unser Leben lang aus den Sommerferien unserer Kindheit in der Erinnerung hegen. Cornwall hat nie sein Ziel verfehlt, Virginia mit diesem köstlichen Gefühl von Nostalgie und Romantik zu erfüllen.

Ich glaubte, daß ich in Cornwall den Balsam für Virginias strapazierte Nerven finden würde. Deshalb fuhr ich in westlicher Richtung über Budock Vean, Coverack, den Lizard Point und Penzance. Wenige Meilen vor St. Ives besuchten wir Will und Ka Arnold-Forster, die in einem ungewöhnlichen Haus, hoch auf dem Felsen bei Zennor, wohnten. Zur Nachbehandlung wanderten wir um St. Ives herum und schlichen uns in den Garten von Talland House, und im Dämmerlicht spähte Virginia in die Erdgeschoßfenster, um die Geister ihrer Kindheit zu sehen. Ich weiß nicht, ob sie wie Heine den Doppelgänger sah

und das düstere Echo des Schubert-Liedes hörte: ».. . Doch
steht noch das Haus auf demselben Platz. Da steht auch ein
Mensch und starrt in die Höhe, und ringt die Hände vor
Schmerzensgewalt; mir graust es, wenn ich sein Antlitz sehe –
der Mond zeigt mir meine eigne Gestalt! Du Doppeltgänger!
Du bleicher Geselle! Was äffst du nach mein Liebesleid, das
mich gequält auf dieser Stelle, so manche Nacht in alter Zeit?«

Ich fuhr in bequemen Etappen zurück nach Rodmell und
weiter nach London. Virginia schien es viel besserzugehen,
und als zusätzliche Vorsichtsmaßnahme verbrachte sie weitere zwölf Tage absoluter Ferien in Rodmell. Am 12. Juni
begann sie wieder an den Fahnen zu arbeiten, aber da wurde
sofort deutlich, daß sie sich nicht wirklich erholt hatte. Nach
neun oder zehn Tagen beschlossen wir, daß sie die Arbeit ganz
abbrechen und sich vollständige Ruhe gönnen müßte. Am
9. Juli fuhren wir nach Rodmell und blieben dreieinhalb
Monate dort. Virginia schrieb gar nicht, sah ihre Fahnen nicht
an und entfernte sich so gut wie nie von Rodmell. Einmal in der
Woche fuhr ich für einen Tag nach London, was immer ziemlich anstrengend war. Ich verließ für gewöhnlich Rodmell um
acht Uhr und kam gegen zehn am Tavistock Square an, wo ich
mich um die Geschäfte der Hogarth Press kümmerte. Nachmittags ging ich zum Unterhaus, zu einer Zusammenkunft der
Gutachterkommission der Labour Party. Das hieß, daß ich
London oft erst gegen sieben verließ und also erst kurz vor neun
wieder in Rodmell war. Virginia begleitete mich auf diesen
wöchentlichen Exkursionen nicht. Sie verbrachte ihre Zeit mit
Lesen, Dösen, Spazierengehen. Gegen Ende Oktober schien es
ihr wirklich besserzugehen, und wir beschlossen, daß ich die
Fahnen von *Die Jahre* lesen sollte und daß sie mein Urteil über

seine Stärken und Schwächen und darüber, ob es erscheinen sollte oder nicht, akzeptieren würde. Für mich war das eine schwierige und gefährliche Aufgabe. Ich wußte, daß sie, wenn ich kein durchweg günstiges Urteil abgab, verzweifeln und einen ernsthaften Zusammenbruch erleben würde. Andererseits hatte ich ihre Bücher immer gelesen, sobald sie das letzte Wort geschrieben hatte, und immer meine ganz ehrliche Meinung dazu abgegeben. Das Urteil über *Die Jahre*, das ich jetzt abgab, war nicht absolut ehrlich. Beim Lesen war ich sehr erleichtert. Es war offensichtlich bei weitem nicht so schlecht, wie sie selbst meinte, und es war in vieler Hinsicht ein bemerkenswertes Buch, das viele Autoren und die meisten Verleger mit Vergnügen so hätten erscheinen lassen, wie es war. Ich fand es um einiges zu lang, vor allem im Mittelteil, und nicht so gut wie *Die Wellen, Die Fahrt zum Leuchtturm* und *Mrs. Dalloway*.

Virginia gegenüber rühmte ich das Buch mehr, als ich es getan hätte, wenn sie gesund gewesen wäre, aber ich sagte ihr genau, was ich von der Länge hielt. Das erleichterte sie enorm und gab ihr momentan Auftrieb, so daß sie sich daran machte, die Fahnen weiter durchzuarbeiten, damit sie an den Drucker geschickt werden konnten. Sie arbeitete vom 10. November bis gegen Ende des Jahres mehr oder weniger intensiv daran, manchmal einigermaßen zufrieden mit dem Buch, manchmal verzweifelt. »Ich frage mich«, schrieb sie in ihr Tagebuch, »ob irgend jemand je so unter einem Buch gelitten hat wie ich unter *Die Jahre*. Ich bezweifle es. Aber – wie oft habe ich diese Zeilen Swinburnes in meinem Leben schon dankbar gemurmelt – »auch der trägste Fluß erreicht einmal das Meer«. Sie überarbeitete das Buch rücksichtslos und drastisch. Ich habe die Fahnen mit der gedruckten Fassung verglichen, und die Arbeit, die sie in den Fahnen geleistet hat, ist erstaunlich. Sie nahm zwei riesige Abschnitte ganz heraus, und es gibt kaum eine Seite ohne erhebliche Umschreibungen oder Neuformulierungen. Am 31. Dezember schließlich wurden die Fahnen wieder an den Drucker zurückgegeben. Das Buch erschien im März des folgenden Jahres und erwies sich, wie gesagt, als der erfolgreichste aller Romane, die sie geschrieben hatte.

Virginia war eine langsame Schreiberin. Sie schrieb vier Jahre an *Die Jahre*, und zwischen den *Wellen* und den *Jahren* lag eine Pause von sechs Jahren. Trotzdem war sie eine vergleichsweise produktive Schriftstellerin. Sie schrieb neun große Romane, zwei Biographien, und es gibt sieben Bände literarischer Kritiken; dazu dürften noch mindestens 500 000 Worte unveröffentlichter Tagebücher kommen. Als Romanautorin produzierte sie mehr als Fanny Burney, Jane Austen, die Brontës, George Eliot, Thackeray oder in der neueren Zeit Joyce und E. M. Forster. Das ist bemerkenswert, wenn man an die psychischen Belastungen und Schwierigkeiten denkt. Dies war in hohem Maße ihrer professionellen, hingebungsvollen Arbeitshaltung zuzuschreiben. Wir nahmen uns beide nie einen Tag frei, außer wenn wir zu krank zum Arbeiten waren oder zu einem regulären und sozusagen genehmigten Urlaub fortfuhren. Es wäre uns nicht nur falsch vorgekommen, sondern auch unangenehm gewesen, nicht jeden Morgen zu arbeiten, sieben Tage die Woche und rund elf Monate im Jahr. Also beendeten wir jeden Morgen gegen 9.30 Uhr unser Frühstück, als folgten wir einem ungeschriebenen Gesetz, und »arbeiteten« bis zum Lunch um 1 Uhr. Es ist verblüffend, wieviel man innerhalb eines Jahres produzieren kann, ob das Brötchen oder Bücher sind, Töpfe oder Bilder, wenn man 330 Tage im Jahr konzentriert und professionell dreieinhalb Stunden arbeitet. Deshalb konnte Virginia, trotz aller ihrer Probleme, soviel schaffen.

Obwohl Virginia die ganzen letzten sechs Monate des Jahres 1936 wegen *Die Jahre* in so einem schlimmen Zustand war, nahmen die *Drei Guineen* und die Biographie von Roger Fry in ihrem Inneren bereits Gestalt an. Am 8. Januar 1937, genau einen Monat, nachdem sie die Fahnen von *Die Jahre* an den Drucker zurückgeschickt hatte, begann sie, *Drei Guineen* zu schreiben, und beendete die erste Fassung am 12. Oktober 1937; und am 1. April 1938 fing sie mit *Roger Fry* an. Aber schon im August 1937 arbeitete ein neuer Roman, *Poyntz Hall*, aus dem *Zwischen den Akten* werden sollte, in ihrem Kopf. In der ersten Jahreshälfte von 1938 begann sie daran zu schreiben. Im selben Jahr erschienen die *Drei Guineen* und 1940 dann *Roger Fry*. Am 26. Februar 1941 beendete sie *Zwischen den Akten* und fiel, wie vier Jahre zuvor, in Abgründe der Verzweiflung. Am 28. März stürzte sie sich in die Ouse.

Ich will noch einmal auf unsere Einnahmen zurückkommen. Ich habe bereits dargelegt, daß der sprunghafte Anstieg unserer Einkünfte im Jahre 1928 in erster Linie auf dem plötzlichen Erfolg von Virginias Büchern beruhte. Aber, wie ebenfalls bereits ausgeführt, war die Hogarth Press daran auch nicht ganz unbeteiligt, weshalb ich jetzt die Entwicklung dieses kuriosen Verlagsunternehmens weiter aufzeichnen will. Als wir im März von Richmond an den Tavistock Square zogen, war die Hogarth Press, obwohl wir in den davorliegenden zwölf Monaten dreizehn Bücher herausgebracht hatten, noch immer eine ziemlich amateurhafte Angelegenheit, mit Marjorie Joad als einziger Angestellten. 1924 war abermals ein Jahr beträchtlicher Expansion, und wir brachten drei Bücher heraus, die großen Einfluß auf unsere verlegerische Zukunft hatten.

1924 fragte uns Vita, ob wir Lust hätten, eine längere Kurzgeschichte von ihr herauszubringen, *Verführer in Ecuador*. Zu der Zeit hatte sie bereits ein paar Gedichte und zwei oder drei Romane bei Collins und Heinemann veröffentlicht. *Verführer* war eine seltsame kleine Geschichte, die kein normaler Verleger überhaupt zur Kenntnis genommen hätte. Wir machten ein sehr hübsches kleines Buch daraus und brachten es kurz vor Weihnachten für 4 s. 6 d heraus. Als wir die Auflage von 1500 Exemplaren verkauft hatten, druckten wir nicht nach. Damals war Harold noch im diplomatischen Dienst, und 1925 wurde er der britischen Botschaft in Teheran zugeteilt. Vita ging mit ihm und schrieb eine gute Reisebeschreibung über Persien, *Passenger to Teheran*, die wir 1926 herausbrachten. Darauf folgte 1928 *Twelve Days*, worin sie eine abenteuerliche Reise über die Bakchtiar-Berge zu den persischen Ölfeldern beschrieb. Im Jahr darauf brachte sie uns das Manuskript von *Schloß Chevron*. Es war ein Roman über Knole, die Sackvilles und die edwardianische »Society«, mit einem höchst aristokratischen großen »S«, der nicht nur über das Herz Knoles berichtete, sondern von Vita mit dem Herzen geschrieben war. In Vita steckt eine ehrliche, schlichte, gefühlvolle, romantische, naive und sachkundige Schriftstellerin. Alle diese Eigenschaften flossen zusammen in ihrem Roman über das Leben der gehobenen Gesellschaft, und es entstand ein Zeitgemälde und ein richtiger Bestseller. Sowohl Virginia als auch Vita waren von Freunden und befreundeten Verlegern gewarnt worden: Es sei Wahnsinn, daß sie ihre Bücher von einem so amateurhaften, klapprigen Unternehmen wie der Hogarth Press verlegen ließen, die

nicht einmal die technische Ausrüstung hätte, mit einem Bestseller oder auch nur einem gut verkäuflichen Buch fertigzuwer-
den. Ich habe immer meine Zweifel an dieser »technischen
Ausrüstung« im Verlagsgeschäft gehabt und freute mich, feststellen zu können, daß die Ausrüstung der Hogarth Press der
Belastung durch einen Bestseller gewachsen war. Wir verkauften in den ersten sechs Monaten fast 30 000 Exemplare von
Schloß Chevron, und am Ende des Jahres hatte die Press fast
2000 £ daran verdient. Es verkaufte sich auch über die nächsten Jahre noch gut.

Romane von ernsthaften genialen Schriftstellern werden oft
mit der Zeit zu Bestsellern, aber die meisten zeitgenössischen
Bestseller werden von zweitklassigen Schriftstellern geschrieben, deren Können ein Gebräu aus einer Prise Naivität, einer
Prise Sentimentalität, Erzähltalent und einer mysteriösen
Sympathie für die Tagträume gewöhnlicher Leute enthält.
Vita war gar nicht so weit von dieser Art Bestsellerautor entfernt. Sie war aber dann trotzdem keiner, weil der dritte und
vierte Zusatz in ihrem Bestseller-Gebräu nicht ganz ausreichend vorhanden war. Wir brachten *Schloß Chevron* 1930 heraus
und 1931 *Erloschenes Feuer,* das sie in weniger als einem Jahr
geschrieben hatte. Dieser Roman war, finde ich, der beste, den
sie je geschrieben hat, obwohl er etwas mehr als nur eine Prise
Sentimentalität enthält. Er verkaufte sich sehr gut, wenn auch
nicht so gut wie *Schloß Chevron,* mit etwa 15 000 Exemplaren im
ersten Jahr – auch jetzt, fünfunddreißig Jahre nach Erscheinen, geht das Buch noch – und brachte uns einen Gewinn von
1200 £. Nach diesem Buch begannen die Quellen der Erfin-
dungsgabe und Vorstellungskraft, die sie zum Schreiben von
Romanen brauchte, zu versiegen. Sie schrieb noch ein sehr fas-

zinierendes und amüsantes Buch, *Pepita*, eine Biographie ihrer schrecklichen Mutter und ihrer außergewöhnlichen Großmutter, das wir 1937 mit großem Erfolg herausbrachten. Aber ich hegte große Zweifel an ihren zwei Romanen *Eine Frau von vierzig Jahren* und *The Dark Island*, und dann brachte sie uns das Manuskript eines Romans, bei dem wir das Gefühl hatten, daß wir ihn nicht publizieren konnten.

Das Verhältnis zwischen Autor und Verleger ist nie ganz unbeschwert. Der Verleger ist im besten Falle ein ambivalenter und oft nicht besonders kompetenter Geschäftsmann, der zwischen Gewinn und Kunst um der Kunst willen schwankt; der Autor unterliegt manchmal den gleichen Schwankungen und ist oft überzeugt, daß der Grund dafür, daß sein Buch kein Bestseller wird, der ist, daß sein Verleger ein inkompetenter, profitgieriger Hai ist. Vita war aus der Sicht des Verlegers die ideale Autorin, sie beklagte sich nie, wenn etwas schiefging, und war dem Verleger außerordentlich dankbar, wenn alles gutging. Das machte es um so unangenehmer, ihr zu sagen, wir fänden ihren Roman nicht gut genug, um ihn zu veröffentlichen. Wir wußten auch, daß wir sie damit als Autorin verloren, denn es gab viele angesehene Verlage, die den Roman veröffentlichen würden, um sie »im Programm« zu haben. Es war bezeichnend für sie, daß sie nicht im geringsten verletzt oder beleidigt war; und die ganze Geschichte änderte nichts an ihrer Beziehung zu uns.

1924, sieben Jahre nach dem Beginn, hatte die Hogarth Press, die immer noch fast ohne Angestellte arbeitete und ohne Anlagekapital und »allgemeine Unkosten« war, bereits zwei potentielle Bestseller-Autoren auf ihrer Liste, Vita und Virginia. Aber unsere Kutsche fuhr nicht nur ein- oder zweispännig.

Mit kühner Weisheit oder leichtsinniger Torheit akzeptierten wir eine beträchtliche Anzahl neuer Autoren und neuer Bücher. In unserem Katalog von 1925 hatten wir vierunddreißig Bücher angekündigt, und bis 1926 hatten wir sie alle veröffentlicht. In den folgenden Jahren publizierten wir Romane von William Plomer, Edwin Muir, F. L. Lucas, C. H. B. Kitchin, Alice Ritchie, F. M. Mayor, Svevo und Rilke. Bei den ersten sechs handelte es sich um Erstlingsromane. Zwei von den sechs, die recht gut liefen, als sie erschienen, sind heute vergessen, sind aber, finde ich, immer noch bemerkenswert, nämlich *The Rector's Daughter* von F. M. Mayor und *The Peacemakers* von Alice Ritchie. Etwas später, Anfang der 30er Jahre, brachten wir Christopher Isherwoods *Mr Norris steigt um,* neue Romane von Iwan Bunin und den ersten Roman von Laurens van der Post, *In a Province,* heraus. Außerdem erweiterten wir 1926 unser Programm auch auf Kunstbücher mit einem Klassiker, dem *Cezanne* von Roger Fry, und engagierten uns sehr stark in Politik, Wirtschaft, Geschichte und Soziologie. Diese letzte Kategorie stand in direkter Verbindung mit meinen eigenen Aktivitäten. In den zwanziger Jahren schrieb ich *After the Deluge* Band I und *Imperialism and Civilization.* Aber ich beschäftigte mich auch mehr und mehr mit der praktischen Politik in der Labour Party und in der Fabier-Gesellschaft. Das spiegelt sich in der großen Zahl politischer Bücher, die wir verlegten. Einige der wichtigsten sind *Das Ende des Laissez-faire* (1926) und *The Economic Consequences of Mr. Churchill* (1925) von Maynard Keynes und das bemerkenswerte Buch über den Imperialismus in Afrika von Norman Leys und Lord Olivers *White Capital and Coloured Labour.*

Ich habe weiter oben gesagt, daß 1924 drei Veröffentlichungen einen beträchtlichen Einfluß auf die Entwicklung der Hogarth Press gehabt hätten. Das erste war Vitas Buch. Das zweite war eine Serie, die *Hogarth Essays,* die wir 1924 mit drei Bänden starteten, nämlich *Mr. Bennett und Mrs. Brown* von Virginia, *The Artist and Psycho-Analysis* von Roger Fry und *Henry James at Work* von Theodora Bosanquet. Diese Reihe bestand aus Flugschriften, einer Publikationsform, vor der fast alle Verleger scheuten (und scheuen), weil sie fast immer viel Arbeit und Geldverlust bedeuten. Ich wollte unbedingt eine Serie haben, in der man Essays über zeitgenössische politische und soziale Probleme sowie über Kunst und Kritik bringen konnte. Diese Essays, die wir zu Preisen zwischen 1 s. 6 d und 3 s. 6 d herausgaben, waren überraschend erfolgreich. In der ersten Serie, 1924, 1925 und 1926, publizierten wir neunzehn Bände, in steifes Papier gebunden und mit einer Umschlaggraphik von Vanessa, unter den Autoren waren T. S. Eliot, Robert Graves, Edith Sitwell, J. M. Keynes, E. M. Forster, J. A. Hobson, Vernon Lee, Bonamy Dobrée und Herbert Read. Von keinem wurden große Mengen verkauft, aber jeder Titel hatte, wenn er vergriffen war, einen Gewinn eingebracht. Das ermutigte mich dazu, 1930 eine weitere Serie zu starten, die *Day to Day Pamphlets,* die sich ausschließlich mit Politik beschäftigte. Sie waren in Papier gebunden und wurden für 1 s oder 1 s. 6 d verkauft. In den neun Jahren von 1930 bis 1939 brachten wir vierzig Flugschriften heraus, deren Autoren unter anderen Harold Laski, H. N. Brailsford, W. H. Auden, H. G. Wells, Sir Arthur Salter, C. Day Lewis, A. L. Rowse und Mussolini waren. Auch diese Serie zahlte sich aus. Bezeichnenderweise für das politische Klima der dreißiger Jahre waren die beiden Bestseller Mussolinis *Die politische und soziale Doktrin des Faschismus* und Maurice

Dobbs *Russia Today and Tomorrow,* die ausgezeichnete, wenn auch reichlich optimistische Betrachtung über Sowjet-Rußland und den Kommunismus eines Dozenten aus Cambridge.

Flugschriften sind nicht gerade das, was sich in England leicht verkaufen läßt. Wenn man aber zum richtigen Zeitpunkt ein gerade kontrovers diskutiertes Thema von dem richtigen Mann bringt, kann es passieren, daß es ein Bestseller wird. *The Economic Consequences of Mr. Churchill* von Maynard druckten wir in einer Auflage von 7000, die sofort vergriffen war, aber im allgemeinen waren wir zufrieden, wenn wir von den vier oder fünf Titeln, die wir pro Jahr veröffentlichten, über 2000 Exemplare verkauften. Gesellschaften wie die Fabier, die regelmäßig Flugschriften veröffentlichten, hatten die gleichen Schwierigkeiten, sie zu verkaufen. Das Haupthindernis war der Handel. Solche Hefte zu verkaufen ist schwierig und aufwendig, und die meisten Buchhandlungen würdigen sie keines Blickes. Die Verkaufsstände an Bahnhöfen, wo sie am besten aufgehoben wären, mögen sie auch nicht, und das nicht ohne Grund, denn sie bringen längst nicht soviel ein wie Zeitungen oder die gewaltigen Mengen unheimlicher oder verführerischer Druck-Erzeugnisse, auf deren Umschlägen Mord und Notzucht oder überentwickelte Frauengestalten in jedem Stadium von Bekleidung oder Nacktheit abgebildet sind. Das Resultat ist, daß sich die Briten nie angewöhnt haben, Flugschriften zu lesen. Und das ist sehr schade. Die Flugschrift ist potentiell eine außerordentlich gute literarische Form, sowohl unter künstlerischen wie unter sozialen oder politischen Gesichtspunkten. Die Aufsätze von T. S. Eliot, Roger Fry, Virginia, Maynard Keynes, J. A. Hobson, die wir veröffentlichten, waren bemer-

kenswert und wären nie geschrieben worden, wenn wir diese
Reihe nicht gehabt hätten. Auch alle anderen waren es, meine
ich, wert, veröffentlicht zu werden. Unsere Erfahrungen zeigten uns, daß es einen potentiellen Markt für Flugschriften gibt.
Aber dieser Markt wird nicht bedient, weil alle Verkaufswege
zwischen Verleger und Käufer gesperrt oder blockiert sind.
Deshalb kann es nie zur Gewohnheit werden, Flugschriften zu
schreiben und zu lesen.

Immerhin waren diese Reihen so erfolgreich, daß sie keinen
Verlust brachten. Das zeigte uns, wie wertvoll Reihen unter
geschäftlichen Gesichtspunkten für den Verleger sind. Wenn
man mit guten Büchern eine Reihe erfolgreich starten kann,
hat man die Möglichkeit, in dieser Reihe später andere Bücher
mit Erfolg herauszubringen, die allein, so gut sie auch sein
mögen, mit einiger Sicherheit ein Zuschußgeschäft geworden
wären. In den folgenden Jahren starteten wir vier weitere Reihen: *Hogarth Lectures on Literature, Hogarth Sixpenny Pamphlets,
Hogarth Living Poets* und *Hogarth Letters.* Die *Living Poets* und die
Lectures waren sehr erfolgreich, bei den beiden anderen war ich
zu optimistisch gewesen. Ein paar interessante und amüsante
Essays waren dabei, zum Beispiel *A Letter to Madan Blanchard*
von E. M. Forster, *A Letter to a Sister* von Rosamond Lehmann, *A
Letter to a Grandfather* von Rebecca West. Es war aber unmöglich, für 6 d oder 1 s so viele zu verkaufen, daß die Rechnung
aufging.

Die dritte Veröffentlichung von 1924, die die Zukunft der
Hogarth Press erheblich beeinflußte, war etwas Außeror-
dentliches. Die Ankündigung in unserem Herbstkatalog lautete:

COLLECTED PAPERS. By Sigmund Freud, M. D.

Band I: Frühe Arbeiten und Zur Geschichte der psychoana-
           lytischen Bewegung
Band II: Erfahrungen und Beispiele aus der analytischen
           Praxis und Triebe und Triebschicksale.

Die Hogarth Press hat die Veröffentlichung der *International Psycho-Analytical Library* übernommen und wird in Zukunft diese Serie für die *International Psycho-Analytical Press* fortsetzen. Sie hat das Recht erworben, eine voll autorisierte englische Übersetzung der Aufsätze von Professor Freud herauszubringen. Diese Vorlesungen sind von größter Bedeutung für das Studium der Psychoanalyse; sie sind von Fachleuten unter der Leitung von Dr. Ernest Jones ins Englische übersetzt worden. Die gesammelten Aufsätze werden in vier Bänden erscheinen. Band III, *Fünf Fallstudien,* und Band IV, *Metapsychologie. Träume,* werden im Laufe des nächsten Jahres erscheinen.

  Der Preis für die Bände I, II und IV beträgt je 21 s, für Band III 30 s und für alle vier Bände zusammen 4 Guineas.

Das war der Beginn unserer Verbindung mit Freud und dem *Institute of Psycho-Analysis,* die bis heute besteht. Dazu kam es folgendermaßen: In den zehn Jahren vor 1924 bestand in dem sogenannten Bloomsbury-Kreis großes Interesse an Freud und der Psychoanalyse, und zwar ein außerordentlich ernsthaftes Interesse. Adrian Stephen, Virginias Bruder, der mit Sir Paul Vinogradoff zusammen über mittelalterliches Recht arbeitete, warf plötzlich das Mittelalter samt Recht über Bord und wurde, gemeinsam mit seiner Frau Karin, Arzt und Psychoanalytiker. James Strachey, Lyttons jüngster Bruder, und seine Frau wurden ebenfalls Analytiker. James ging nach Wien und ließ sich von Freud analysieren. Am Institute of Psycho-Analysis, das, vor allem durch Ernest Jones, in London gegründet worden war und als Teil der International Association of Psycho-Analysis in engem Austausch mit Freud und dem Mekka der Psychoanalyse in Wien stand, war er aktiv beteiligt.

Irgendwann Anfang 1924 hatte James mich gefragt, ob ich meinte, daß die Hogarth Press die Veröffentlichungen für das Londoner Institut übernehmen könnte. Das Institut, sagte er, hätte 1921 mit der Veröffentlichung der *International Psycho-Analytical Library* begonnen und bereits sechs Bände herausgebracht, darunter zwei Arbeiten von Freud: *Jenseits des Lustprinzips* und *Massenpsychologie und Ich-Analyse*. Sie hatten außerdem eine Vereinbarung mit Freud unterzeichnet, daß sie seine *Gesammelten Vorlesungen* in vier Bänden publizieren würden. Bisher war das Institut auch der Verlag gewesen, das die Bücher in Wien drucken und binden und von einer großen Londoner Verlagsbuchhandlung ausliefern ließ. Sie fanden dies Verfahren aber nicht befriedigend und wollten das ganze Verlagsgeschäft der *International Psycho-Analytical Library,* wo sie regelmäßig eine beträchtliche Anzahl von wichtigen Büchern von Freud und anderen Analytikern zu publizieren hofften, an einen Verleger übergeben.

Der Gedanke schien mir sehr attraktiv, und ich entwarf eine Vereinbarung, der das Institut zustimmte. Es wurde beschlossen, daß wir die Bücher, die sie bereits herausgebracht hatten, übernehmen und alle zukünftigen Bücher der *Library* veröffentlichen würden. Für einen grünen, unerfahrenen Verleger war das ein kühnes Unterfangen. Die vier Bände der *Collected Papers* waren ein gewaltiges Werk, denn jeder umfaßte etwa 300 Seiten, und das bedeutete, daß wir einiges Kapital investieren mußten. Einer der angesehensten großen Londoner Verleger ließ mir dann auch, als er von meinem Vorhaben hörte, die freundliche Warnung zukommen, ich riskiere zuviel. Die *Collected Papers* gehörten von Anfang an zu unseren erfolgreichsten Veröffentlichungen. Ich verschickte Rundschreiben an etliche Universitäten, Bibliotheken und Einzelpersonen in den Vereinigten Staaten und erreichte in Amerika wie in England sofort gute Absatzzahlen. Das Institut hatte die Rechte von Freud für eine einmalige Abfindung von 50 £ pro Band gekauft, und wir kauften die Rechte vom Institut für die vier Bände für 200 £, aber sobald die Bücher einen Gewinn abzuwerfen begannen, zahlten wir Freud Tantiemen. Der Verkauf dieser vier dicken Bände (ein fünfter kam später dazu) hat seit vierzig Jahren gleichmäßig angehalten. Die Tatsache, daß das von einem Verleger ohne Mitarbeiterstab und »Apparat« erfolgreich gestartet wurde, wirft ein seltsames Licht aufs Verlagsgeschäft. Je größer meine Erfahrung in der Branche wurde, desto mehr kam ich zu der Überzeugung, daß sich die meisten Autoren und übrigens auch viele Verleger über die Wirksamkeit oder Notwendigkeit dessen, was man als den »Apparat« bezeichnet, um Bücher zu verkaufen, größtenteils täuschen lassen. Allerdings gilt das nur für »ernsthafte« Bücher, nicht für das Gebiet der Buchindustrie und der Massenproduktion des Bestseller-Rummels, wo Bücher mit den Methoden des Bierhandels verkauft werden müssen. Sicher kann man mit dem Schnellkochtopf umfangreicher Werbung und dem mysteriösen Apparat eines Verlagsriesen *Die Frauen und der Wein* von Mr. X oder *Der Wein und die Frauen* von Miss Y millionenfach verkaufen, aber es ist fraglich, ob man mit diesen Methoden zehn Exemplare von

Freuds *Collected Papers,* Eliots *Das wüste Land* oder Virginia Woolfs *Die Wellen* absetzen kann.

Das größte Vergnügen am Verlegen der *Psycho-Analytical Library* machte mir die Beziehung zwischen uns und Freud, die dadurch zustande kam. Zwischen 1924, als wir die *Library* übernahmen, und seinem Tod 1939 veröffentlichten wir englische Übersetzungen jeden Buches, das er schrieb, insgesamt 24 Bände. Er war nicht nur ein Genie, sondern auch, im Gegensatz zu vielen anderen Genies, ein außerordentlich netter Mensch. Als wir anfingen, seine Bücher zu veröffentlichen, betreute sein Sohn Martin die geschäftliche Seite und später, nach seinem Tod, der Sohn Ernst und seine Tochter Anna. Sie schienen alle das außerordentlich umgängliche Naturell von ihrem Vater geerbt zu haben, das jede Art von Beziehung zu ihnen so angenehm machte.

Ich bin Freud nur einmal persönlich begegnet. Am 11. März 1938 marschierten die Nazis in Österreich ein, und es dauerte drei Monate, ehe Freud aus ihren Fängen befreit war. Er kam in der ersten Juniwoche in London an und zog drei Monate später in ein Haus in Maresfield Gardens, das sein ständiger Wohnsitz werden sollte. Nachdem er und seine Familie Zeit gehabt hatten, sich einzuleben, erkundigte ich mich vorsichtig, ob es ihm recht sein würde, wenn Virginia und ich ihm einen Besuch machten. Die Antwort lautete ja, und am Nachmittag des 28. Januar 1939, einem Sonntag, suchten wir ihn zum Tee auf. Ich fühle mich nicht berufen, die großen Männer zu rühmen, die ich kennengelernt habe. Fast alle großen Männer sind enttäuschend oder langweilig oder beides. Freud war keines von beidem; er hatte eine Aura nicht des Ruhms, sondern der Größe. Der gräßliche Mundkrebs, an dem er nur acht Monate später starb, hatte ihn schon befallen. Es war keine leichte Unterhaltung. Auf eine formelle, altmodische Art war er außerordentlich höflich – zum Beispiel überreichte er Virginia fast zeremoniell eine Blume. Er hatte etwas von einem halb erloschenen Vulkan, etwas Trübsinniges, Unterdrücktes, Zurückhaltendes, und er vermittelte ein Gefühl, das ich nur bei wenigen Menschen erlebt habe, die mir begegnet sind: Ein Gefühl von großer Sanftheit, aber hinter dieser Sanftheit lag große Stärke. Der Raum, in dem er saß, wirkte sehr hell, leuchtend, sauber, mit einem hübschen weiten Ausblick durch die Fenster in einen Garten. Sein Arbeitszimmer erinnerte an ein Museum, denn es umgaben ihn all die ägyptischen Antiquitäten, die er gesammelt hatte. Er sprach von den Nazis. Als Virginia sagte, wir fühlten uns irgendwie schuldig, denn wenn wir den Ersten Weltkrieg nicht gewonnen hätten, würde es vielleicht keine Nazis und keinen Hitler geben, meinte er, nein, das sei falsch; Hitler und die Nazis wären auf jeden Fall gekommen, und wenn Deutschland den Krieg gewonnen hätte, wären sie noch schlimmer.

Ein paar Tage zuvor hatte ich einen Bericht über einen Fall gelesen, daß ein Mann angeklagt war, weil er bei Foyles Bücher geklaut hatte, darunter eins von Freud; der Friedensrichter belegte ihn mit einer Geldstrafe und sagte, er wünschte, er könne ihn dazu verurteilen, zur Strafe alle Bücher von Freud zu lesen. Das erzählte ich Freud, es amüsierte ihn, und auf eine sonderbare Weise versuchte er, Abbitte zu leisten. Seine Bücher, meinte er, hätten ihn berüchtigt gemacht, nicht berühmt. Ein großer Mann.

Die wichtigste Abwechslung und das größte Vergnügen brachte und bringt immer wieder eine Rundreise auf dem Kontinent – ich glaube nicht, daß irgend etwas sonst Virginia größere Freude bereitete. Sie reiste leidenschaftlich gern, und Reisen übte eine merkwürdig tiefe Wirkung auf sie aus. Im Ausland verfiel sie in einen eigenartigen Zustand passiver Wachsamkeit, alles Fremdartige, was sie sah und hörte, ließ sie in sich einströmen. Ich sagte immer, sie sei wie ein Wal, der das Meerwasser durch sein Maul strömen läßt, um die eßbare Flora und Fauna des Meeres herauszufiltern. Virginia filterte die Geräusche und Eindrücke, Echos und Visionen heraus und bewahrte sie, bis sie Monate später Nahrung für ihre schöpferische Phantasie und ihre Kunst wurden. Das und die bloße Wirkung und Abwechslung des Reisens machten ihr große Freude, eine Mischung aus Begeisterung und Entspannung.

Ich glaube, es war im März 1928, als wir zum ersten Mal in Cassis waren. In den Morgenstunden suchten wir uns meistens einen Platz auf den sonnigen Felsen und lasen oder schrieben. Man war allein, das einzige, was man hörte, war das Wasser, das an die Felsen schlug, und die kreischenden Möwen. Wenn man durch den Wald über das Vorgebirge nach Osten ging und auf der anderen Seite aus dem Wald trat, sah man über die ganze lange sandige Küstenlinie bis La Ciotat, Sanary und Toulon. Ein offenes, flaches Land, mit kaum einem Haus bis Sanary.

In jener Zeit wohnte in Cassis einer dieser seltsamen Engländer, deren komplizierter Charakter so englisch und gleichzeitig so unenglisch erscheint. Colonel Teed war Colonel der Bengal Lancers gewesen. Als ich ihn kennenlernte, dachte ich: Der

perfekte Colonel der Bengal Lancers! Ein großer Reiter, der
Inbegriff des englischen Kavallerieoffiziers! Ich hatte vollkommen recht, aber er war auch noch etwas ganz anderes, etwas,
was man von dem perfekten Kavallerieoffizier nicht erwartet
hätte, denn unter der makellosen Oberfläche des Colonels
eines indischen Elite-Regiments war Teed im Grunde ein
Intellektueller, der Künstler und Intellektuelle mochte.
Außerdem war er ein bezaubernder Mensch. Als er seinen
Abschied von den Bengal Lancers genommen hatte, kaufte er
Fontcreuse, einen Weinberg mit einem entzückenden Haus,
ein oder zwei Meilen vom Zentrum von Cassis entfernt. Dort
produzierte er hervorragenden Wein. Wir lernten ihn kennen,
und als Vanessa mit uns nach Cassis kam, fand sie den Ort so
liebenswert, daß sie mit Teed ein Abkommen schloß, das es ihr
erlaubte, auf seinem Grund und Boden umsonst ein Landhaus
zu bauen und darin mietfrei zehn oder zwanzig Jahre zu wohnen (die genaue Zahl habe ich vergessen); danach sollte das
Haus Teed gehören.

Vanessa und Clive und Duncan Grant verbrachten einen
großen Teil ihrer Zeit in dem Landhaus in Cassis, und das war
ein zusätzlicher Anlaß für uns, dorthin zu fahren. Teed vermie-
tete uns ein Zimmer in Fontcreuse, und unsere Mahlzeiten
nahmen wir gewöhnlich mit den Bells in ihrem Landhaus ein.
Es war eine angenehme Art zu leben, so angenehm, daß wir
irgendwann erste Schritte unternahmen, uns auch ein Landhaus in der Nähe von Fontcreuse zu kaufen. Es wurde als Landhaus bezeichnet, aber in Wirklichkeit war es ein kleines, eher
baufälliges weißgetünchtes Häuschen. Doch wir schlossen den
Kauf dann nicht ab. Zu der Zeit war es für einen Engländer ein
endloser Irrgarten, in der Provence ein Haus zu kaufen;

schließlich hatten wir die langwierige Unternehmung satt, auch als uns klar wurde, daß unsere Verpflichtungen in England mit der Hogarth Press, dem Schreiben und der Politik es ziemlich unwahrscheinlich machten, daß wir je Gelegenheit hätten, viel Zeit in Cassis zu verbringen. Damit war das Projekt gestorben.

Wir blieben eine Woche in Fontcreuse bei Cassis, wo die Familie Bell sich eben in ihrem Landhaus eingerichtet hatte, und dann brachen wir wieder auf nach Dieppe. In jenen Tagen betrachtete ich das Reisen noch ziemlich genauso wie in meinem Distrikt in Ceylon; ich ging davon aus, daß man sich gemächlich irgendwohin begeben konnte, in der Gewißheit, daß man irgendwann seinen Bestimmungsort erreichen würde, aber ohne lange darüber nachzudenken, was von einem Tag auf den nächsten vor einem lag. Deshalb hatte ich auf der Karte einen Weg eingezeichnet, von dem ich annahm, daß es eine hübsche Route mitten durch Frankreich wäre, durch Land, das ich noch gar nicht kannte. Aber da ich in Geographie ziemlich schlecht bin – das Fach habe ich als humanistisch Gebildeter in der Schule nie gehabt –, hatte ich überhaupt nicht bedacht, daß die Mitte von Frankreich das Zentralmassiv ist, die gewaltigen Berge der Cevennen und der Auvergne. Mir war auch nicht klar, daß man Anfang April auf den Höhen dieser Berge noch scheußlichen Schneestürmen begegnen kann. Also fuhr ich nach Tarascon, wo wir übernachteten, und dann durch Alais und Florac nach St. Flour und Aurillac. Ich erschrak ziemlich, als mir vormittags plötzlich ein gewaltiger schwarzer Berg gegenüberstand, an dem sich die Straße hinaufschlängelte. Wir klommen höher und höher, und es wurde schwärzer und schwärzer um uns, auf der Erde wie am Himmel. Die Wolken schienen sich auf unsere Köpfe zu senken, und wir gerieten in einen ungeheuren Schneesturm. Die Landschaft, soweit man etwas davon sehen konnte, erinnerte mich an Wagner und Covent Garden, an die lächerlich melodramatischen Walkürenfelsen und Brünhildes Höhle. Es war alles so wagnerisch, daß ich kaum überrascht war, als sich, während wir mit 25 Stundenkilometer Geschwindigkeit fuhren und in den Schneesturm spähten, die Felswand plötzlich öffnete und einen langen, mit elektrischen Lampen beleuchteten Tunnel freigab. So fuhren wir durch das Massif du Cantal, und als wir auf der anderen Seite des Tunnels herauskamen, erwartete uns strahlender Sonnenschein. Trotz der Sonne waren unsere Schwierigkeiten durchaus noch nicht vorbei, und die Fahrt vom Cantal nach Dieppe war ein ziemlicher Alptraum. Ich hatte wirklich nur gelernt, ein Auto zu fahren, und wußte sehr wenig über sein Inneres oder Äußeres. Deshalb war es mir gar nicht aufgefallen, daß die Reifen sehr abgefahren und die Straßen sehr schlecht waren. Auf den 500 Meilen vom Cantal nach Dreux, wo es mir schließlich gelang, neue Reifen zu kaufen, hatten wir im Schnitt alle fünfundzwanzig Meilen eine Reifenpanne. Mir kam es so vor, als ob es in ganz Frankreich kaum noch eine Straße gäbe, auf der ich nicht im Dreck gelegen und Reifen gewechselt hatte.

Solche Reiseerlebnisse werden aber auf die eine oder andere Art immer wieder durch seltsame Begegnungen ausgeglichen. An diesem Tag kamen wir im Cantal durch einen finsteren, schwarzen, wagnerischen Auvergne-Weiler mit wenigen Hütten, und direkt vor einer Hütte hatte ich eine Panne; ein Mann kam heraus und bot mir an, einen Reifen zu flicken. Es regnete heftig, und wir gingen in die Hütte und unterhielten uns mit der

Familie. An einem Tisch saß ein sechzehnjähriges Mädchen und schrieb einen Brief, der an eine »Brieffreundin« in Brighton gerichtet war. Das Mädchen war nie mehr als zwanzig Meilen von zu Hause fort gewesen, aber es gibt eine internationale Organisation, die solche internationalen Brieffreundschaften fördert – und da hockte sie nun oben auf einem Berg mitten in Frankreich und schrieb an ein Mädchen, das sie nie gesehen hatte und nie sehen würde, das zehn Meilen von uns entfernt in Sussex wohnte. Sie zeigte uns ein Foto und die Briefe dieser Brieffreundin, die die Tochter eines Busfahrers aus Brighton war. Innerhalb einer halben Stunde standen wir mit der ganzen Familie auf freundschaftlichem Fuße. Die Internationalität der barbarisch nationalistischen Welt in den zwanziger Jahren war bemerkenswert.

Gemächlich durch ein fremdes Land zu reisen und dabei Augen und Ohren offenzuhalten, ist eine der besten Möglichkeiten, eine Vorstellung von der internationalen Politik einerseits und der menschlichen Natur andererseits zu bekommen. Ein eigenartiges Beispiel dafür erlebte ich 1935. Vanessa war in Rom, wo sie für sechs Monate ein Haus mit Studio gemietet hatte. Wir hatten vor, den ganzen Mai im Ausland zu verbringen, und zwar wollten wir durch Holland, Deutschland und Österreich nach Rom fahren und für etwa zehn Tage dort bleiben. 1935 fingen die Leute gerade erst an, etwas von dem zu begreifen, was Hitler und die Nazis in Deutschland trieben. Ich war nur einmal in diesem Land gewesen: Virginia und ich hatten eine Woche bei den Nicolsons in Berlin verbracht, als Harold noch im diplomatischen Dienst und an der Berliner Botschaft war. 1935 hatte Harold den diplomatischen Dienst gegen die Politik – er war Abgeordneter – und den Journalismus eingetauscht. Als ich ihm von dem Plan erzählte, über Deutschland nach Italien zu fahren, sagte er, er hätte gehört, daß das Auswärtige Amt Cecil Kisch vom India Office unterrichtet hätte, daß es für Juden nicht ratsam sei, durch Deutschland zu reisen. Er meinte, es wäre am besten, wenn ich jemanden im Außenministerium um Rat fragte. Ich fand es absurd, daß irgendein Engländer, Jude oder Nichtjude, Bedenken haben sollte, irgendein europäisches Land zu betreten. Ich erinnerte mich an Palmerstons berühmte Rede: *»Civis romanus sum*...*«* und daran, wie er die britische Flotte mobilisiert und griechische Häfen blockiert hatte, um den Schaden über 150 £ wieder gutzumachen, der dem britischen Staatsbürger Don Pacifico, einem in Gibraltar geborenen Juden, an seinem Haus in Piräus zugefügt worden war. Zweifellos, dachte ich, würde die britische Regierung darauf bestehen, daß die Nazis und Hitler einen englischen Juden genauso behandelten wie jeden anderen englischen Staatsbürger. Wie dem auch sei, ich kannte damals Ralph Wigram vom Außenministerium; er wohnte in Southease, dem Nachbardorf von Rodmell. Ich rief ihn also an, als wir in Monks House waren, und erzählte ihm, was Harold gesagt hatte. Wigram antwortete, er wolle das lieber nicht am Telefon erörtern und zu uns herüberkommen.

Als Wigram erschien, fand ich seine Haltung eher sonderbar. Er sagte, daß es der Wahrheit entspräche, daß das Außenministerium Juden riet, nicht nach Deutschland zu reisen, und offiziell müsse er mir diesen Rat auch geben. Aber privat und als Freund möchte er doch sagen, daß er das für Unsinn hielte, und daß ich ruhig nach Deutschland fahren könne. Ich sollte nur aufpassen, daß ich nicht in irgendwelche Nazi-Aufmärsche und öffentlichen Feierlichkeiten geriete. Er gab mir außerdem einen Brief an den Fürsten Bismarck, Botschaftsrat an der deutschen Botschaft, und empfahl mir, ihn aufzusuchen. Also suchte ich Bismarck in seinem ziemlich bedrückenden Amtssitz in Carlton House Terrace auf. Bismarck war außerordentlich liebenswürdig – natürlich sollten meine hochgeschätzte Frau Gemahlin und ich nach Deutschland reisen. Es würde keinerlei Schwierigkeiten geben, und er würde mir ein offizielles Schreiben mitgeben, das sicherstellte, daß mir alle Regierungsangestellten beistehen würden, wenn ich Hilfe brauchte. Er gab mir ein höchst eindrucksvolles Dokument, in dem Fürst Bismarck alle Beamten bat, dem hochgeschätzten Engländer Leonard Woolf und seiner hochgeschätzten Frau Gemahlin, Virginia Woolf, alle Höflichkeit zu erweisen und allen Beistand zu leisten, dessen sie bedürftig sein möchten.

Die Fortsetzung war dann amüsant, denn ein Krallenäffchen enthob mich der Notwendigkeit, Bismarcks Brief einzusetzen, um mich vor dem Antisemitismus der Nazis zu schützen. Zu der Zeit hatte ich ein Krallenäffchen mit Namen Mitz, das mich auf meiner Schulter oder innen in meiner Jacke fast immer begleitete. Ich hatte es von Victor Rothschild übernommen. Victor und Barbara wohnten damals in Cambridge. An einem heißen Sommernachmittag waren wir nach Cambridge gefahren, aßen mit ihnen zu Abend und fuhren nach dem Dinner wieder zurück nach London. Wir aßen im Garten, und auf dem Rasen hoppelte ein ziemlich mitgenommenes Krallenäffchen herum, das Victor in einem Trödelladen gekauft und Barbara mitgebracht hatte. Mitz kletterte mir auf den Schoß und blieb den ganzen Abend bei mir. Einen Monat später schrieb mir Victor, daß sie für eine Weile ins Ausland gehen würden, und ob ich Mitz wohl während der Zeit übernehmen würde, da das Äffchen mich und ich das Äffchen offenbar mochte. Ich war einverstanden, und Mitz kam nach Rodmell. Sie war in einem schlechten Zustand, und ich päppelte sie langsam auf. Sie hatte mich gern und ich sie, und als die Rothschilds nach Cambridge zurückkamen, weigerte ich mich – zu ihrer großen Erleichterung –, ihnen Mitz wiederzugeben.

Mitz war ein komisches Tierchen. Sie lebte fünf Jahre bei mir, ein Jahr länger – wie mir der Krallenäffchen-Wärter im Zoo sagte – als der Zoo jemals Krallenäffchen hatte halten können. Sie starb schließlich bei einem plötzlichen Kälteeinbruch an Weihnachten, als in einer bitterkalten Nacht in Rodmell die Elektrizität ausfiel. Tagsüber war sie immer bei mir, aber sobald es abends dunkel wurde, verließ sie mich und rannte quer durchs Zimmer zu einem großen Vogelkäfig voller Seidenreste. Sie rollte sich mitten in der Seide zu einer Kugel zusammen und schlief bis zum nächsten Morgen – sobald die Sonne aufging, verließ sie den Käfig und kam zu mir. Sie war außerordentlich eifersüchtig, was ich gelegentlich ausnutzte, um sie zu überlisten. Im Haus durfte sie sich frei bewegen, aber ich mußte aufpassen, daß sie in Rodmell nicht allein in den Garten entkam, denn dann kletterte sie auf einen Baum und weigerte sich, herunterzukommen. Wenn das doch passierte, bekam ich sie gewöhnlich zurück, indem ich auf eine Leiter stieg und ihr ein Schmetterlingsnetz hinhielt, in das ich den Deckel einer Dose mit einem Klecks Honig gelegt hatte. Honig liebte sie so sehr, daß sie nicht widerstehen konnte, und dann fing ich sie mit dem Netz.

Am Spätnachmittag eines Sommersonntags, als wir gerade ins Auto steigen wollten, um nach London zurückzufahren, entwischte Mitz in Rodmell in den Garten und kletterte fast zehn Meter hoch in eine Linde am Tor. Als ich nach ihr rief, sah ich ihren kleinen Kopf zwischen den Blättern; sie beobachtete mich, wollte aber nicht kommen. Ich versuchte den Trick mit dem Schmetterlingsnetz, aber selbst Honig reizte sie nicht. Also stellte ich mich mit Virginia unter den Baum und küßte sie. Mitz kam so schnell sie konnte herunter, sprang auf meine Schulter und schnatterte ärgerlich. Wir wandten dieselbe List noch einmal mit Erfolg an, als sie in einen großen Feigenbaum entkommen war und ich sie nicht weglocken konnte. Sie mochte den Spaniel recht gern, den ich damals hatte, und bei kaltem Wetter kuschelte sie sich vor dem warmen Kaminfeuer an den Hund. Sie aß fast alles. Mehlwürmer und Obst gehörten zu ihrer regulären Verpflegung. Einmal fing und fraß sie eine Eidechse, und der Wärter im Zoo erzählte mir, daß die Krallenäffchen im Freiluftkäfig manchmal Spatzen fingen und fräßen. Mitz hatte eine Schwäche für Makronen und für Tapiokapudding. Wenn man ihr Tapiokapudding gab, packte sie ihn mit beiden Händen und stopfte sich den Mund so voll, daß der Pudding auf beiden Seiten wieder hervorquoll.

Mitz kam mit, als wir am 1. Mai 1935 von Harwich nach Hoek van Holland übersetzten. Zu der Zeit hatte ich einen Lanchester 18 mit Tickford-Dach, das man zurückkurbeln konnte, um aus dem geschlossenen einen offenen Wagen zu machen. Die meiste Zeit saß Mitz auf meiner Schulter, nur ab und zu legte sie sich zusammengerollt zwischen die Gepäckstücke und Mäntel auf dem Rücksitz und schlief. Wir fuhren acht Tage kreuz und quer durch Holland. Immer, wenn ich nach Holland komme, habe ich das Gefühl, ich hätte die Krone des Bürgertums gefunden. Das Essen, die Behaglichkeit, die Sauberkeit, die Freundlichkeit, der Sinn für Zeit und Beständigkeit, die wunderliche Mischung von Schönheit und Geschmacklosigkeit, die allumfassende Aufgeräumtheit, einschließlich der Natur und dem Meer – alles das ruft einem ins Bewußtsein, daß man hier an den Küsten der deichbewehrten Zuidersee die höchste Erscheinungsform selbstzufriedener Zivilisation des Mittelstands gefunden hat. Man findet das auch in Schweden und Dänemark, aber ich glaube nicht, daß die Skandinavier jemals dieselben Höhen der Kultiviertheit und Selbstzufriedenheit erreicht haben wie die Holländer. Es ist natürlich leicht und seit 1847 und dem Kommunistischen Manifest auch schick, in die bourgoise Zivilisation oder Barbarei Löcher zu hacken, und ich bin sicher, daß ich ersticken würde, wenn ich mein Leben in der Federbett-Gesellschaft von Delft oder Den Haag verbringen müßte. Dennoch hat sie eben auch etliche Vorzüge, und für kurze Zeit ist es sehr angenehm zu spüren, daß man in einem wirklich zivilisierten Land ist, aus dem die Natur mit etwas effektiverem als einer Gabel vertrieben wurde. Jedenfalls ziehe ich die Tradition behaglicher Zivilisation in den Niederlanden der der teutonisch-sentimentalen Barbarei auf der anderen Seite der Grenze vor.

Mitz war bei den Holländern ein großer Erfolg; wo immer wir hinkamen, umringten kleine Gruppen von Leuten den Wagen und gerieten in Verzückung über »das süße kleine Geschöpf«. Am 9. Mai überschritten wir von Roermont aus, in der Nähe von Jülich, die Grenze nach Deutschland, wo ich sofort eine ekelerregende Kostprobe des Nazismus bekam. Als ich in das Zollbüro ging, war vor mir gerade ein Bauer, der einen hochbeladenen Lastkarren hatte. Der Zollbeamte saß an einem Pult, hinter ihm hing ein großes Hitlerbild an der

Wand. Der Bauer hatte seine Mütze nicht abgenommen, und der Beamte steigerte sich in eine gewaltige Tirade über die Unverschämtheit eines Schweins hinein, das vor dem Führerbild seine Mütze nicht abnahm. Ich weiß nicht, ob diese Vorstellung vor allem meinetwegen veranstaltet wurde, aber ich spürte mit einiger Beunruhigung, daß ich in wenigen Metern die Grenze von der Zivilisation in die Barbarei überschritten hatte, und daß es vielleicht ganz gut war, daß ich Fürst Bismarcks Brief in der Tasche hatte.

Der Zollbeamte ließ mich ohne Beleidigung passieren, und ich fuhr weiter nach Köln und von Köln nach Bonn. Auf der Autobahn zwischen diesen beiden Städten wurde mir immer beklommener zumute. Offenbar waren wir die einzigen, die auf dieser Straße fuhren, und auf der ganzen Strecke stand etwa alle zwanzig Meter ein Soldat mit Gewehr. Als ich an einer Stelle ankam, wo ungefähr das Zentrum von Bonn sein mußte, bog ich um eine Ecke und fand mich einem aufgeregten deutschen Polizisten gegenüber, der mich zurückwinkte und brüllte, die Straße sei für den Verkehr gesperrt, weil der Herr Präsident käme. Ich versuchte von ihm zu erfahren, ob irgendeine andere Straße frei wäre, auf der ich nach Mainz fahren könnte, aber er war zu aufgeregt, um irgend etwas anderes zu tun als zu brüllen, daß der Herr Präsident käme.

Ich kehrte um, parkte irgendwo, und wir besichtigten das Beethoven-Haus, um unsere gedrückte Stimmung zu heben. Dann tranken wir eine Tasse Tee und überlegten. Wir befanden uns auf dem rechten Rheinufer, und ich dachte, wenn der Herr Präsident – von dem ich fälschlich annahm, es sei Hitler, in Wirklichkeit war es Göring – auf diesem Ufer nach Bonn käme, dann müßte die Straße nach Mainz auf dem anderen

Ufer für den Verkehr offen sein. Ich mußte also nur eine Brücke
suchen, auf der ich zum linken Ufer käme. Wir verließen das
Café, und ich hielt einen Mann an und fragte ihn, wie ich dorthin käme. Es war ein außerordentlich freundlicher Deutscher,
er stieg mit in unseren Wagen und führte mich über den Fluß.
Dort bot sich uns ein unerklärlicher und beunruhigender
Anblick. Uniformierte Nazis säumten auf beiden Seiten die
Hauptstraße, und in bestimmten Abständen standen reihen-
weise Schulkinder mit Fähnchen. Überall gab es Fahnen, überall wurden Nazilieder gesungen. Wir mußten sehr langsam
fahren, da die Nazis so dicht zur Mitte standen, daß nur ein
schmaler Fahrstreifen offen war. Mir schien es, als ob diese
geordneten Massen ganz offensichtlich auf den Herrn Präsidenten warteten, aber was sollte das bedeuten? Warum waren
die Straßen auf dem rechten Ufer für den Verkehr gesperrt, auf
denen er heil nach Bonn kommen konnte, wenn doch diese SA-
Männer und die Schulkinder hier auf der für den Verkehr geöff-
neten Hauptstraße des linken Ufers warteten, um ihn zu begrü-
ßen?

Jedenfalls hatten wir uns zielsicher in die Situation begeben,
vor der Wigram uns gewarnt hatte. Wir waren von etwas gefangen, das uns, wenn wir die Straße vor uns entlangsahen, wie
eine endlose Prozession begeisterter Nazis vorkam. Aber wir
stellten bald fest, daß wir uns keine Sorgen zu machen brauchten. Es war ein sehr warmer Tag, und ich fuhr mit offenem Ver-
deck, und Mitz saß auf meiner Schulter. Ich konnte nicht
schneller als 25 km/h fahren. Wenn sie Mitz entdeckten,
kreischten die Leute vor Entzücken. Meile für Meile fuhr ich
durch das Spalier ausgelassener Deutscher dahin, und die
ganze Zeit brüllten sie Mitz »Heil Hitler! Heil Hitler!« zu und

grüßten sie (und in zweiter Linie Virginia und mich) mit ausgestrecktem Arm.

Das ging wie gesagt Meile für Meile so, und schließlich hielt ich es nicht mehr aus. Ich beschloß abzubiegen, zum Fluß hinunterzufahren und ein Hotel zu suchen, in dem wir übernachten konnten. Am Ufer des Rheins, der für mich zu den wenigen wirklich häßlichen Flüssen der Welt gehört, fanden wir in dem Ort Unkel ein sehr großes Hotel. Wir waren die einzigen Gäste, und wir hatten ein merkwürdiges Erlebnis, das ein interessantes Licht auf den Standpunkt warf, von dem aus manche Deutsche 1935 Hitler und die Nazis betrachteten. Wir saßen in einem riesigen langen Speisesaal am Ende eines Tisches, und am anderen Ende aßen der Besitzer und seine Frau. Ein einsamer Kellner bediente uns. Am Ende des Dinners kam der Besitzer herüber und fragte, ob wir zufrieden seien. Nach einer kurzen Unterhaltung über Nebensächlichkeiten bat ich ihn um eine Erklärung für den Herrn Präsidenten, die gesperrten und offenen Straßen und die Reihen erwartungsvoller Nazis. Er wurde sofort verschlossen und sagte, davon wüßte er nichts. Aber er verließ uns nicht, und nach einer weiteren zusammenhanglosen Unterhaltung fragte er mich, woher wir kämen. Als ich sagte, vom Tavistock Square in London, wurde er plötzlich zu einem völlig anderen Menschen: Für ihn gab es keinen Zweifel, daß man einem Engländer, der am Tavistock Square wohnte, beruhigt alles sagen konnte.

Und dann kam seine beklagenswerte Geschichte nur so aus ihm herausgeströmt. Er war jahrelang in Richmond am Themseufer Kellner gewesen. Dann war er nach Deutschland zurückgekehrt, um zu heiraten; er selbst wäre gern wieder nach England gegangen, aber seine Frau sprach kein Englisch, und so wurde er Hoteldirektor in Unkel. Bevor die Nazis auftraten, war das ein nettes und blühendes Unternehmen gewesen, immer voll von jungen Leuten, denn die Studenten pflegten von Bonn aus den Fluß heraufzukommen und hier zu feiern. Kurz bevor Hitler die Szene zu beherrschen begann, hatte man unserem melancholischen Wirt die Leitung eines Londoner Hotels angetragen, übrigens am Tavistock Square – er hatte Tränen in den Augen, als er uns das erzählte. Er selbst hätte gern angenommen, aber seine Frau hatte Angst vor der großen fremden Stadt, deren Landessprache sie mit keinem einzigen Wort beherrschte. Also lehnte er ab. Dann ergriffen die Nazis die Macht, und das Leben in Unkel wurde zur Hölle. »Wenn man nur ein Wort der Kritik äußert«, sagte er, »läuft man Gefahr, zusammengeschlagen zu werden. Es geht nur noch um Aufmärsche, Paraden und Drill. Und mein Geschäft ist ruiniert, denn die Studenten in Bonn werden so mit Marschieren und Exerzieren beschäftigt, daß sie kaum noch von Bonn heraufkommen. Und nun bin ich ins Gefängnis.* Sie werden mich nie rauslassen; es ist unmöglich, dieses Land zu verlassen.« Hier platzte der Kellner, der still dagestanden und zugehört hatte, heraus: »Aber ich werde rauskommen! Es ist schrecklich hier – ich werde herauskommen, o ja, das geht – ich werde nach Amerika gehen, da kann man noch leben!«

Am nächsten Tag verließen wir den Direktor, seine Frau und den Kellner in Tränen aufgelöst und fuhren über Mainz und Darmstadt nach Heidelberg; von Heidelberg über Stuttgart und Ulm nach Augsburg; von Augsburg über München zur

---

* Alle im folgenden mit * bezeichneten Stellen sind im Original deutsch [Anm. d. Übers.].

österreichischen Grenze und dann nach Innsbruck. Spaß hatte uns das nicht gemacht; es lag etwas Unheilvolles und Bedrohliches über dem Deutschland von 1935. Die deutsche Tradition ist mit grober und barbarischer Dummheit behaftet. Auf der Fahrt durch die sonnige Landschaft Bayerns spürte man sie unter der Oberfläche und las sie auf den riesigen Bekanntmachungen vor den Ortseingängen, die uns informierten, daß Juden unerwünscht seien.

Nicht, daß wir irgendwo Schwierigkeiten gehabt hätten. Wir vergaßen Bismarcks Brief ganz, denn Mitz brachte uns im Triumph durch alle Situationen. Bezopfte Schulmädchen, blonde arische Fräuleins*, blonde, blühende Fraus*, grimmige SA-Männer gerieten in Verzückung über das liebe kleine Ding*. Was das wäre? Wo es herkäme? Was es fräße? Niemand sagte ein einziges vernünftiges Wort über sie, aber dank Mitz waren wir ungeheuer beliebt. In einem Verkehrsstau in Augsburg ließ ein lächelnder Polizist Autos für sie und für uns Platz machen. Es war auch dem antisemitischsten SA-Mann klar, daß einer, der so ein »süßes kleines Ding« auf der Schulter trug, kein Jude sein konnte.

Als wir uns der österreichischen Grenze näherten, schlug ich Virginia vor, den Zollbeamten Bismarcks Brief zu zeigen, um zu sehen, welche Wirkung er haben würde. Ich hielt an der Zollschranke, und es lief ab wie immer. Als der Beamte Mitz auf meiner Schulter sah, rief er seine Frau und seine Kinder, sie sollten herauskommen und sich das liebe kleine Ding* ansehen. Wir waren bald von zwei oder drei Frauen, vier oder fünf Kindern und mehreren uniformierten Männern umringt. Die üblichen Achs* und Os*, der übliche Schwall überschwänglicher und schwachsinniger Fragen. Ich dachte schon, wir würden nie weiterkommen, aber schließlich beruhigten sie sich und ließen uns durch, ohne irgend etwas zu kontrollieren. Im letzten Augenblick, als wir uns schon mit Handschlag rundherum verabschiedeten, zeigte ich Fürst Bismarcks Brief. Er wirkte sofort und ganz anders als Mitz, das Krallenäffchen. Der leitende Offizier nahm Haltung an, verbeugte sich, salutierte, knallte die Hacken zusammen, ließ alle Männer in Uniform antreten, und als wir weiterfuhren, grüßten sie militärisch.

Am nächsten Tag fuhren wir über den Brennerpaß und dann hinunter und durch Italien nach Rom, wobei wir in Verona, Bologna und Perugia übernachteten. Wie anders wirkte in jenen bedrohlichen Tagen der Faschismus der Italiener als der Nazismus der Deutschen. Unter der Oberfläche des italienischen Lebens war die vulgäre Barbarei Mussolinis und seiner Schurken, die Rosselli ermordeten, zweifellos der Hitlers und Görings ziemlich ähnlich, aber während die deutsche Geschichte der Zivilisation die Möglichkeit genommen hat, sich auch nur für kurze Zeit unter der deutschen Bevölkerung zu verbreiten oder tiefer in sie einzudringen, hat die italienische Geschichte die Einwohner Italiens über 2000 Jahre so tief und nachhaltig zivilisiert, daß keine Barbaren, von Alarich mit seinen germanischen Horden bis zu Mussolini mit seinen eingeborenen Faschisten, je imstande gewesen sind, die Italiener so unzivilisiert zu machen wie die Deutschen. Deshalb brauchte man 1935, ob Jude oder Nichtjude, weder ein Krallenäffchen noch einen Fürst Bismarck zum Schutz gegen die eingeborenen Barbaren.

1920 war ich vierzig, und 1940 wurde ich sechzig. Die Dämmerung senkte sich über das Privatleben wie über das öffentliche Leben. Der Tod ist nach Swinburne eins von den drei Dingen, die »unser Leben wertlos machen«. »Tod«, sagte Virginia im letzten Absatz von *Die Wellen,* »Tod ist der Feind«. Wenn man selbst nicht jung stirbt, kommt der Augenblick im Leben, wo der Tod unablässig im Hintergrund des Lebens droht. Eltern, Brüder und Schwestern, die Teil des eigenen Unbewußten und der Erinnerungen waren, sterben; die engen Freunde der Jugend sterben, unsere Lieben sterben. Jeder Tod, natürlich unausweichlich, aber immer unerwartet und empörend, ist wie ein Schlag auf den Kopf oder ein Stoß ins Herz, wenn er kommt. In jedes Grab gibt man ein winziges Teil von sich selbst.

Die Aushöhlung des Lebens durch den Tod begann für Virginia und mich Anfang der dreißiger Jahre. Unaufhaltsam näherten wir uns der Talsohle, dem Krieg und Virginias Tod. Es begann am 21. Januar 1932, als Lytton Strachey an Krebs starb. Es war der Anfang vom Ende dessen, was wir Old Bloomsbury zu nennen pflegten.

Nach Lyttons Tod versuchte Carrington ohne Erfolg, Selbstmord zu begehen. Es war klar, daß sie es früher oder später wieder versuchen würde. Ralph bat uns, nach Ham Spray zu kommen und sie zu besuchen; er meinte, das würde ihr guttun. Am 10. März fuhr ich morgens mit Virginia hin. Es war einer der quälendsten Tage, die ich je langsam durchlitten habe. Der Tag selbst war ungehörig schön, sonnig, funkelnd. Ich erinnere mich lebhaft an Carringtons große, blaßblaue Augen und den Ausdruck von tödlichem Schmerz darin. Das Haus war sehr kalt; sie bot uns Lunch und Tee an, wir redeten

miteinander, und sie sprach ganz offen von Lytton und seinen Gewohnheiten und seinen Freunden. Anfangs schien sie
ganz ruhig und schüchtern – »hilflos, verlassen«, wie Virginia sagte, »wie ein kleines, zurückgelassenes Tier«. Und
dann plötzlich umarmte sie Virginia und brach in Tränen
aus und sagte: »Es gibt nichts mehr für mich zu tun. Ich
habe alles für Lytton getan. Aber bei allem anderen habe ich
versagt. Die Leute sagen, er hätte sich mir gegenüber selbst-
süchtig verhalten. Aber er hat mir alles andere gegeben. Ich
habe meinen Vater geliebt. Meine Mutter haßte ich. Lytton
war wie ein Vater zu mir. Er hat mich alles gelehrt, was ich
weiß. Er las mir Gedichte vor und Französisch.« Nach dem
Tee brachen wir auf, und kurz bevor wir ins Auto stiegen,
sagte Virginia zu ihr: »Du kommst also nächste Woche zu
uns – oder auch nicht –, ganz wie du magst, nicht wahr?«
Und Carrington sagte. »Ja, ich werde kommen oder nicht
kommen.« Am nächsten Morgen erschoß sie sich.

Zwei Jahre danach starb Roger Fry an den Folgen eines
Sturzes in seinem Zimmer. Roger gehörte natürlich einer früheren Cambridge-Generation an als wir – er war 14 Jahre
älter als ich –, aber er war ein wesentlicher Bestandteil von
Old Bloomsbury und unseres Lebens. Er wohnte in der Bernard Street, eben um die Ecke vom Gordon Square, wo die
Bells wohnten, und vom Tavistock Square, wo wir wohnten,
er lebte also in Bloomsbury und war ein Teil davon. Mit seinem Tod war wieder etwas aus unserem Leben gerissen.

Am 18. Juli 1937 schlug der Tod abermals zu, als Vanessas Sohn Julian getötet wurde, der im spanischen Bürgerkrieg einen Krankenwagen fuhr. Virginia hatte ihn sehr
geliebt und ich auch. Sein Tod, und die Art, wie es geschah,

ein Zeichen und Symptom der dreißiger Jahre, riß noch so
ein schreckliches Loch in unser Leben.

Schließlich starb – ein ganz anderer Tod – kurz vor Ausbruch des Krieges, am 2.Juli 1939, meine Mutter. Sie war
damals eine alte Frau von siebenundachtzig oder acht-
undachtzig Jahren, aber in mancher Beziehung wurde sie nie
alt. Sie blieb immer sehr interessiert und neugierig auf alle
möglichen Dinge und Menschen und war körperlich sehr
aktiv. Sie war klein und dick und impulsiv und nicht bereit,
sich den Beschränkungen und Gebrechlichkeiten des Alters
zu unterwerfen, sie fiel ständig über einen Schemel in ihrem
Zimmer oder einen Kantstein auf der Straße, was gewöhnlich einen Arm- oder Beinbruch zur Folge hatte. Im Alter
von siebenundachtzig Jahren tat sie das einmal zuviel, denn
diesmal gab es bei dem gebrochenen Knochen Komplikatio-
nen, und sie starb in einem Londoner Krankenhaus . . .

Mit dem Tod meiner Mutter standen wir am Anfang des
Zweiten Weltkriegs. Ich möchte noch von einer kleinen
Szene berichten, die sich in den letzten Monaten des Friedens zutrug. Es waren dies die scheußlichsten Monate meines Lebens, weil man hilflos und hoffnungslos zusehen
mußte, wie der unausweichliche Ausbruch des Krieges
näherrückte. Zu den gräßlichsten Dingen jener Zeit gehörte
es, im Radio die Reden Hitlers zu hören, die barbarischen
und wahnsinnigen Rasereien eines rachsüchtigen Verlierers,
der sich plötzlich allmächtig fühlt. Während des Spätsom-
mers 1939 waren wir in Rodmell, und ich hörte mir meistens
die pathetischen, wütenden Reden an. Eines Nachmittags
setzte ich im Obstgarten unter einem Apfelbaum Iris reticu-
lata, diese hübschen violetten Blumen, die wie die Narzissen

»eh' die Schwalb es wagt, erscheinen und des Märzes Wind'
mit ihrer Schönheit fesseln«. Plötzlich hörte ich Virginias
Stimme, die mir aus dem Wohnzimmerfenster zurief: »Hitler
hält eine Rede!« Ich rief zurück. »Ich komme nicht! Ich setze
Iris, und die werden noch blühen, wenn er schon lange tot
ist!« Letzten März, einundzwanzig Jahre, nachdem Hitler
im Bunker Selbstmord beging, blühten immer noch ein paar
von diesen violetten Blumen unter dem Apfelbaum im Obstgarten.

Die letzten Monate des Jahres 1939 und die ersten des Jahres
1940 verbrachten wir abwechselnd am Mecklenburgh
Square und in Monks House. Virginia arbeitete hart – zu
hart. Sie hatte Anfang 1938 sowohl mit *Roger Fry* als auch mit
Zwischen den Akten begonnen und schrieb 1939 das ganze Jahr
daran. *Zwischen den Akten* zu schreiben machte ihr Freude,
während Rogers Lebensbeschreibung ihr zunehmend zur
Last wurde. Dieses Buch, meine ich, hätte sie gar nicht erst
anfangen sollen, aber Margery Fry hatte sie dazu überredet.
Die Realität wohlgeordnet darzustellen, zwingt den Autor
erbarmungslos in eine eiserne Struktur. Es war Virginias
Denken und Stil fremd, diese Struktur in der Vielfältigkeit
der Fakten zu verfolgen und zu beschreiben. Viermal in
ihrem Leben zwang sie sich, ein Buch zu schreiben, das
ihrem künstlerischen und geistigen Naturell widersprach;
viermal war das Ergebnis schlecht für das Buch und schlecht
für sie selbst. *Nacht und Tag* war, wie sie sagte, eine Übung
gewesen – sie hatte eine vage Vorstellung von *Jakobs Raum* im
Kopf, einen Roman, der die traditionelle Form des engli-

schen Romans zerbrechen würde, der neue Ausdrucksformen und einen neuen Stil haben sollte, weil sie mit den traditionellen Mitteln nicht das ausdrücken konnte, was sie
wollte. Aber bevor sie die Form zerbrach, glaubte sie beweisen zu müssen, daß sie einen klassischen Roman in der traditionellen Form schreiben konnte.

Beim zweitenmal waren es *Die Jahre*. 1932 beschloß sie, nach
Orlando und *Flush* einen »Familienroman« zu schreiben, eine zu
der Zeit beliebte Form der Prosaliteratur. Als sie 1932 unter
dem Titel *The Pargiters* (der das Buch als Familienroman kenn-
zeichnete) daran zu arbeiten begann, schrieb sie in ihr Tagebuch:

»Es soll ein ›Essay-Roman‹ werden, *The Pargiters* genannt,
was alles beinhaltet, Sex, Erziehung, Leben usw.«

Und sie fährt fort:

»Das hängt natürlich damit zusammen, daß ich mich all
diese Jahre – seit 1919 – des realistischen Romans enthalten
habe – und *Nacht und Tag* tot ist –, und jetzt stelle ich fest, daß ich
zur Abwechslung unendlich große Freude an Fakten habe, und
darüber hinaus im Besitz vieler bin: Dennoch fühle ich mich ab
und an zum Fiktiven hingezogen, aber ich widerstehe. Ich bin
mir ganz sicher, daß das die richtige Reihenfolge ist, nach *Die
Wellen – The Pargiters* – was zwangsläufig zur nächsten Stufe
führt – zum ›Essay-Roman‹.«

Das Dritte war die Biographie über Roger Fry, die sie sechs
Jahre, nachdem sie *Die Jahre* begonnen hatte, zu schreiben
begann. Mehr als bei einem Roman besteht die Biographie aus
Fakten, und die Fakten bestimmen das Schreiben – Fakten,
und nicht Fiktion. Als ich es das erstemal las, glaubte ich einen
Bruch darin zu entdecken, und Virginia berichtet in ihrem

Tagebuch unter dem 20. März 1940, wie ich ihr beim Spaziergang über die Sumpfwiesen – zweifellos zu emphatisch – klar-
zumachen versuchte, was ich meinte. Wie alles von ihr enthielt
es Dinge, die nur von ihr hatten geschrieben werden können
und sehr gut waren, aber die beiden Ebenen des Buches paßten
künstlerisch nicht zusammen. Sie hatte sich von den Fakten zu
sehr beherrschen lassen, so daß das Buch nie als einheitliches
Ganzes lebendig wurde. Rogers Schwester Margery, Vanessa
und Rogers Freunde und Verwandten waren grundsätzlich
anderer Ansicht, aber ich glaube immer noch, daß ich recht
hatte. Irgendwas wirkt tot an *Roger Fry: A Biography*. Virginia
selbst sagte in dem oben zitierten Absatz ihres Tagebuchs
1932, *Nacht und Tag* sei tot. *Die Jahre* stimmen in sich auch nicht.
Der »realistische Roman«, die Tatsachen, gerieten außer Kontrolle, und das Buch wurde übermäßig lang und zu locker.

Virginia war in jeder Hinsicht eine Intellektuelle; sie hatte
den überzeugenden, logischen, nüchternen Verstand, der für
so viele ihrer männlichen Verwandten unter den Stephens charakteristisch war: ihren Großvater James Stephen vom Kolonialministerium, ihren Onkel James Fitzjames, den Richter
am Hohen Gerichtshof, und ihren Bruder Thoby. Es war also
nicht so, als könnte sie nicht mit Tatsachen umgehen oder daß
ihr induktives und deduktives Denken wenig ausgeprägt wäre,
was Männer so oft ohne rechten Grund für typisch weiblich
halten. Ihre Rezensionen und eben auch diese auf Tatsachen
beruhenden Bücher selbst beweisen es. Aber sie konnte sich mit
Fakten und Folgerungen im Maßstab eines ganzen Buches nur
auseinandersetzen, wenn sie gegen ihre Natur schrieb, indem
sie dauernd etwas unterdrückte, das für ihr besonderes Genie
charakteristisch und notwendig war. Sie sagte es ja auch selbst

in dem oben zitierten Absatz: ». . . Dennoch fühle ich mich ab und an zum Fiktiven hingezogen, aber ich widerstehe.« Das Ergebnis ist eine gewisse Mühseligkeit und Leblosigkeit, die so ganz anders ist als die quecksilbrige Intensität der Romane, in denen sie dem Hang zum Fiktiven nicht widerstanden hat. Noch deutlicher sieht man den Unterschied, wenn man *Ein Zimmer für sich allein* mit *Drei Guineen* vergleicht, dem vierten ihrer auf Fakten beruhenden Bücher. In *Ein Zimmer für sich allein* weicht Virginia den Fakten und Folgerungen zwar nicht aus, aber sie sind von ihrer Phantasie geprägt und erhellt, und das Buch prickelt vor Lebendigkeit; *Drei Guineen* dagegen wird vom Gewicht der Fakten und Folgerungen niedergedrückt.

In all diesen Fällen trug dieser selbst auferlegte Zwang, gegen ihre Natur zu schreiben und ihrem Genie zu widerstehen, zu der geistigen und körperlichen Belastung des Bücherschreibens bei, zu der Erschöpfung und Niedergeschlagenheit, die sie fast immer überwältigte, wenn die Nabelschnur durchtrennt und das Manuskript an den Drucker geschickt war. Das schlimmste Beispiel dafür war die Zeit zwischen Schreiben und Drucken von *Die Jahre*. Zweifellos hatte die Biographie von Roger sie in ganz ähnlicher Weise erschöpft. Sie beendete schließlich ihre Überarbeitung des Buches am 9. April, und sie gab es erst ganz aus den Händen, als am 13. Mai die korrigierten Fahnen an den Drucker zurückgingen. Aber es war eine in mancher Hinsicht gräßliche Schinderei gewesen. Sie sagte, sie hätte »jede einzelne Seite, auf jeden Fall die letzten, zehn- oder fünfzehnmal neu geschrieben«. Anfangs schien sie wegen der Erleichterung, daß sie das Buch fertig hatte und wieder zu Fiktion und Dichtung in *Zwischen den Akten* zurückkehren konnte, weniger beunruhigt und optimistischer zu sein,

als sie es sonst war, wenn ihr Buch kurz vor der Veröffentlichung stand.

Die Nabelschnur, die *Roger Fry: A Biography* mit Virginias
Denken verbunden hatte, wurde, wie gesagt, endlich durchtrennt, als sie am 13. Mai 1940 die Fahnen an den Drucker
zurückgeschickt hatte; dreihundertneunzehn Tage später, am
28. März 1941, beging sie Selbstmord, indem sie sich in die
Ouse stürzte. Diese dreihundertneunzehn Tage stürmischer
und doch langsam fortschreitender Katastrophe gehören zu
den schrecklichsten und quälendsten Tagen meines Lebens.
Meine eigene Welt und die der englischen Geschichte und Zie-
gel und Mörtel von London fielen in sich zusammen. Diese
Erinnerung aus dem Gedächtnis hervorzuholen, wie ich es jetzt
tun muß, wenn ich mich weiterhin öffentlich erinnern will, ist
schwierig und schmerzhaft. Die widerstrebende Rückbesin-
nung auf eine ausgedehnte Leidenszeit tut besonders weh. Die
Aufregung im Augenblick der Katastrophe, der tägliche,
stündliche, minütliche Ansporn, etwas tun zu müssen, sind
unfehlbare schmerzstillende Mittel gegen das Leiden. Ich
staune immer, wenn ich merke, wie man auch den heftigsten
Schmerz vergißt, wenn man sich auf etwas anderes konzentrieren muß, auch wenn es eine Banalität ist. Wenn man sich darauf konzentriert, eine verkehrsreiche Straße in London zu
überqueren, ist das Bewußtsein der Qual von Zahnschmerzen
oder von Liebeskummer ausgelöscht. Aber es gibt keine Ablenkung oder Erleichterung bei der Erinnerung an Trübsal.

Es waren nur ein oder zwei Monate vor ihrem Selbstmord,
als Virginia die Kontrolle über ihren Verstand verlor und
Depressionen und Verzweiflung über sie kamen. Obwohl die
Beanspruchungen und Belastungen des Lebens in London und

Sussex in den acht Monaten zwischen April 1940 und Januar 1941 für sie wie für jeden anderen, der in dieser gepeinigten Region lebte, ungeheuer waren, war sie die meiste Zeit glücklicher und ihr Geist ausgeglichener als gewöhnlich. Ihre Tage-. bucheintragung vom 13. Mai gibt die Atmosphäre jener gewalttätigen Tage und die Ambivalenz ihrer Stimmung und ihres Fühlens so lebhaft wieder, daß ich sie hier zitieren möchte:

»Ich gestatte mir eine gewisse Befriedigung, den Beschluß eines Kapitels und den Frieden, der damit einhergeht, weil ich heute meine Fahnen abgeschickt habe. Ich gestatte – weil wir den dritten Tag der ›größten Schlacht der Geschichte‹ haben. Es begann (hier) mit den 8-Uhr-Nachrichten im Rundfunk, die, als ich noch halb schlief, den Einmarsch in Holland und Belgien bekanntgaben. Der dritte Tag der Schlacht von Waterloo. Im Garten schneit es Apfelblüten. Eine Boulekugel liegt im Teich. Churchill fordert alle Männer auf zusammenzustehen. ›Ich habe nichts zu bieten als Blut und Mühsal und Tränen und Schweiß.‹ Diese mächtigen, nicht greifbaren Bilder breiten sich aus. Sie haben keine Grundlage, aber sie lassen alles andere winzig aussehen. Duncan hat über Charleston einen Luftkampf gesehen – einen silbernen Bleistift und ein Rauchwölkchen. Percy hat die Verwundeten ankommen sehen, die völlig am Ende waren. So fällt mein kleiner Moment des Friedens in ein gähnendes Loch. Aber obwohl L. sagt, er hätte Benzin in der Garage, damit wir uns umbringen könnten, falls Hitler gewinnt, machen wir weiter. Das Zusammentreffen von Mächtigkeit und Winzigkeit ermöglichen uns das. So heftig sind meine Gefühle (wegen *Roger*); aber die Umstände (der Krieg) scheinen sie einzuschnüren. Nein, ich kann das sonderbare Mißverhältnis nicht verstehen; ich fühle so intensiv, und gleichzeitig weiß ich, daß dieses Gefühl ganz unwichtig ist. Oder ist es, wie ich manchmal denke, wichtiger als je zuvor? Ich habe zum Tee heute Korinthenbrötchen gebacken – ein Zeichen dafür, daß ich nicht mehr im Bann der Fahnen bin.«

Als ein paar Tage darauf dazu aufgerufen wurde, sich der »Home Guard« anzuschließen »gegen die Fallschirmspringer«, sagte ich, ich würde mich melden, was zu einer ziemlich bissigen Auseinandersetzung führte, weil Virginia dagegen war, obwohl sie erkannte, daß ich »über die Möglichkeit, etwas zu tun, offenbar erleichtert war«; sie fand »Uniform und Gewehr an mir reichlich lächerlich«. Sie gab zu, daß ihre Nerven unter Belastung der bedrohlichen Unsicherheit überfordert wären. Aber dann sprachen wir noch einmal ruhig darüber, was wir tun würden, wenn Hitler landete. Das mindeste, was ich als Jude zu erwarten hatte, war, daß ich »zusammengeschlagen« würde, das wußten wir. Wir waren uns einig, daß wir keine Zeit zu verlieren hatten, wenn es soweit war. Wir würden die Garagentür schließen und Selbstmord begehen. »Nein«, schrieb Virginia, »in der Garage will ich nicht enden. Ich sehe noch zehn Jahre vor mir, ich schreibe mein Buch, das mir durch den Kopf schießt, wie üblich ... Warum bin ich optimistisch? Oder andererseits doch nicht? Weil er ein Bombast ist, dieser Krieg. Jede alte Dame, die ihre Haube zurechtrückt, hat mehr Realität. Wenn man also stirbt, wird es ein vernünftiges, fades Ende sein – nicht zu vergleichen mit einer ausgiebigen Wanderung und anschließend lesend am Kamin zu sitzen ... Wie auch immer, diese Anspannung kann nicht andauern – wir glauben, nicht länger als zehn Tage. Dies ist ein schicksalsschweres Buch. Noch ein paar leere Seiten – und was werde ich auf die nächsten zehn schreiben?«

Unser alltägliches Leben im Mai und Juni 1940, vor der Bombardierung Londons, kam in geregelte Bahnen. Virginia, da sie *Roger Fry* losgeworden war, machte sich daran, *Zwischen den Akten* zu schreiben, oder *Pointz Hall*, wie sie es noch nannte. Sie kam gut voran und fühlte sich insgesamt ganz wohl dabei. Am 31. Mai konnte sie das Ende absehen, denn den Abschnitt über »Abfall, Schabsel und Schnipsel«, der in der gedruckten Fassung nur fünfunddreißig Seiten vor dem Schluß steht, hatte sie schon. Um ihr ungestörte Ruhe zum Schreiben des Romans zu verschaffen, teilten wir die Zeit zwischen Rodmell und London auf. Alle zwei Wochen fuhren wir an den Mecklenburgh Square und blieben vier Tage dort. Das sicherte Virginia jeweils zehn von vierzehn Tagen, in denen sie ungestört in Rodmell schreiben konnte ...

Jene Tage hatten etwas unheilvoll und bedrohlich Unwirkliches; ein Gefühl, als ob man in einem bösen Traum lebte und kurz davor wäre, aus dieser schrecklichen Unwirklichkeit aufzuwachen und sich in einer noch schrecklicheren Wirklichkeit wiederzufinden. Obwohl es während der Monate des Sitzkrieges so aussah, als sei alles auf unerklärliche Weise einstweilen zum Stillstand gekommen, hatte man ständig ein Gefühl von Unwirklichkeit und fürchtete eine bevorstehende Katastrophe. Dieses Gefühl verstärkte sich noch in den fünf Wochen zwischen Hitlers Einmarsch in Holland und Belgien und dem Zusammenbruch Frankreichs. Über allem lag eine seltsame Atmosphäre, stiller Fatalismus und Warten auf das Unvermeidliche. In Virginias Bericht unserer Tage in London spürt man einen Hauch dieser Atmosphäre. Zum Beispiel saßen Virginia und ich in der ersten Juniwoche, als in Frankreich die große Schlacht tobte, nach dem Dinner mit Rose Macaulay und Kingsley Martin zusammen und redeten bis halb drei Uhr nachts. Kingsley »breitete seinen klebrigen, düsteren Kohlenschleier aus«, prophezeite die Niederlage der Franzosen und die Invasion Großbritanniens innerhalb von fünf Wochen. Eine Fünfte Kolonne würde zur Arbeit gerufen, die Regierung würde sich nach Kanada zurückziehen und uns einem deutschen Prokonsul, einem Konzentrationslager oder dem Selbstmord überlassen. Wir sprachen über Selbstmord, während das elektrische Licht immer schwächer wurde und uns schließlich in völliger Dunkelheit zurückließ.

Am Freitag, dem 14. Juni, besetzten die Deutschen Paris. Während auf der anderen Seite des Kanals so katastrophal Geschichte gemacht wurde, verbrachten wir den Tag unpassenderweise – oder anders betrachtet, angemessenerweise – mit einer Reise aus der Gegenwart in die Vergangenheit. Virginia war nie in Penshurst gewesen, dem großartigen elisabethanischen Herrenhaus in Kent, das der Familie Sidney seit der Zeit des romantischen Sir Philip Sidney gehörte. Wir hatten schon mehr als einmal vorgehabt, an einem Tag, wo das Haus der Öffentlichkeit zu Besichtigungen geöffnet ist, zusammen mit Vita Sackville-West einen Ausflug zu unternehmen. Das taten wir nun am Freitag, dem 14. Juni. Penshurst ist gewissermaßen ein Abriß der englischen Geschichte mit seinem ungeheuren Bankettsaal und seinem gewaltigen Durcheinander von Bildern, Möbeln, Gerätschaften – von denen einige wunderschön, aber viele erstaunlich häßlich sind –, das die großen Adelsfamilien im Lauf der Jahrhunderte in ihren Burgen und Herrenhäusern angesammelt haben. Es war amüsant, Penshurst mit Vita zusammen zu besuchen, die das Blut all dieser Besitzer elisabethanischer Schlösser – wahrscheinlich einschließlich der Sidneys – in ihren Adern hatte und immer ein oder zwei eigene Schlösser mit sich herumzuschleppen schien. Wir gingen durch die Räume und besichtigten all die Raritäten, die sicherlich sehenswert waren, aber ich hatte letztlich das bedrückende Gefühl, durch Jahrhunderte von Geschichte zu laufen, die mumifiziert oder inzwischen im Eisfach konserviert war.

Als wir aus dem riesigen Bankettsaal wieder an die frische Luft kamen, sagte Vita, sie müßte jetzt noch dem Besitzer von Penshurst, Lord de L'Isle and Dudley, einen Besuch machen, denn er würde es ihr nie verzeihen, wenn er hörte, daß sie in Penshurst gewesen sei und ihn nicht aufgesucht hätte. Sie klingelte an der Haustür eines kleinen landhausähnlichen Anbaus an dem großen Haus und wurde eingelassen. Wenige Minuten später kam sie wieder heraus und sagte, Lord de L'Isle bestünde darauf, daß wir auch hereinkämen. Ich habe selten etwas so Fremdartiges und Widersinniges erlebt wie den Anblick des Erben all der Sidneys, wie er im Hause seiner Ahnen saß. Er war ein älterer Herr, offenbar bei schlechter Gesundheit, der in einem kleinen, häßlichen Zimmer saß. Ich weiß nicht, ob mein Wertmaßstab sich verzerrt hatte, nachdem ich all die, in mehr als vier Jahrhunderten angesammelten »Schätze« in dem großen Haus gesehen hatte, aber es kam mir so vor, als würde Lord de L'Isle and Dudley seinen Tee in einem Raum einnehmen, den Woolworth eingerichtet hatte, und dessen einziger Luxus ein Bücherschrank voller Penguins war. Er war ein netter, aber melancholischer Mensch; Vita gegenüber beklagte er sich, daß er die meiste Zeit in seinem Zimmer säße und kaum einen Menschen sähe; seine einzige Ablenkung seien gele-

gentliche Besuche in Tunbridge Wells zum Robber
Bridge...

Am 10. September fuhr ich nach London, mußte aber feststellen, daß es unmöglich war, in das Haus am Mecklenburgh Square zu kommen. Die Polizei hatte den Platz abge-
sperrt, nachdem die Anwohner evakuiert worden waren. Die
Gegend war in der Nacht davor schwer bombardiert worden,
und im Boden vor unserem Haus steckte eine Bombe, die
nicht explodiert war. Die Hogarth Press war lahmgelegt. Ich
konnte nichts tun als nach Rodmell zurückfahren und warten, bis sie die Bombe explodieren ließen. Drei Tage später
fuhr ich wieder für einen Tag hin, um mich mit John Lehmann zu treffen und mit ihm zu besprechen, was wir wegen
der Hogarth Press unternehmen sollten. Die Bombe war zur
Explosion gebracht worden, und unser Haus war in einem
fürchterlichen Zustand, alle Fensterscheiben waren kaputt,
Türen hingen nur noch an einer Angel, und das Dach war
beschädigt. Es wurde bald noch mehr zugerichtet bei der
fürchterlichen Verwüstung durch eine Landmine, die hinter
dem Haus herunterkam, mehrere Familien tötete und durch
all unsere Räume hindurchfegte.

Die Räume der Hogarth Press im Untergeschoß und
unsere Wohnung im dritten und vierten Stock waren unbe-
nutzbar. Alle Fenster waren herausgedrückt, die Decken ein-
gebrochen, und von den meisten Plätzen im Untergeschoß
konnte man ungehindert bis unters Dach blicken, während
Spatzen auf den Dachbalken an den ehemaligen Decken her-
umpickten. Bücherregale waren von den Wänden gekippt,
und die Bücher lagen in Riesenhaufen auf den Fußböden,
von Schutt und Gipsmörtel bedeckt. Im Verlag waren

Bücher, Akten, Papiere, die Druckmaschine und das Letternmaterial in einem schauderhaften rußigen Durcheinander. Das Dach war so schwer beschädigt, daß es an mehreren Stellen durchregnete, und die Wasserleitungen im Haus waren von der Explosion derart mitgenommen, daß gelegentlich eine ohne Vorwarnung brach und sich ein Wasserfall die Treppen herab vom dritten Stock in den Keller ergoß.

Zu der Zeit ließ der Verlag viele seiner Bücher bei der Garden City Press in Letchworth, Hertshire, drucken, und die kam uns jetzt großmütig zu Hilfe. Man bot uns Büros für unsere Mitarbeiter in ihrer Druckerei an, wenn wir sie nach Letchworth evakuieren wollten; wir nahmen das Angebot dankend an, und für den Rest des Krieges wurden alle Geschäfte der Hogarth Press von Letchworth aus betrieben; unsere Mitarbeiter waren alle bereit, bei uns zu bleiben und mit nach Hertfordshire auszuwandern. Die nächsten fünf Jahre verbrachten sie ohne zu klagen in möblierten Zimmern in einer fremden Stadt, fern von daheim und ihren Freunden. John Lehmann blieb weiter im Haus seiner Mutter an der Themse in London wohnen; er reiste ständig nach Letchworth, um die Verlagsarbeit zu überwachen und zu dirigieren. Ich nahm die lange und lästige Tagesreise (zur Kriegszeit) von Lewes nach Letchworth und zurück nur gelegentlich auf mich. Auf einer dieser Fahrten sah ich die grausigsten Verwüstungen, die ein Luftangriff auf London angerichtet hatte. Ich war mit einem früheren Zug von Lewes nach London Bridge gefahren. Als ich aus dem Bahnhof kam, sah ich, daß die halbe Innenstadt während der Nacht zerstört worden war. Es gab keinen Verkehr, keine Busse, keine

Taxis. Ich machte mich auf, um zu Fuß nach King's Cross zu laufen, und kam auch richtig bis Cannon Street, aber nördlich von Cannon Street verirrte ich mich vollständig, obwohl ich dort jede Gasse kannte. Die Hälfte der Straßen war unter rauchenden Trümmerhaufen verschwunden und nicht mehr zu identifizieren. Ganz unverständlich und unheimlich war die Stille. Verkehr gab es nicht, weil die meisten Straßen von Schutthaufen blockiert waren; und Fußgänger waren auch kaum unterwegs. Viele Feuerwehren und Feuerwehrleute richteten ihre Spritzen noch immer auf rauchende Ruinen, und ab und zu traf ich einen Polizisten. Eine Rauchwolke hing über unseren Köpfen, und überall roch man den beißenden Geruch der Brände. Ab und zu sah ich flüchtig Saint Paul's durch den Rauch und über Trümmer hinweg, und obwohl ich die meiste Zeit nicht genau wußte, in welcher Straße ich mich befand, hielt ich mich mit Hilfe der Kathedrale auf grob nordwestlichem Kurs und fand mich so schließlich in der Farringdon Road wieder, von der aus ich durch verhältnismäßig unzerstörte Straßen nach King's Cross kam.

Als wir die Hogarth Press in der Garden City Press in Letchworth untergebracht hatten, mußten wir nachdenken, was wir mit unserem privaten Hab und Gut machen wollten, das auf den Fußböden des Hauses am Mecklenburgh Square verstreut war. Irgend etwas mußte geschehen, um es vor Wind und Regen zu schützen, die durch die zerbrochenen Fenster über es hinwegfegten. Schließlich gelang es mir, einen Transport nach Rodmell zu organisieren. Aber es ging nicht nur um Möbel für sechs oder sieben Zimmer, es gab noch Tausende von Büchern, eine riesige Druckmaschine und eine beachtliche Menge Lettern und Druckmaterial. Ich hatte das Glück, zwei Räume in einem Bauernhaus in Rodmell sowie einen großen Lagerraum in einem anderen Haus in Rodmell mieten zu können. Dort und in jeden freien Winkel unseres Hauses stopften wir die Berge von Büchern und Möbel und Kücheneinrichtungsgegenstände, die sich mit den Druckereidingen zu einem chaotischen Durcheinander vermischten.

In dem großen Wohnzimmer im Erdgeschoß von Monks House stapelten sich die zahllosen Bücher, die wir in London gehabt hatten, auf Tischen und Stühlen und überall auf dem Fußboden. Ich war immer ein leidenschaftlicher Käufer und Sammler von Büchern gewesen, Virginia ebenfalls, und außerdem hatte sie die Bibliothek ihres Vaters geerbt. Es war die Art von Bibliothek, wie man sie von einem vornehmen Gentleman, der das *Dictionary of National Biography* herausgab und ein bedeutender Kritiker und Essayist war und zu Zeiten der Königin Victoria in geräumigem Wohlstand lebte, erwarten konnte. Dort standen auf seinen Regalen die vollständigen Ausgaben der englischen und französischen Klassiker in zehn, zwanzig, dreißig oder vierzig, oft prunkvoll in Kalbsleder gebundenen Bänden. Jetzt standen sie schmutzig und in hoffnungslosem Durcheinander in unserem Wohnzimmer.

Im Rückblick von Virginias Selbstmord im März 1941 auf die letzten vier Monate von 1940 habe ich mich natürlich oft gefragt, warum ich bis Anfang 1941 keine Anzeichen der drohenden Katastrophe wahrgenommen habe. Wie sah es wirklich in ihrem Inneren aus, und wie stand es um ihre Gesundheit im Herbst und zu Beginn des Winters 1940? Ich meinte damals und denke das auch heute noch, daß ihr Gemüt damals ruhiger und stabiler, ihre Stimmung zufriedener und heiterer war als gewöhnlich. Wer sich mitten in einem Orkan oder Tornado befindet, meint, von tödlicher Stille eingeschlossen zu sein, während rundherum ein einziger Aufruhr von brüllenden Winden und Wellen tobt. Es war, als hätten wir in den letzten Monaten 1940 in Rodmell plötzlich das stille, bewegungslose Zentrum des Hurrikans Krieg betreten. Es war eine Pause, nur eine Pause, in der wir auf die nächste Katastrophe warteten, aber wir warteten in vollkommener Stille, ohne Spannung, mit der drohenden Invasion über uns und Bomben und Luftangriffen rund um uns herum. Teilweise fühlten wir uns sowohl körperlich als auch gesellschaftlich abgeschnitten, ausgesetzt. Wir waren aus London herausgebombt worden. Ab November mußte man Benzin horten, und es war nicht mehr möglich, mit dem Auto nach London zu fahren. Die Fahrt mit dem Zug wurde immer umständlicher.

All das bedeutete, daß Virginia und ich zum ersten Mal in unserem Leben uns wie Landbewohner, Dörfler vorkamen. Außerdem waren wir zum ersten Mal völlig ohne Dienstboten im viktorianischen Sinn. Vor dem Krieg hatten wir in London unseren Personalbestand bis auf eine Köchin reduziert, die seltsame, schweigsame, melancholische Mabel. Als die Luftangriffe auf London anfingen, war sie zu uns nach Rodmell gekommen, aber obwohl sie eine typische Frau vom Land aus dem Westen Englands war, mochte sie das Land nicht und haßte es, von London fort zu sein. Nach ein paar Wochen Rodmell hielt sie es nicht mehr aus und entschied, daß ihr die Bomben in London lieber wären. Sie verließ uns endgültig, zog zu ihrer Schwester und arbeitete in einer Kantine. Ohne Personal,

ohne jede Verantwortung für irgend jemanden außer uns
selbst, hatten wir noch mehr das Gefühl von Freiheit, und
gleichzeitig empfanden wir die tödliche Stille im Zentrum des
Hurrikans stärker.

Die Stille kam zum Teil von der Routine, die sich ausgebreitet hatte, der angenehmen Monotonie des Lebens. Wir arbeiteten den ganzen Morgen, aßen etwas zum Lunch, gingen nachmittags spazieren oder arbeiteten im Garten, spielten eine
Runde Boule, machten das Dinner, lasen Bücher und hörten
Musik und gingen dann ins Bett. Virginias Tagebuch zeigt
deutlich, daß ihr dieses Leben Gelassenheit und Zufriedenheit
schenkte. Am 10. Oktober schrieb sie:

»Wie frei, wie friedlich wir leben. Niemand kommt. Keine
Dienstboten. Essen, wann wir wollen. Ein schlichtes Leben.
Ich finde, wir haben unser Leben ziemlich gut im Griff.«

Und zwei Tage später zeigt die folgende lange Eintragung
die Tiefe ihrer Stimmung und deren Hintergrund:

»Ich wollte, ich könnte mir den Tag noch voller packen.
Bücher sollte man fressen können. Wenn es nicht Verrat wäre,
das zu sagen, ein Tag wie dieser ist fast zu – ich will nicht sagen
glücklich, aber gefügig. Die Harmonien variieren sich von
einer hübschen Melodie zur anderen. Alles tritt auf (heute) wie
auf einer großen Bühne. Hügel und Felder; ich kann meine
Augen nicht abwenden; Oktoberglanz; braune Äcker, und das
Moor in Verwesung und neuem Erblühen. Jetzt steigt der
Nebel auf. Und eine ›Annehmlichkeit‹ folgt der anderen: Frühstück, Schreiben, Spazierengehen, Tee, Boule, Lesen, Süßig-
keiten, Bett. Ein Brief von Rose über ihren Tag. Fast ließ ich zu,
daß er meinen zerstört. Meiner erholt sich. Die Erde dreht sich
wieder. Oberflächlich – oh ja. Und ich dachte, ich sollte stärker

werden. Teils wegen Rose. Teils weil mich diese passive Duldsamkeit erschreckt. Ich zehre von der Intensität. In London würde ich jetzt – oder vor zwei Jahren – durch die Straßen streifen. Mehr Pack und Packendes als hier. Also muß ich das ausfüllen – womit? Ich denke mit Bücher-(schreiben). Und jederzeit kann mich die nächste Welle überrollen. Nein, ich werde das nicht wieder unter die Lupe nehmen. Erinnerungsfetzen erfrischen meinen Geist. Von den drei kleinen Artikeln aufgezogen (von denen einer heute kam), hab' ich eine Seite über Thoby abgespult.

Fisch vergessen. Ich muß mir ein Dinner einfallen lassen. Aber es ist alles so himmlisch frei und einfach – L. und ich allein. Wir haben Louies Lohn diese Woche von 12 auf 15 s erhöht.* Sie ist so unschuldig und strahlt wie ein kleiner Junge, dem man ein Trinkgeld gegeben hat. Noch ein Vergnügen. Und all die Kleider-, Sybil- und Gesellschaftsschinderei ist wie weggewischt. Aber ich möchte auf diese Kriegsjahre zurückblicken, wie auf etwas Positives. L. pflückt Äpfel. Sally bellt. Ich stelle mir die Invasion eines Dorfes vor. Merkwürdig, der Widerspruch zwischen dieser Welt und dem Leben draußen. Genug Holz für viele Winter gekauft. All unsere Freunde sitzen isoliert an ihren Winterfeuern. Briefe von Angelica, Bunny usw. Keine Autos. Kein Benzin. Zugverkehr unsicher. Und wir auf unserer schönen freien Herbstinsel. Aber ich will Dante lesen, auch für meine Reise durch die englische Literaturgeschichte. Ich war froh, den

---

* Louie wohnte seit 1932 in einem der beiden Häuschen, die mir in Rodmell gehören. Sie war »Mädchen für alles«, kam um acht und wusch ab, machte die Betten und putzte das Haus – das tut sie noch 1969.

Lesesaal der öffentlichen Bibliothek, der ich mich zugehörig fühle, ganz voller Leser zu sehen.«

Eine andere Eintragung in ihrem Tagebuch (vom 2. Oktober) gibt auch ein lebendiges Bild ihrer Stimmung in jenem Herbst, eine Art tiefer Ruhe und dem Tod wachsam ins Auge sehend. Der Tod war nicht mehr, wie für uns alle unser Leben lang, das Ende des Lebens, das man immer nur in weiter Ferne sieht, unwirklich, durch das falsche Ende des Lebensfernrohres, denn jetzt war er etwas Unmittelbares, außerordentlich Nahes und Reales; er schwebte ständig über uns und konnte jederzeit mit einem großen Knall vom Himmel fallen – und uns vernichten. »Gestern nacht«, schrieb sie, »fielen laut und heftig Bomben unter unserem Fenster. So nahe, daß wir beide zusammenfuhren.« Ihre spontane Reaktion war: »Ich sagte zu L.: Ich will jetzt noch nicht sterben.« Und dann folgt die außerordentlich lebendige Beschreibung, wie es sein würde, wenn man von einer Bombe getötet würde:

»Ich versuche mir vorzustellen, wie man von einer Bombe getötet wird. Ich sehe es ganz deutlich vor mir – dieses Ereignis: Aber ich sehe nichts als erstickende Leere danach. Ich sollte denken – Oh, ich wollte doch noch weitere zehn Jahre – nicht jetzt – und darf nicht die Möglichkeit haben, es beschreiben zu können.« . . .

Virginias Einstellung zum Tod war eine ganz andere als meine. Er war ihr immer gegenwärtig. Die Tatsache, daß sie schon zweimal versucht hatte, Selbstmord zu begehen – und es ihr beinahe gelungen wäre –, und das Wissen, daß die schreckliche Verzweiflung der Depression sie jeden Moment wieder überwältigen konnte, bedeutete, daß der Tod ihren Gedanken

nie sehr fremd war. Sie fürchtete ihn, und doch war sie auch
»halb verliebt in einen friedlichen Tod«. Aber in jenen letzten
Monaten des Jahres 1940, als wir ganz von Tod umgeben
waren und das Krachen der Bombe dicht neben uns war,
»sagte ich zu L: Ich will jetzt noch nicht sterben«. Der Grund
dafür war, daß sie ruhiger und glücklicher war als gewöhnlich.
Das war zum großen Teil auf Wohlgefühl und Befriedigung
beim Schreiben zurückzuführen. Es ist seltsam und paradox,
daß *Zwischen den Akten,* das kurz darauf eine so große Rolle bei
ihrem Zusammenbruch und Selbstmord spielen sollte, ihr
während des eigentlichen Schreibens so wenig Ärger und Sorgen machte. »Hatte nie eine bessere Schreibsaison. *P. H.*« *(Zwischen den Akten)* »macht mir richtig Freude«, schrieb sie am
6. Oktober 1940 in ihr Tagebuch. Und am 5. November: »Ich
bin sehr ›glücklich‹, wie man so sagt, und aufgeregt über *P. H.*«
Und als sie das Buch am 23. November abgeschlossen hatte,
schrieb sie:

»Ich frohlocke ein bißchen wegen des Buches. Ich glaube, es
ist ein interessanter Versuch in einem neuen Stil. Ich glaube,
daß es gehaltvoller ist als die anderen. Ich habe mehr Rahm
abgeschöpft, und er ist fetter, auf jeden Fall frischer als die
unseligen *Jahre.* Ich habe fast jede Seite mit Freude geschrieben.«

Es ist bezeichnend, daß sie an dem Morgen, nachdem sie
Zwischen den Akten fertiggestellt hatte, bereits an das erste Kapitel ihres nächsten Buches dachte. So war es immer bei ihr;
bevor sie ein Buch abgeschlossen hatte, hatte sie das Thema
und die Struktur eines nächsten bereits in Umrissen im Kopf.
Das Buch, das *Zwischen den Akten* folgen sollte und das sie nicht
mehr schreiben konnte, hätte *Anon* heißen sollen, ein »von Tat-

sachen gestütztes Buch«. »Ich habe vor«, schrieb sie, »den Gipfel meines Könnens – die beständigen Bilder – zum Ausgangspunkt zu machen.« So vergingen die letzten Monate des Jahres 1940 für Virginia in einer wirklichen – und doch falschen – Ruhe. Im November ereignete sich ein komischer Zwischenfall, der für Virginias unantastbaren Feminismus bezeichnend war. Viele männliche Kritiker haben sie deshalb – und mit deutlichem Hinweis auf *Drei Guineen* – scharf kritisiert, aber ich persönlich finde, daß sie vollkommen recht hatte. Morgan Forster fragte bei ihr an, ob er sie für den Verwaltungsrat der London Library vorschlagen dürfe. Während er Jahre vorher, als er Virginia in der London Library traf und ihr von der Organisation und Verwaltung der Bibliothek erzählte, »die Nase über Frauen im Verwaltungsrat rümpfte«. Damals hatte Virginia den Fall nicht kommentiert, aber für sich beschlossen: »Eines Tages werde ich ablehnen.« Und so empfand sie an diesem Donnerstag, dem 7. November, eine gewisse stille Befriedigung dabei, nein zu sagen. »Ich will kein Schönheitspflästerchen sein«, notierte sie in ihrem Tagebuch. Viele Leute finden das kleinlich und belanglos. Ich bin nicht dieser Ansicht: Ich finde, daß sich in dieser augenscheinlichen Belanglosigkeit etwas von grundlegender gesellschaftlicher Bedeutung offenbart. Eins der größten sozialen Übel ist immer die Klassenunterdrückung und Klassenherrschaft gewesen. Der Kampf zur Beendigung der Unterdrückung von Frauen ist bitter und langwierig gewesen; er war 1940 durchaus noch nicht vorbei und ist es auch 1968 nicht. Das männliche Monopol und die ureigenen männlichen Interessen kann man – natürlich in geringem Ausmaß – an all den ausschließlich männlichen Ausschüssen von Institutionen wie der London Library sehen. Vir-

ginia war 1940 bereits seit vierzig Jahren Mitglied der Bibliothek. Sie eignete sich hervorragend für den Verwaltungsrat,
ebenso wie viele andere Frauen, die Mitglieder der Bibliothek
waren. Es gibt keinen Zweifel, daß viele von ihnen, wenn sie
Männer gewesen wären, in den Ausschuß gewählt worden
wären. Und es ist grotesk, daß vor 1940 keine von ihnen
gewählt worden war und daß Morgan über die Vorstellung
von Frauen im Verwaltungsrat die Nase rümpfen konnte. Und
das Schauspiel eines männlichen Ausschusses, der plötzlich
begierig ist, eine Frau zu wählen – »ein Schönheitspflästerchen, jemand, der den Schein wahrt« –, um seine Vorurteilslo-
sigkeit zu demonstrieren, ist durchaus nicht ungewöhnlich.
Der Verfechter der Gleichberechtigung entdeckt in diesen
Belanglosigkeiten echte soziale Bedeutsamkeit...

Ihre Tagebuchaufzeichnungen der letzten zwei Monate von
1940 bezeugen Virginias Gelassenheit. Es gibt nur eine Eintragung, die belegt, daß sie gelegentlich gereizt und unausgegli-
chen war. Das scheint dem Vorangegangenen zu widerspre-
chen, doch es war einfach so, daß Virginia jeden Moment ihres
Lebens von solchen kurzen und heftigen Anfällen von Gereizt-
heit heimgesucht werden konnte. Man kann höchstens nach-
träglich etwas außergewöhnlich Ernstes in diesen Ausbruch
hineinlesen. Dennoch ist es ein seltsamer Ausbruch. Am
28. November hielt ich einen Vortrag (ich weiß nicht mehr,
worüber) vor dem Arbeiter-Bildungsverband. Wie alle anderen wurden wir oft gebeten – Virginia würde gesagt haben,
geplagt –, so etwas zu tun. Am 29. November schrieb Virginia
in ihr Tagebuch:

»Viele, viele tiefe Gedanken haben mich aufgesucht. Und
sind entschwunden. Die Feder streut ihnen Salz auf den

Schwanz; sie sehen den Schatten und fliegen davon. Ich hab' an
Vampire gedacht. Blutegel. Jeder, der 500 im Jahr verdient
und gebildet ist, wird von den Blutegeln sofort ausgesaugt. L.
und ich im Teich in Rodmell, und wir werden ausgesaugt, ausgesaugt, ausgesaugt. Ich sehe ein, warum jemand Guineas auf-
saugt. Aber Leben, Gedanken – das geht ein bißchen weit. Wir
haben die Gescheiten gegen die Toren getauscht. Die Toren
beneiden uns um unser Leben. L.s Vortrag gestern abend hat
Schmarotzer angezogen.«

Erst in den ersten Tagen 1941 begann sich die tiefe Verwirrung ihres Geistes deutlich zu zeigen. Ich möchte noch weiter
aus ihrem Tagebuch zitieren, weil ihre eigenen Worte auf-
schlußreicher und authentischer sind als mein Gedächtnis. Die
seltsame Eintragung vom 9. Januar zeigt ihre Beschäftigung
mit dem Tod:

»Weiße. Alles Frost. Rauhreif. Brennend weiß. Brennend
blau. Die Ulmen rot. Ich wollte eigentlich nicht schon wieder
die Downs im Schnee beschreiben, aber es kam so. Und selbst
jetzt kann ich den Blick nicht von den Hügeln von Asheham
abwenden, rot, lila, taubenblaugrau, und davor so melancholisch das Kreuz.* Wie heißt der Satz, der mir immer wieder in
den Sinn kommt – oder den ich vergesse. Wirf einen letzten
Blick auf alles, was schön ist.

Gestern wurde Mrs. Dedman falsch herum beerdigt. Eine
Panne. Eine so schwere Frau, wie Louie es ausdrückte, die sich
ungeniert an dem Grab ergötzte. Heute begräbt sie die Tante,
deren Mann die Vision bei Seaford hatte. Ihr Haus wurde von

---

* Man sieht das Steinkreuz auf der Kirche von Rodmell von unserem Wohnzimmerfenster aus.

der Bombe getroffen, die wir letzte Woche morgens früh gehört haben. Und L. hält Vorträge und räumt das Zimmer auf. Sind das die interessanten Dinge? Die einem ins Gedächtnis rufen; die sagen, bleib, du bist so schön? In meinem Alter ist das ganze Leben so schön. Ich meine, da ich nicht annehme, daß noch viel folgen wird. Und auf der anderen Seite des Hügels wird es keinen leuchtend blau-roten Schnee geben.«

Um den 25. Januar herum, glaube ich, zeigten sich dann die ersten Symptome einer ernsthaften seelischen Störung. Sie fiel in einen »Abgrund der Verzweiflung«, wie sie es nannte. Es war ein plötzlicher Anfall, und er dauerte zehn oder zwölf Tage. Etwas daran war seltsam, denn als er vorbei war, sagte sie selbst, sie könne sich nicht erinnern, weshalb sie so deprimiert gewesen wäre. Es schien nichts mit ihrer Überarbeitung von *Zwischen den Akten* zu tun zu haben – tatsächlich notierte sie am 7. Februar, daß sie fast leidenschaftlich geschrieben hätte. Trotzdem bin ich überzeugt, daß das, was geschehen sollte, mit der Belastung durch die Überarbeitung des Buches zu tun hatte und mit der schwarzen Wolke, die sich immer über ihrem Geist zusammenzog, wenn ein Buch fertig war. Mir war anfangs nicht bewußt, wie ernst diese Symptome waren, obwohl ich sofort unruhig wurde und Maßnahmen ergriff, die ich später beschreiben werde. Unter anderem ließ ich mich dadurch täuschen, daß der Anfall so plötzlich kam. Seit Jahren war ich daran gewöhnt, auf Gefahrensignale in Virginias Geist zu achten, und die warnenden Symptome waren langsam und unverkennbar aufgetreten: Die Kopfschmerzen, die Schlaflosigkeit, die Unfähigkeit, sich zu konzentrieren. Wir hatten gelernt, daß sie einem Zusammenbruch ausweichen konnte, wenn sie sich sofort in einen Winterschlaf oder einen Kokon der

Reglosigkeit zurückzog, sobald sich die Symptome zeigten. Aber diesmal hatten uns keine Symptome dieser Art gewarnt. Die Depression traf sie wie ein plötzlicher Schlag.

Ich glaube, es war etwa Mitte Januar, als Virginias Zustand mich zu beunruhigen begann und ich Octavia Wilberforce konsultierte. Octavia war eine bemerkenswerte Persönlichkeit. Ihre Vorfahren waren die berühmten Wilberforces, die der Bewegung zur Abschaffung der Sklaverei vorgestanden hatten; ihre Portraits hingen in Octavias Wohnung, und sie hatte ihre herrlichen Möbel und ihre erstklassige Bibliothek mit Büchern aus dem 18. Jahrhundert geerbt. Ihre und Virginias Familie waren eng verbunden, weil beide ihre Wurzeln in der Clapham Sekte hatten. Octavia war in einem großen Haus in Sussex geboren, und man hatte sie standesgemäß zu einer jungen Dame erzogen, wie man sie in den Häusern der typischen englischen Landedelmänner findet. Doch obwohl sie vollkommen die englische Lady der oberen Mittelklasse verkörperte, war sie doch nie eine typische junge Dame. *Illi robur et aes triplex circum pectus erat* – ihr waren Eiche und Messing dreifach um die Brust gelegt – das galt für alle wichtigen Dinge des Lebens. Sie war groß, kräftig, stabil, bedächtig und absolut zuverlässig, wie eine englische Eiche. Mit der Geschichte Englands und dem englischen Boden von Sussex war sie fest verwurzelt, und uns beiden war sie auf ihre zurückhaltende Art tief verbunden. Sie war schon eine junge Dame, als sie beschloß, Ärztin zu werden, eine befremdliche, beunruhigende Entscheidung, denn in den Gutshäusern von Sussex wurden junge Damen zu der Zeit nicht Ärztinnen; sie spielten Tennis und besuchten Bälle, um zu heiraten und in weiteren Gutshäusern weitere junge Damen zu gebären, die ihrerseits noch

in weiteren Gutshäusern weitere junge Damen gebären würden. Octavias Plan wurde von ihrer Familie nicht gutgeheißen,
und sie wurde von ihnen nicht ermutigt. Erschwerend kam
hinzu, daß ihre Erziehung zur jungen Dame nicht dazu angetan war, ihr die für ihre Qualifikation zur Ärztin erforderlichen
Prüfungen leicht zu machen. Aber ihre ruhige Entschlossen-
heit, Eiche und dreifach Messing, machten es ihr möglich, alle
Schwierigkeiten zu überwinden. Sie wurde eine erstklassige
Ärztin in Brighton.

   Octavia hatte eine Praxis am Montpelier Crescent in Brighton, wo sie mit Elizabeth Robins zusammen wohnte. 1928 lernten wir sie kennen. Virginia hatte den Preis der Femina Vie
Heureuse zugesprochen bekommen, und an einem Nachmittag im Mai fuhren wir zum Französischen Institut in der Crom-
well Road, um der Preisverleihung beizuwohnen. Nachdem
Hugh Walpole eine Rede gehalten hatte und der Preis über-
reicht worden war, begann der übliche Wirbel und »Little Miss
Robins, die wie ein Rotkehlchen zwitscherte*«, machte sich
mit Virginia bekannt. Sie hatte Leslie und die ganze Stephen-
Familie gekannt, als Vanessa und Virginia noch klein waren,
und sie hatte die Gabe eines lebendigen visuellen Erinnerungs-
vermögens. Ereignisse, die weit zurück und weit entfernt lagen,
beschrieb sie mit einer Lebendigkeit, als würde sie sie durch das
falsche Ende eines Fernrohrs betrachten. Von Virginias Mutter erzählte sie so lebhaft, daß man sie erstmals als lebendige
Frau vor sich sah, eine ganz andere Person als die fromm-
schmachtende Puppe aus den Erinnerungen ihres Mannes und

---

* Zitate aus Virginia Woolfs Tagebucheintragung vom 4. Mai 1928. [Anm. d.
Hrsg.]

sogar von Mrs. Camerons Photos: »Mit ihrem Madonnenge-
sicht sagte sie manchmal etwas so Unerwartetes, daß man es
geradezu als *bösartig* empfand*.« Wir luden Elizabeth zum
Dinner zu uns ein und besuchten sie später in Brighton, und so
lernten wir Octavia kennen.

Im Sommer 1939 und der ersten Hälfte des Jahres 1940
sahen wir Elizabeth und Octavia häufiger und besuchten sie
auch. In der zweiten Hälfte von 1940 ging Elizabeth nach Amerika, trotzdem trafen wir uns weiter mit Octavia. Sie war praktisch Virginias Arzt geworden, und als ich mir Anfang 1941
über Virginias psychische Gesundheit Gedanken zu machen
begann, berichtete ich Octavia darüber und konsultierte sie
offiziell. Die große Schwierigkeit, die immer auftrat, wenn Virginia von einem Zusammenbruch bedroht war – und die,
glaube ich, bei Geisteskrankheiten immer und immer wieder
auftritt –, lag in der Entscheidung darüber, ob man richtig
daran tat, sie dazu zu drängen, daß sie Schritte – drastische
Schritte – unternahm, um den Anfall abzuwehren. Drastische
Schritte bedeutete ins Bett gehen, absolute Ruhe halten, viel
essen und viel Milch trinken. Aber Teil der Krankheit war, die
Krankheit zu leugnen und die Behandlung abzulehnen. Dabei
bestand immer die Gefahr, daß man den Punkt erreichte, wo
das fortgesetzte Drängen auf die notwendigen Schritte nicht
nur den Widerstand vergrößerte, sondern auch ihre schreckliche Depression. Nahrungsmittel waren in jedem Fall ein Problem wegen der Rationierung und Knappheit, und Octavia,
die in Henfield einen Bauernhof mit einer Herde Jerseykühen
besaß, kam im Januar und Februar jede Woche einmal zu uns
zum Tee und brachte Milch und Sahne mit.

Zwölf Tage nach Virginias »Abgrund der Verzweiflung«

war diese trübe Stimmung vorbei, und sie schrieb in ihr Tagebuch: »Warum war ich deprimiert? Ich kann mich nicht erinnern.« Das war am 7. Februar. Am 11. Februar fuhren wir für zwei Nächte nach Cambridge und besuchten die Hogarth Press in Letchworth. Virginia schien das Spaß zu machen – die übliche Runde in Cambridge, wir besuchten Pernel Strachey, die Direktorin von Newnham, und trafen uns mit Dadie Rylands im King's zum Dinner. Dann hatten wir häufiger Besuch: Elizabeth Bowen kam für zwei Nächte, Vita Sackville-West und Enid Jones. Wieder schien das meiste Virginia Freude zu machen, und ich war weniger beunruhigt. Ihre Tagebucheintragung vom 26. Februar gibt ihren Gemütszustand wieder:

»Gestern hörte ich in der Damentoilette im Sussex Grill in Brighton: ›Sie ist ein einfältiges kleines Ding. Ich mag sie nicht. Aber er hat sich nie etwas aus großen Frauen gemacht. (Dann zu Bert:) Seine Augen sind so blau. Wie blaue Seen. Gerts auch. Sie haben die gleichen Augen. Nur ihre Zähne stehen ein bißchen auseinander. Er hat wunderbare weiße Zähne. Immer gehabt. Es macht Spaß, die Jungen um sich zu haben . . . Wenn er nicht aufpaßt, landet er noch vorm Kriegsgericht.‹

Sie puderten und schminkten sich, diese gewöhnlichen kleinen Nutten, während ich hinter einer dünnen Tür saß und so leise wie möglich p . . . te.

Dann bei Fuller. Eine fette, aufgetakelte Frau mit rotem Jägerhut, Perlen, kariertem Hemd, die fette Kuchen aß. Ihre schäbige Begleitung stopfte sich ebenfalls voll. Gegenüber wurden aus Hudsons Lieferwagen Kekse ausgeladen. Die fette Frau hatte ein unaufrichtiges, großes weißes Teiggesicht. Die andere war leicht angegrillt. Sie aßen und aßen. Redeten von

Mary. Aber wenn sie krank ist, mußt du zu ihr gehen. Du bist die einzige . . . Aber warum sollte sie krank sein? . . . Ich hab' die Marmelade aufgemacht, aber John mag sie nicht. Und wir haben zwei Pfund Kekse oben in der Dose . . . Sie haben etwas Parfümiertes, Unechtes, Parasitäres an sich. Dann zählten sie Kuchen zusammen. Und quatschten mit der Kellnerin. Woher kommt das Geld, diese fetten weißen Schnecken zu füttern? Brighton, ein Paradies für Schnecken. Gepudert, gestopft, ein bißchen ungehörig. Ich setzte sie in ein großes Haus am Sussex Square. Wir fuhren mit dem Rad. Ärgerten uns wie gewöhnlich über die Blasphemie von Peacehaven. Helen ist durchgefallen; ich meine das Haus, das ich ihr mit X zusammen besorgt habe an dem Tag, wo X mit Vita zum Lunch bei uns war. Und ich kam mir so unordentlich und doch kühl vor, und sie war gereizt und spröde. Lange keine Spaziergänge. Jeden Tag Leute. Und die Gedanken schwirren in meinem Kopf. Und ein paar leere Stellen. Essen wird zur fixen Idee. Ich mißgönne anderen einen Gewürzkuchen. Alterserscheinung oder der Krieg? Egal. Abenteuer. Durchhalten. Aber werde ich je wieder einen von diesen Sätzen schreiben, die mir so ungeheuer Freude machen? In Rodmell gibt es kein Echo, nur nutzlose Luft . . . Ich hab' den Nachmittag in der Schule verbracht und Papier marmoriert. Mrs. D. unzufrieden, sagte: Es ist kein Leben in diesen Kindern, und verglich sie mit Londonern, womit sie meinen eigenen Kommentar nach der langen Versammlung in Chavasses aufgriff. Kein Leben: Deshalb klammern sie sich an uns. Das ist meine Folgerung. Für unseren Rang in der Gesellschaft werden wir mit tödlicher Langeweile gestraft.«

Es gibt bedenkliche Hinweise in dieser Eintragung. Virginia hatte gerade *Zwischen den Akten* endgültig abgeschlossen und mir zu lesen gegeben. Ich sah jetzt sofort die bedenklichen Symptome und wurde wieder sehr unruhig. Nach dieser Tagebucheintragung vom 26. Februar folgen nur noch zwei weitere, bevor sie am 28. März in den Tod ging, eine vom 8. März und die letzte vom 24. März. Ich werde die Eintragung vom 8. März teilweise und die letzte Eintragung vom 24. März ganz zitieren, weil sie, wie ich finde, ihre Gemütsverfassung in jenen letzten Tagen sehr deutlich wiedergeben.

Sonntag, 8. März

»... Gestern abend habe ich L. meinen Komplex wegen der London Library analysiert. Der plötzliche Schrecken ist verschwunden; jetzt zehrt an mir, daß ich das H.-Hamilton-Lunch abgelehnt habe. Zum Ausgleich habe ich an Stephen und Tom geschrieben. Und ich werde an Ethel schreiben und mich selbst zum Übernachten einladen, und dann an Miss Sharp, die mir einen Strauß Veilchen verehrt hat. Dies, um die Bilder von Oxford Street und Piccadilly wettzumachen, die mich verfolgen. Himmel, ja, ich werde diese Stimmung überwinden. Es geht einfach darum, sich der Trägheit zu öffnen, mit offenen Augen präsent zu sein: die Dinge eins nach dem anderen auf sich zukommen zu lassen. Jetzt Schellfisch kochen.«

24. März

»Sie hatte eine Nase wie der Herzog von Wellington und große Pferdezähne und kalte, vorstehende Augen. Als wir eintraten, saß sie aufrecht auf einem dreieckigen Sessel, ein Strickzeug in der Hand. Ein Pfeil hielt ihren Kragen. Und bevor fünf Minuten um waren, hatte sie uns mitgeteilt, daß zwei ihrer Söhne im Krieg gefallen wären. Dies, spürte man, gereiche ihr zur Ehre. Sie unterrichtete Damenschneiderei. Alles in dem

Zimmer war rotbraun und glänzend. Ich saß da und versuchte ein paar Komplimente zu erfinden. Aber sie gingen in dem eisigen Meer zwischen uns unter. Und dann war nichts.

Eine seltsame Meeresküsten-Stimmung heute in der Luft. Sie erinnert mich daran, wie der Wind eine Osterparade festsetzte. Jeder lehnte sich dagegen, erstarrt und schweigend. Alles bewegungslos.

Diese zugige Ecke, und Nessa ist in Brighton, und ich stelle mir vor, wie es wäre, wenn wir Seelen durchdringen könnten.

Octavias Geschichte. Ob ich sie irgendwie packen könnte? Englische Jugend um 1900.

Zwei lange Briefe von Shena und O. Ich kann mich jetzt nicht damit befassen, habe mich aber über sie gefreut.

L. kümmert sich um die Rhododendren.«

Shena war Lady Simon of Wythenshawe. »Octavias Geschichte« bezieht sich auf einen vagen Plan von Virginia. Sooft Octavia uns besuchte, versuchte Virginia sie dazu zu bringen, daß sie »ihre Lebensgeschichte erzählte«, und sie hatte diese vage Idee, daraus vielleicht ein Buch zu machen. Aus dieser Eintragung geht also klar hervor, daß sie sogar vier Tage vor ihrem Tod noch daran dachte, ein neues Buch zu schreiben. Andererseits gibt es Anzeichen für eine tiefe Verstörtheit in diesen letzten Eintragungen. In meinem Tagebuch vom 18. März steht, daß es ihr nicht gutginge, und in der Woche darauf wurde ich immer unruhiger. Ich bin nicht sicher, ob sie nicht Anfang der Woche schon einmal ohne Erfolg versucht hat, sich umzubringen. Sie ging bei strömendem Regen in den Moorwiesen spazieren, und ich ging, wie ich es oft tat, ihr entgegen. Sie kam quer über die Wiesen zurück, klatschnaß, und sah krank und mitgenommen aus. Sie sagte, sie wäre ausgerutscht und in einen der Gräben gefallen. In dem Augenblick hatte ich noch keinen eindeutigen Verdacht, obwohl ich unwillkürlich eine verzweifelte Beklommenheit spürte. Am Freitag, dem 21. März, kam Octavia zum Tee, und ich sagte ihr, daß ich glaubte, Virginia sei sehr gefährdet. Montag, den 24. März, ging es ihr etwas besser, aber zwei Tage später wußte ich, daß die Situation sehr bedrohlich war. Tiefste Depressionen beherrschten Virginia, ihre Gedanken, die sie nicht kontrollieren konnte, rasten, sie hatte entsetzliche Angst vor dem Wahnsinn. Es war klar, daß sie jeden Augenblick versuchen konnte, sich zu töten. Ihre einzige Chance war, nachzugeben und sich einzugestehen, daß sie krank war. Aber das wollte sie nicht. Octavia kam ungefähr einmal in der Woche und brachte Milch und Sahne mit. Was Virginia anging, so waren das schlicht freundschaftliche Besuche, aber ich hatte Octavia gesagt, wie ernst Virginias Zustand meiner Meinung nach wurde, und so waren von uns aus gesehen ihre Besuche zum Teil Arztbesuche. Am Mittwoch, dem 26. März, war ich überzeugt, daß Virginias Geisteszustand ernster als jemals seit jenen schrecklichen Tagen im August 1913 war, die zu ihrem völligen Zusammenbruch und dem Selbstmordversuch geführt hatten. Wieder hatte ich diese furchtbare Entscheidung zu fällen. Es war unbedingt erforderlich, daß sie sich der Krankheit und der drastisch eingeschränkten Lebensweise überließ, die allein den Irrsinn abwenden konnte. Aber sie war am Rande der Verzweiflung, des Wahnsinns, des Selbstmords. Ich mußte sie drängen, der Katastrophe ins Auge zu sehen, damit sie die Qual der einzigen Methode zu ihrer Vermeidung akzeptierte, und dabei wußte ich, daß ein einziges falsches Wort, eine Andeutung von Druck, selbst eine Darstellung der

Wahrheit ausreichen konnte, sie über den Rand und in den Tod zu treiben. Die Erinnerung an 1913, wo der versuchte Freitod die direkte Folge eines Besuches bei Dr. Head gewesen war, verfolgte mich.

Und doch mußte man eine Entscheidung fällen und sich daran halten, auch wenn man das Risiko kannte – und was immer man entschied, es war ein entsetzliches Risiko. Ich schlug Virginia vor, daß sie Octavia aufsuchen und als Ärztin wie als Freundin konsultieren sollte. Sie war einverstanden, und am nächsten Tag fuhr ich sie nach Brighton. Sie hatte ein langes Gespräch allein mit Octavia, dann kam Octavia in das vordere Zimmer im Montpelier Crescent, und sie und ich besprachen, was zu tun war. Wir standen am Fenster und sprachen, plötzlich flog knapp über die Hausdächer ein deutscher Bomber, genau über unsere Köpfe weg, er folgte der Straßenzeile; er donnerte in Richtung Meer und unmittelbar darauf folgte das Krachen explodierender Bomben. Wir waren so von unserem Problem in Anspruch genommen und so ins Denken und Sprechen vertieft, daß wir Anblick und Geräusch in dem Augenblick gar nicht bewußt wahrnahmen, und erst als ich Brighton schon eine ganze Weile verlassen und auf dem Rückweg nach Lewes war, erinnerte ich mich plötzlich an das Bild des großen Flugzeugs direkt über unseren Köpfen und an das Krachen der Bomben.

Die Möglichkeit bestand, daß das Gespräch mit Octavia eine gewisse Wirkung auf Virginia gehabt hatte, und so beließen wir es dabei, daß sie uns in ein oder zwei Tagen in Rodmell besuchen würde. Wir glaubten, daß es im Moment zu gefährlich wäre, mehr zu tun. Wollte man nichts erzwingen, mußte man in diesem Moment das Risiko auf sich nehmen; denn wenn wir selbst versucht hätten, sie ständig zu überwachen, hätten wir es ihr unmöglich und unerträglich gemacht, sich selbst für eine ständige Überwachung durch ausgebildete Schwestern zu entscheiden. Der Entschluß war falsch und führte zur Katastrophe. Am nächsten Tag, Freitag, dem 28. März, war ich im Garten und glaubte, sie wäre im Haus. Aber als ich um ein Uhr zum Lunch hineinging, war sie nicht da. Auf dem Kaminsims fand ich folgenden Brief:*

---

* Später fand ich noch einen Brief auf dem Schreibblock in ihrem Arbeitszimmer. Gegen elf Uhr an diesem 28. März hatte ich in ihrem Schreibzimmer im Gartenhaus nach ihr gesehen, und fand sie, auf ihren Block schreibend, vor. Sie war dann mit mir ins Haus gegangen und hatte den Block in ihrem Zimmer zurückgelassen. Ich denke, sie muß den Brief, den sie auf dem Kaminsims für mich hinterließ (und einen Brief an Vanessa) gleich darauf im Haus geschrieben haben.

»Liebster,
Ich möchte Dir sagen, daß du mir vollkommenes Glück geschenkt hast. Niemand hätte mehr tun können, als Du getan hast. Bitte glaub mir das. Aber ich weiß, daß ich dieses nicht überwinden kann: Und ich vergeude Dein Leben. Niemand kann mich von dieser Überzeugung abbringen. Du kannst arbeiten, und es wird Dir ohne mich besser ergehen. Du siehst, daß ich nicht mal dies ordentlich schreiben kann, was beweist, daß ich recht habe. Alles, was ich sagen will, ist, bis diese Krankheit über mich kam, waren wir vollkommen glücklich. Und das ist nur Dir zu verdanken. Niemand hätte so gut sein können, wie Du vom ersten Tag an bis heute gewesen bist. Jeder weiß das.
V.

Rogers Briefe an Mauron findest Du in der Schreibtischschublade in der Hütte. Kannst Du bitte alle meine Papiere vernichten?«

Das folgende ist der Brief, den sie Vanessa schrieb:

»Liebes,
Du kannst Dir nicht vorstellen, wie ich mich über Deinen Brief gefreut habe.

»Liebster,
Ich fühle deutlich, daß ich wieder verrückt werde. Ich glaube, wir ertragen eine so schreckliche Zeit nicht noch einmal. Und diesmal werde ich nicht wieder gesund werden. Ich höre Stimmen und ich kann mich nicht konzentrieren. Also tue ich das, was mir das Beste zu sein scheint. Du hast mir das größtmögliche Glück geschenkt. Du bist mir alles gewesen, was jemand für einen Menschen sein kann. Ich glaube nicht, daß zwei Menschen glücklicher hätten sein können, bis diese schreckliche Krankheit kam. Ich kann nicht mehr kämpfen. Ich weiß, daß ich Dein Leben ruiniere, daß Du ohne mich arbeiten könntest. Und das wirst du auch, ich weiß es. Du siehst, nicht mal das hier kann ich ordentlich schreiben. Ich kann nicht lesen. Was ich sagen möchte, ist, daß ich alles Glück in meinem Leben Dir verdanke. Du bist geduldig mit mir gewesen und unglaublich gut. Das möchte ich sagen – jeder weiß es. Wenn jemand mich hätte retten können, wärest Du es gewesen. Alles andere hat mich verlassen, außer dem sicheren Wissen um Deine Güte. Ich kann Dein Leben nicht länger ruinieren.

Aber ich habe das Gefühl, daß ich diesmal zu weit gegangen bin, um wieder zurückzukommen. Ich bin jetzt sicher, daß ich wieder verrückt werde. Es ist genau wie beim ersten Mal; ich höre immer Stimmen, und ich weiß, daß ich diesmal nicht damit fertigwerden kann. Ich möchte nur sagen, daß Leonard so wunderbar gut gewesen ist, jeden Tag, immer. Ich kann mir nicht vorstellen, daß irgend jemand mehr für mich getan haben könnte als er. Wir sind vollkommen glücklich gewesen, bis vor ein paar Wochen, als dieses Grausen begann. Wirst Du ihn dessen versichern? Ich weiß, er hat soviel zu tun, daß er weitermachen wird, und zwar besser ohne mich, und Du wirst ihm beistehen.

Ich kann kaum noch klar denken. Wenn ich könnte, würde ich Dir sagen, was Du und die Kinder für mich bedeutet haben. Ich glaube, Du weißt es.

Ich habe dagegen angekämpft, aber jetzt kann ich nicht mehr.

Virginia.«

Ich glaube nicht, daß zwei Menschen glücklicher hätten sein können, als wir es waren.

V.«

Als ich sie nirgends in Haus oder Garten finden konnte, war ich mir sicher, daß sie zum Fluß hinuntergegangen war. Ich rannte über die Wiesen zum Fluß und sah fast sofort ihren Spazierstock am Ufer liegen. Ich suchte eine Weile und ging dann zum Haus zurück und benachrichtigte die Polizei. Es dauerte drei Wochen, bis ihre Leiche gefunden wurde, ein paar Kinder sahen sie im Fluß treiben. Die schaurige Aufgabe, sie zu identifizieren und die amtliche Untersuchung fanden am 18. und 19. April in der Leichenhalle von Newhaven statt. Virginia wurde am Montag, dem 21. April, in Brighton eingeäschert. Ich ging allein hin. Ich hatte einmal zu ihr gesagt, wenn man zu seiner Einäscherung Musik haben wollte, müßte es das B-Dur-Quartett Opus 130 von Beethoven sein. Bei Einäscherungen kommt der Moment, wo sich die Tür des Krematoriums öffnet und der Sarg langsam hineingleitet, und es gibt mitten in der Cavatine eine Passage, wo ein paar Takte lang die unglaublich schöne Musik in einer sanft voranschwingenden Bewegung zu zögern scheint – wenn die Stelle in dem Augenblick gespielt würde, könnte es so wirken, als würde der Tote sanft in die Ewigkeit des Vergessens geweht. Virginia stimmte mir zu. Ich hatte immer die leise Hoffnung, daß die Cavatine bei ihrer oder meiner Einäscherung gespielt werden könnte, so daß diese Takte mit dem Öffnen der Tür zusammenfielen und uns die Musik in die Ewigkeit des Vergessens wehte. Als ich die Vorkehrungen für Virginias Beerdigung traf, hätte ich das gern so arrangiert, aber ich brachte es nicht fertig, mich darum zu kümmern. Zum Teil lag das daran, daß es mir im Gespräch mit dem alten Dean oben im Dorf, den wir fast ein Vierteljahrhundert gekannt hatten und den ich bat, die Vorbereitungen zu treffen, unmöglich erschien, Beethovens Cavatine zu erörtern, und ebenso unmöglich, daß er die Musik besorgen könnte. Außerdem hatte das andauernde Grauen der vergangenen Wochen mich innerlich betäubt. Es war, als hätte man mich so geschunden und geschlagen, daß ich mir wie ein gehetztes Tier vorkam, das sich vor Erschöpfung nur noch instinktiv in seinen Bau schleppen kann. Bei der Einäscherung wurde dann (zu meiner Überraschung), der *Gesang seliger Geister* aus Glucks *Orpheus* gespielt. Der Sarg verschwand, als sich die Tür öffnete, und abends spielte ich die Cavatine.

Ich begrub Virginias Asche zu Füßen der großen Ulme am Rand des großen Rasenplatzes im Garten, der »The Croft« genannt wurde. Von hier hatte man einen ungehinderten Blick über die Felder und Sumpfwiesen. Dort standen zwei große Ulmen mit ineinander verflochtenen Zweigen, die wir immer Leonard und Virginia genannt hatten. Bei einem großen Sturm in der ersten Januarwoche 1943 wurde eine der Ulmen umgeweht.

Zeittafel

1878 26. März: Leslie Stephen und Julia Prinsep Duckworth heiraten.

1879 30. Mai: Geburt von Vanessa Stephen.

1880 8. September: Geburt von Julian Thoby Stephen.

25. November: Geburt von Leonard Woolf.

1882 25. Januar: Geburt von Adeline Virginia Stephen.

1883 27. Oktober: Geburt von Adrian Leslie Stephen.

1895 5. Mai: Julia Stephen stirbt.

Sommer: Virginia Stephen erleidet einen Nervenzusammenbruch.

1897 19. Juli: Stella Duckworth (Stiefschwester der Stephen-Kinder) stirbt.

1899 3. Oktober: Thoby Stephen und Leonard Woolf beziehen zusammen mit Lytton Strachey, Saxon Sydney-Turner und Clive Bell das Trinity College in Cambridge.

1901 8.–9. Juni: Vanessa und Virginia Stephen besuchen ihren Bruder in Cambridge und lernen Leonard Woolf kennen.

1904 22. Februar: Sir Leslie Stephen stirbt.

10. Mai: Virginia Stephen erleidet einen zweiten Nervenzusammenbruch.

17. November: Leonard Woolf zum Abendessen bei Vanessa und Virginia Stephen. Am nächsten Tag Abreise nach Ceylon.

1906 20. November: Thoby Stephen stirbt an Typhus.

1907 7. Februar: Vanessa Stephen und Clive Bell heiraten.

1908 4. Februar: Geburt von Julian Heward Bell.

1909 17. Februar: Lytton Strachey macht Virginia Stephen einen Heiratsantrag.

1910 19. August: Geburt von Claudian (Quentin) Bell.

1911 3. Juli: Leonard Woolf, aus Ceylon zurück, zum Abendessen bei den Bells. Begegnung mit Virginia.

16.–19. September: Leonard Woolf und Marjorie Strachey besuchen Virginia Stephen in ihrem Landhaus in Firle.

1912 11. Januar: Leonard Woolf macht Virginia Stephen einen Heiratsantrag.

2. Mai: Rücktritt Leonard Woolfs vom Kolonialministerium gebilligt.

29. Mai: Virginia Stephen willigt ein, Leonard Woolf zu heiraten.

10. August: Heirat von Virginia Stephen und Leonard Woolf.

1913 Februar: Leonard Woolfs Roman *Das Dorf im Dschungel* erscheint.

12. April: Gerald Duckworth nimmt *Die Fahrt hinaus* zur Veröffentlichung an.

Juli: Virginia Woolfs Krankheit kündigt sich an.

9. September: Virginia Woolf versucht sich das Leben zu nehmen.

1914 Oktober: Leonard Woolfs Roman *The Wise Virgins* erscheint.

1915 25. Januar: Die Woolfs beschließen, eine Handpresse zu kaufen und das Hogarth House zu mieten.

Februar/März: Virginia Woolf erleidet einen Rückfall.

26. März: *Die Fahrt hinaus* erscheint.

Juni: Virginia Woolfs Zustand bessert sich langsam.

1916 Januar: Virginia Woolf verhältnismäßig gesund.

1917 Juli: Erste Veröffentlichung der Hogarth Press.

10. Oktober: Gründung des 1917er Clubs.

1918 21. November: Virginia Woolf beendet *Nacht und Tag*, die Hogarth Press druckt *Im Botanischen Garten*.

25. Dezember: Geburt von Angelica Bell.

1919 1. Juli: Die Woolfs ersteigern Monks House für 700 Pfund.

20. Oktober: *Nacht und Tag* erscheint.

1920 September: Virginia Woolf arbeitet an *Jakobs Raum*.

1921 März: *Montag oder Dienstag* erscheint.

Juni/Juli: Virginia Woolf wird wieder krank.

August/September: Langsame Genesung.

1922 Januar–Oktober: Virginia Woolf von wechselnden Krankheiten geplagt.

27. Oktober: *Jakobs Raum* erscheint in der Hogarth Press.

14. Dezember: Erste Begegnung mit Vita Sackville-West.

1923 9. Januar: Katherine Mansfield stirbt.

Marz: Leonard Woolf übernimmt die Feuilletonredaktion von *The Nation*.

1924 Januar–März: Virginia Woolf mietet das Haus am Tavistock Square, Umzug von Hogarth House Mitte März.

4. Juli: Virginia Woolf besucht Vita Sackville-West in Knole.

Juli–Oktober: Virginia Woolf beendet *Mrs. Dalloway*.

30. Oktober: *Mr. Bennett und Mrs. Brown* erscheint.

1925 Januar: Virginia Woolf für zwei Wochen krank.

23. April: *Der gewöhnliche Leser* erscheint.

14. Mai: *Mrs. Dalloway* erscheint.

4. August: Heirat von John Maynard Keynes und Lydia Lopokova.

August–Oktober: Zusammenbruch Virginia Woolfs, der sie zwei Monate zur Ruhe zwingt.

1926 24. März: Leonard Woolf gibt seinen Posten bei *The Nation* auf.

1927 5. Mai: *Die Fahrt zum Leuchtturm* erscheint.

1928 26. März: Die Woolfs fahren nach Cassis.

24. September: Virginia Woolf und Vita Sackville-West reisen zusammen durch Frankreich.

11. Oktober: *Orlando* erscheint.

20. Oktober: Virginia Woolf hält in Cambridge vor den Frauencolleges zwei Vorträge, aus denen später *Ein Zimmer für sich allein* entsteht.

1929 Januar: Die Woolfs reisen nach Berlin, wo sie Harold Nicolson und Vita Sackville-West treffen.

Juni: Die Woolfs reisen erneut nach Cassis.

24. Oktober: *Ein Zimmer für sich allein* erscheint.

1930 Januar–Juli: Virginia Woolf schreibt an *Die Wellen;* rege gesellschaftliche Kontakte.

1931 Januar: Virginia Woolf lernt John Lehmann, den späteren Teilhaber der Hogarth Press kennen.

April: Die Woolfs reisen durch Frankreich.

Juli: Virginia Woolf sitzt Stephen Tomlin für eine Portraitbüste.

8. Oktober: *Die Wellen* erscheint.

1932 21. Januar: Lytton Strachey stirbt.

31. August: John Lehmann verläßt die Hogarth Press.

13. Oktober: *Der gewöhnliche Leser. Band 2* erscheint.

1933 Mai: Die Woolfs reisen über Frankreich nach Italien.

5. Oktober: *Flush* erscheint.

1934 9. September: Roger Fry stirbt.

25. Oktober: *Walter Sickert: a Conversation* erscheint.

1935 1. Mai: Die Woolfs reisen vier Wochen durch Europa.

1936 3. April: Virginia Woolf schickt den Rest ihres Manuskriptes *Die Jahre* an den Drucker; sie erleidet einen Kollaps, kann längere Zeit nicht arbeiten.

1937 15. März: *Die Jahre* erscheint.

18. Juli: Julian Bell stirbt im Spanischen Bürgerkrieg.

1938 1. März: John Lehmann übernimmt Virginia Woolfs Anteile an der Hogarth Press.

2. Juni: *Drei Guineen* erscheint.

1939   3. März: Virginia Woolf wird der Ehrendoktor der Universität Liver-
        pool angeboten; sie lehnt ab.

        2. Juli: Leonard Woolfs Mutter stirbt.

1940   2. März: *Roger Fry. A Biography* beendet; Virginia Woolf leidet unter
        Depressionen und ist mehrere Wochen krank.

        Juni: Adrian Stephen besorgt den Woolfs eine tödliche Dosis Mor-
        phium, für den Fall, daß Hitler in England einmarschiert.

        25. Juli: *Roger Fry. A Biography* erscheint.

        September: Hogarth House von einer Bombe getroffen, der Verlag
        wird nach Letchworth in Hertfordshire ausgelagert.

        7. November: Virginia Woolf wird als Mitglied der London Library
        vorgeschlagen, sie lehnt ab.

1941   26. Februar: Virginia Woolf beendet *Zwischen den Akten*, plant sofort
        ein neues Buch und leidet zusehends unter Depressionen.

        28. März: Virginia Woolf begeht Freitod.

1953   Leonard Woolf beginnt mit der Niederschrift seiner Autobiographie.

1960   *Sowing. An Autobiography of the Years 1880 to 1904*, Leonard Woolfs erster
        autobiographischer Band erscheint.

1961   *Growing. An Autobiography of the Years 1904 to 1911* von Leonard Woolf.

1964   *Beginning Again. An Autobiography of the Years 1911 to 1918* von Leonard
        Woolf.

1966   Premierminister Harold Wilson fragt bei Leonard Woolf an, ob er ihn
        zum Mitglied des »Order of the Companions of Honour« vorschlagen
        darf; Leonard Woolf lehnt höflich ab.

1967   *Downhill all the Way. An Autobiography of the Years 1919 to 1939* von Leo-
        nard Woolf.

1969   *The Journey Not the Arrival Matters. An Autobiography of the Years 1939 to
        1969* von Leonard Woolf.

        14. August: Leonard Woolf stirbt im Alter von neunundachtzig Jahren
        in Monks House.

Personenverzeichnis

blieb jedoch weiterhin mit Vanessa Bell verheiratet. Werke: *Kunst* (1914), *Peace at Once* (1915), *Ad Familiares* (1917) und *Pot-Boilers* (1918). S. 16 ff., 20 f., 32, 40, 134, 191, 202, 213, 218, 220, 222, 254, 270

BELL, Julian (1908–1937). Ältester Sohn von Vanessa und Clive Bell, Dichter, lehrte von 1935 bis 1937 an der *National University* in Wuhan. Im März 1937 ging er nach Spanien. Vanessa und seine Freunde versuchten, ihn davon abzubringen, er konnte ihre Zustimmung nur dadurch erhalten, daß er bei der nicht kämpfenden *Spanish Medical Aid* als Krankenwagenfahrer arbeitete. Am 18. Juli 1937 wurde er von einem Geschoß getroffen und starb am gleichen Abend im Krankenhaus. Sein Buch *Essays, Poems and Letters* wurde 1938 in der Hogarth Press veröffentlicht. S. 17, 270 f.

BELL, Quentin (*1910). Sohn von Vanessa und Clive Bell. Maler, Bildhauer, Professor für Kunstgeschichte und Verfasser mehrerer Studien und Monographien u. a. *Bloomsbury* (1968) und *Virginia Woolf – Eine Biographie* (1972). S. 17, 50

BELL, Vanessa, (Nessa), geb. Stephen (1879–1961). Virginias ältere Schwester und nach Leonard Woolf der wichtigste Mensch in ihrem Leben. Sie war Malerin, ihre Bilder sind jedoch weitgehend unbekannt geblieben. 1907 heiratete sie Clive Bell, lebte aber ab 1914 bis zu ihrem Tod mit Duncan Grant zusammen. S. 7, 16 ff., 20 ff., 29, 32, 36, 40, 42, 50 f., 53, 73 f., 97 f., 106, 114, 157, 175, 204, 218 f., 234, 245, 254, 257, 270, 274, 296, 301, 304 f.

BIRRELL, Francis (Frankie) Frederick Locker (1889–1935), besuchte Eton und das King's College in Cambridge. Mit David Garnett war er während des Krieges bei der Quaker Relief Unit in Frankreich, arbeitete dann auf der Newhouse Farm bei Firle und eröffnete 1919 die Secondhand Buchhandlung *Birell & Garnett,* zunächst in der Taviton Street und später in der Gerrard Street. Er schrieb regelmäßig für *The Nation* und für *Athenaeum,* deren Kulturteil von Leonard Woolf herausgegeben wurde. S. 15, 220

BRAILSFORD, Henry Noel (1873 bis 1958), einflußreicher Journalist und Sozialist, schloß sich der *Union of Democratic Control* an, die sich für Friedensverhandlungen und die Gründung einer internationalen Organisation zur Sicherung des Friedens einsetzte. S. 145, 245

1887 Fellow am King's College in Cambridge, lehrte dort von 1896 bis 1920 Politikwissenschaften. Während des Krieges setzte er sich für die Gründung der League of Nations ein und war einer der Herausgeber von *Proposals for the Prevention of Future Wars* (1917). S. 15, 138

DUCKWORTH, George Herbert (1868–1934), Virginias älterer Halbbruder, besuchte Eton und das Trinity College in Cambridge, war Sekretär im Amt für Denkmalschutz, wechselte während des Krieges zum Munitionsministerium. Nach dem Tod von Julia Stephen fühlte er sich verpflichtet, sich um die Erziehung der Stephen-Töchter zu kümmern. S. 105 f.

DUCKWORTH, Gerald de l'Etang (1870–1937), Virginias jüngerer Halbbruder. Nach Eton und Cambridge gründete er 1898 seinen eigenen Verlag. Virginias Romane *Die Fahrt hinaus* und *Nacht und Tag* sind bei Duckworth & Co. erschienen. S. 67, 71, 115, 194

ELIOT, Thomas Stearn (1888 bis 1965), Dichter. In Amerika geboren, wurde er in Harvard und Oxford erzogen, 1915 heiratete er Vivienne Haigh-Wood und arbeitete einige Zeit als Lehrer. Ab 1917 Redakteur bei *The Egoist*, im gleichen Jahr veröffentlichte er seinen ersten Gedichtband *Prufrock und weitere Wahrnehmungen*. Virginia begegnete ihm im November 1918 zum ersten Mal, sechs Monate später erschien bei Hogarth Press ein Band seiner Gedichte, danach *Das wüste Land* (1923) und seine Essays *Homage to John Dryden* (1924). S. 158 ff., 174, 191 f., 202 f., 215, 245 f., 251, 300

FORSTER, Edward Morgan (Morgan) (1879–1970), besuchte von 1897 bis 1902 das King's College in Cambridge. Er war Apostel, d. h. Mitglied der *Cambridge Conversazione Society*, einer Vereinigung, die 1820 ursprünglich als Geheimbund gegründet worden war. Die Mitglieder wurden sehr sorgfältig unter den begabtesten jungen Studenten von Cambridge ausgewählt, um die »intellektuell herausragenden Leute« (Bertrand Russell) von Cambridge an Teenachmittagen und auf Spaziergängen in die Gesellschaft einzuführen. Er gehörte zwar zu den intimen Freunden der Stephens in Bloomsbury, lebte aber meistens bei seiner Mutter auf Weybridge in Surrey. Er war viel durch Italien und Griechenland gereist und hatte von 1915 bis zum Ende des Krieges einen Posten beim Roten Kreuz in Alexandria. Virginia legte großen Wert auf sein Urteil über ihre Romane. S. 17 f., 159,

169, 191, 202, 215, 218, 239, 245, 247, 291 f.

FRY, Roger Eliot (1866–1934), Kunstkritiker und Maler, seine Familie gehörte über Generationen den Quäkern an. Er erhielt höchste Auszeichnungen in den Naturwissenschaften am King's College, wo er zu den Aposteln zählte (siehe E. M. Forster). Er gab die Naturwissenschaften auf, um sich der Kunst zu widmen und wurde in den Museen und Künstlerkreisen von England, Frankreich und Amerika sehr geachtet. 1896 heiratete er; seine Frau, die sehr krank war, wurde 1910 in eine Nervenheilanstalt gebracht. In diesem Jahr entwickelte sich die bisher oberflächliche Bekanntschaft mit Vanessa und Clive Bell zu einer guten Freundschaft, Vanessa und Clive unterstützten seine Versuche, die Postimpressionisten in England bekannt zu machen, mit großem Enthusiasmus. Er verliebte sich in Vanessa und sie sich für kurze Zeit auch in ihn, aus dieser Liebe wurde eine lebenslange Freundschaft. Ab 1926 lebte er mit Helen Anrep zusammen, sie und seine Schwester Marjorie überredeten Virginia, Roger Frys Biographie zu schreiben. S. 17 f., 20, 38, 40, 42, 88 f., 97, 102, 147, 152, 169, 175, 191, 202, 218, 220, 240, 244 f., 246, 270, 272 ff., 277, 279

GAIGE, Crosby (1882–1949), Amerikaner mit vielseitigen Interessen: Theater, Essen und Trinken, Bücherkunde und Buchherstellung. Seine privat produzierte Ausgabe von *Orlando* für 15 $ erschien im Oktober 1928 in New York, eine Woche vor der Hogarth Press Ausgabe. S. 225

GARNETT, David (Bunny) (1892 bis 1981). Während des Krieges war er für einige Zeit bei der Quaker Relief Unit in Frankreich, ab September 1916 lebte er mit Duncan Grant in Charleston. Da beide Pazifisten waren, arbeiteten sie während des Krieges auf der Newhouse Farm in Firle. 1919 eröffnete er mit Francis Birrell die Secondhand Buchhandlung *Birrell & Garnett* in der Taviton Street. Für sein erstes Buch *Meine Frau die Füchsin* erhielt er 1923 den Hawthornden Preis. S. 17, 220, 288

GARNETT, Edward (1868–1937), Vater von David Garnett, Schriftsteller und Lektor, empfahl Gerald Duckworth, *Die Fahrt hinaus* von Virginia Woolf zu veröffentlichen. S. 67, 194

GRANT, Duncan James Corrowr (1885–1978), Maler, einziges Kind von Major Bartle Grant, dem Bruder von Lady Strachey, Duncan Grant verbrachte den

KEYNES, John Maynard (1883 bis 1946), Volkswirtschaftler, Schüler in Eton und am King's College in Cambridge, Apostel (siehe E. M. Forster), Fellow des King's College als Lehrbeauftragter für Volkswirtschaft. 1911 zog er zu Adrian und Virginia in ihr Haus am Bedford Square 38, wo auch Duncan Grant und Leonard Woolf wohnten. 1915 wurde er in das Britische Schatzamt berufen; 1919 war er führender Sachverständiger des Britischen Schatzamtes auf der Friedenskonferenz in Paris, legte jedoch sein Amt unter Protest gegen die Reparationsforderungen an Deutschland nieder. Seine Streitschrift *Die wirtschaftlichen Folgen des Friedensvertrages* wurde im Dezember 1919 veröffentlicht. Im August 1925 heiratete er die russische Tänzerin Lydia Lopokova. S. 16 ff., 20, 34, 82, 103, 136, 138, 218 f., 244 f., 246

KEYNES, Geoffrey Langdon (1887 bis 1982), jüngerer Bruder von Maynard Keynes, Chirurg und Bücherfreund. S. 103

KOTELIANSKY, Samuel Solomonovitch (Kot) (1882–1955), Jude aus der Ukraine, Übersetzer und Förderer der russischen Literatur in England. Er kam mit einem Forschungsstipendium der Universität Kiew nach England, wo er bis zu seinem Tod blieb. Er gehörte zum Freundeskreis von Katherine Mansfield, die er sehr bewunderte, möglicherweise der Grund für seine Abneigung gegen Middleton Murry. S. 140, 166, 192, 201

LAMB, Walter (1882–1968), Zeitgenosse Lytton Stracheys in Cambridge, lehrte klassische Philologie an der Universität in Cambridge. S. 15, 21

LEHMANN, John Frederick (*1907), Bruder von Rosamond Lehmann, studierte in Eton und Cambridge, wo er Julian Bell kennenlernte. 1931 wurde er Assistent von Leonard Woolf bei der Hogarth Press, diese Zusammenarbeit erwies sich als nicht besonders erfolgreich, er verließ die Hogarth Press bereits 1932 wieder. 1938 kehrte er als Partner von Leonard Woolf zurück. Im gleichen Jahr startete die Hogarth Press eine neue Serie der literarischen Zeitschrift *New Writing,* die John Lehmann seit 1936 herausgab. S. 16, 282 f.

LEHMANN, Rosamond (1901–1990), Schriftstellerin, Schwester von John Lehmann. Als Tochter aus literarisch berühmtem Hause studierte sie nach dem Ersten Weltkrieg in Cambridge. Ihr erster Roman *Mädchen auf der Suche* erschien 1927. S. 247

LIPPMANN, Walter (1889–1974), 1923 bis 1937 Chefredakteur der *New York World,* danach Mitarbeiter u. a. der *New York Herald Tribune.* Seine politischen Kommentare unter dem Titel *Today and Tomorrow* wurden von über 250 Zeitungen gedruckt. S. 116

LLOYD GEORGE, David, Earl Lloyd George of Dwyfor (1863–1945), Premierminister von 1916 bis 1922, verdrängte mit seinem offensiven Auftreten 1916 Asquith vom Posten des Regierungschefs. S. 133, 135

LOPOKOVA, Lydia (1891–1981), russische Tänzerin, heiratete Maynard Keynes im August 1925. Sie besuchte London 1918, 1919 und 1921 mit dem Diaghilev Ballett. Maynard Keynes verliebte sich in sie und überredete sie, mit ihm und seinen Freunden am Gordon Square zu leben. S. 82, 220 f.

LYND, Robert Wilson (1879–1949), Journalist und Essayist, ständiger Mitarbeiter des *New Statesman* und der *Daily News.* S. 90 f.

MACARTHUR, Mary (1880–1921), gründete die *Women's Trade Union League*. Sie setzte sich besonders für die Verbesserung der Arbeitsbedingungen für Frauen ein. S. 145

MACAULAY, (Emilie) Rose (1881 bis 1958), Schriftstellerin und Kulturkritikerin. Für ihren elften Roman *Gefährliche Jahre* erhielt sie 1922 den *Femina-Vie Heureuse Prix*. S. 91 f., 279, 287 f.

MACCARTHY, (Charles Otto) Desmond (1877–1952), Literaturkritiker und Lektor, Hochschulabsolvent des Trinity College in Cambridge, Apostel (siehe E. M. Forster). Er kannte die Familie Stephen lange vor Leslies Tod. 1906 war Virginia auf seiner Hochzeit mit Mary (Molly) Josefa Warre-Cornish, die wie sie eine angeheiratete Nichte von Aunt Anny – Lady Anne Thackeray Ritchie (Schwester von Leslie Stephens erster Frau) war. 1920 wurde er Herausgeber des Literarischen Teils des *New Statesman* und begann eine wöchentliche Kolumne mit dem Titel *Books in General* unter dem Pseudonym Affable Hawk. Eine Sammlung seiner Artikel ist unter dem Titel *Remnants* 1918 veröffentlicht worden. S. 16 f., 171, 181 f.

MACCARTHY, Mary (Molly) Josefa, geborene Warre-Cornish (1882 bis 1953), heiratete Desmond MacCarthy 1909. Wie Virginia war sie eine angeheiratete Nichte von Lady Anne Thackeray Ritchie (Aunt Anny). 1924 veröffentlichte sie *A Nineteen-Century Child-*

hood, eine Sammlung von Artikeln, die in *The Nation* und *Athenaeum* erschienen waren. S. 17

MacDonald, James Ramsay (1866–1937), Mitbegründer der Labour Party und 1924 bis 1935 Premierminister des ersten Labourkabinetts. S. 145 f.

McTaggert, John (1866–1925), Philosoph in Cambridge, Freund Roger Frys. S. 15

Mansfield, Katherine (1888 bis 1923), als Kathleen Mansfield Beauchamps, Tochter eines englischen Bankiers, in Wellington, New Zealand geboren, siedelte 1908 endgültig nach London um, weil sie ihre Heimat als zu provinziell empfand. Dort begann ein unstetes Leben, das mit einer unglücklichen Heirat sein Ende fand. 1918 heiratete sie nach ihrer Scheidung John Middleton Murry, mit dem sie seit 1912 zusammenlebte. Unheilbar an Tuberkulose erkrankt, suchte sie 1922 in Frankreich Hilfe, wo sie 1923 in der Nähe von Fontainebleau starb. Sie lernte die Woolfs vermutlich Ende 1916 kennen. *Prelude* war die zweite Veröffentlichung der Hogarth Press. S. 138 ff., 153 ff., 158 f., 166, 191 f.

Moore, George Edward (1875 bis 1958), Apostel (siehe E. M. Forster), studierte am Trinity College in Cambridge, wo er später Professor für Philosophie wurde. Sein bedeutendstes Werk, *Principia Ethica,* erschien 1903. S. 16, 36, 219

Morrell, Lady Ottoline, Violet Ann, geborene Cavendish-Bentinck, (1873–1938), Gönnerin und Förderin der Künste, heiratete 1902 Philip Morrell. 1915 bis 1927 lebten sie in Garsington Manor in Oxfordshire, wo sie Pazifisten, Schriftstellern und Künstlern Obdach gewährten. S. 38 f., 72, 132 ff., 214

Morrell, Philip Edward (1870 bis 1943), Abgeordneter der Liberalen von 1906 bis 1918, heiratete 1902 Lady Ottoline Violet Anne Cavendish-Bentinck. Ihr Besitz Garsington Manor in der Nähe von Oxford wurde während des Krieges Zufluchtsort für viele Kriegsdienstverweigerer. S. 38, 132 ff., 214

Murry, John Middleton (1889–1957), Literaturkritiker, Herausgeber und Autor, heiratete Katherine Mansfield 1918. Er war der führende Stern am Himmel der Literaturkritiker, die Virginia Woolf als »literarische Unterwelt« bezeichnete. 1918 wurde er Lektor bei *Athenaeum,* im gleichen Jahr veröffentlichte die

bridge, arbeitete als Kriegsdienstverweigerer auf Philip Morrells
Farm. S. 134

SICKERT, Walter Richard (1860 bis
1942), bedeutender und exzentrischer Maler. Er hatte bei Whistler
studiert und kannte einige französische Impressionisten. Ab 1905
lebte er in London, er war mit
Vanessa und Clive Bell eng
befreundet. S. 221

SMITH, Logan Pearsall (1865–1946),
in Philadelphia geboren, besuchte
Eton und das King's College in
Cambridge. 1918 schrieb Virginia
eine Rezension zu Trivia von
Logan Pearsall Smith. S. 159, 168,
191, 214

SMYTH, Dame Ethel (1858–1944),
Komponistin, Autorin und Femi-
nistin. Sie war die Tochter eines
Generals, hatte in Leipzig Musik
studiert und versuchte energisch,
ihre Kompositionen publik zu
machen. Mit der gleichen Vehe-
menz setzte sie sich für die Rechte
der Frauen ein, insbesondere für
das Wahlrecht. Nachdem sie Ein
Zimmer für sich allein gelesen hatte,
wollte sie Virginia unbedingt kennenlernen, was ihr 1930 auch
gelang. Danach zählte sie trotz
ihres Alters und ihrer Taubheit zu
ihren ergebensten, forderndsten,
unwiderstehlichsten und intim-
sten Freunden. Sie veröffentlichte

mehrere Bände mit Remineszen-
zen – As Time Went On (1936) ist
Virginia gewidmet –, wobei sie
Virginia häufiger um schriftstel-
lerischen Rat bat. S. 300

SQUIRE, Sir John Collings (Jack)
(1884–1958), Poet und Gelehrter,
Herausgeber des Kulturteils des
New Statesman von 1913–1919 und
aktives Mitglied der Fabian Society
(siehe Sydney Webb). S. 90, 92

STEPHEN, Adrian Leslie (1883 bis
1948), jüngerer Bruder Virginias,
mit dem sie nach Vanessas Heirat
1907 nicht sehr harmonisch am
Fitzroy Square 29 und später bis
zu ihrer eigenen Heirat in 1911 am
Brunswick Square 38 zusammenlebte. Er besuchte von 1902 bis
1905 das Trinity College in Cambridge und studierte anschließend
Jura. Jedoch blieb er ohne Beruf
oder Berufung, bis er 1914 Karin
Costelloe heiratete, sie studier-
ten zusammen Medizin, um später Psychoanalytiker zu werden.
S. 17 f., 31, 33 f., 40, 42, 53, 218,
220, 233 f., 248

STEPHEN, Julia (1846–1895), geborene Jackson, war die jüngste der
Schwestern Pattle, die wegen
ihrer außerordentlichen Schönheit berühmt waren. 1870, nach
dem Tod ihres ersten Ehemanns
Herbert Duckworth widmete sie
sich der Armen- und Kranken-

pflege. Zu ihren Patienten gehörte auch Leslie Stephen, der unter dem Tod seiner ersten Frau Harriet Marion Stephen litt. Nach langem Zögern heiratete sie ihn am 26. März 1878 und wurde Mutter von Thoby, Vanessa, Virginia und Adrian Stephen. Sie hatte die Schönheit der Pattles geerbt, und Leslie erschien sie wegen ihres Liebreizes und ihrer Güte wie eine Heilige. Nicht jeder teilte diese Ansicht, Virginias Portrait ihrer Mutter in *Die Fahrt zum Leuchtturm* läßt ihren Charakter wesentlich menschlicher erscheinen. S. 56, 296

STEPHEN, Karin Elisabeth Conn, geborene Costelloe (1889–1953), Studienabschluß mit Auszeichnung am Newnham College in Cambridge, wo sie von 1914 bis 1915 ein Forschungsstipendium erhielt. 1914 heiratete sie Adrian Stephen und studierte mit ihm Medizin. Sie war die Nichte von Logan Pearsall Smith und von Alys Russell (Ehefrau von Bertrand Russell). Ihre Schwester Rachel heiratete Oliver Strachey. S. 17, 220, 233, 248

STEPHEN, Leslie (1832–1904), Virginias Vater, besuchte als Externer Eton und später Trinity Hall in Cambridge. Als Fellow von Trinity Hall wurde Leslie 1856 Geistlicher, obwohl er nicht gläubig

war. 1859, nach dem Tod seines Vaters, ließ er die Sicherheit von Cambridge hinter sich und ging nach London, wo er sich bald als literarischer Journalist und Verteidiger der Ideen der Nordstaaten einen Namen machte. 1882 begann er, am *Dictionary of National Biography* zu arbeiten, als dessen Herausgeber er in die Geschichte einging. Er heiratete 1867 Harriet Marian Thackeray (Minny), die 1875 vor der Geburt ihres zweiten Kindes starb. Ihre Schwester Ann Isabella Thackeray führte ihm zunächst bis zu ihrer eigenen Eheschließung den Haushalt. Leslie Stephen verliebte sich ein zweites Mal und heiratete schließlich am 26. März 1878 Julia Duckworth, geborene Jackson. S. 7, 53, 73 f., 169, 236, 285, 296

STEPHEN, Thoby (1880–1906), ältester Bruder Virginias. Er besuchte das Trinity College in Cambridge, wo seine Freundschaft mit Leonard Woolf, Lytton Strachey, Saxon Sydney-Turner, Clive Bell, Desmond MacCarthy und Maynard Keynes begann. Diese Freunde besuchten Thoby und seine Geschwister nach dem Tod von Leslie Stephen häufig am Gordon Square 46, wo die Anfänge des späteren Bloomsbury Circle zu suchen sind. Thoby starb 1906 nach einer Griechen-

land-Reise, die er mit seinen
Geschwistern unternommen hatte, in London an Typhus. S. 7, 21,
29, 274, 288

STRACHEY, (Giles) Lytton (1880 bis
1932), Kritiker und Biograph,
Zeitgenosse und Freund von
Thoby Stephen und Leonard
Woolf, Apostel (siehe E. M. Forster), Student am Trinity College
in Cambridge. Nach Thobys Tod
gehörte er zu den engen Freunden
Virginias. Wenn ihre Freunde
über einen möglichen Mann für
Virginia sprachen, fiel sein Name
am häufigsten. »Dabei sollte man
meinen, daß er überhaupt nicht in
Frage gekommen wäre, und das
aus zwei Gründen: er war a) ein
unmöglicher Charakter, und b)
der Oberarschficker von Bloomsbury« (Quentin Bell). 1909 hatte
er kurz ins Auge gefaßt, Virginia
zu heiraten, aber sie lehnte seinen
Antrag ab. Vanessa hätte ihn gern
zum Schwager gehabt, meinte
aber· »Ich sehe keinen anderen
Weg, wie es dazu kommen könnte,
als den, daß er sich in Adrian verliebte – und Adrian würde ihm
wahrscheinlich einen Korb geben.« 1917 zog er mit Dora Carrington nach The Mills House in
Tidmarsh, wo später auch Ralph
Partridge wohnte, der seinerseits
Dora Carrington heiratete. S. 7,
15 ff., 29, 42, 114, 134, 138, 145 f.,
175, 177, 194 ff., 198, 209, 215,

218, 234, 269 f.

STRACHEY, Marjorie Colville
(Gumbo) (1882–1964), jüngste
von Lyttons fünf Schwestern,
Lehrerin und Schriftstellerin.
S. 29, 42, 221

STRACHEY, Oliver (1874–1960),
älterer Bruder von Lytton Strachey, studierte in Eton und Balliol
College, jedoch ohne Abschluß.
Er arbeitete in Indien, studierte
Musik und war 1915 Dechiffrierer
im Außenministerium. 1911 wurde Rachel Conn Costelloe, die
ältere Schwester von Karin Stephen, seine zweite Frau. S. 145 f.,
221

STRACHEY, Pernel (1876–1951),
vierte von Lytton Stracheys fünf
Schwestern, war von 1923 bis
1924 Direktorin am Newnham
College in Cambridge. S. 298

STRACHEY, Philippa (Pippa) (1872
bis 1968), dritte von Lytton Stracheys fünf Geschwistern. Sie
setzte sich unauffällig, aber uner-
müdlich für die konstitutionelle
Frauenbewegung ein, 1907 orga-
nisierte sie für die London Society
of Women's Suffrage die erste
Demonstration für das Frauen-
stimmrecht. S. 29, 175

STRACHEY, Richard (Dick) (1902–
1976), Schriftsteller, Sohn von

Lytton Stracheys Bruder Ralph. S. 234

SYDNEY-TURNER, Saxon (1880 bis 1962), Apostel (siehe E. M. Forster), Zeitgenosse und guter Freund von Thoby Stephen, Lytton Strachey und Leonard Woolf am Trinity College in Cambridge, wo er sein Studium der klassischen Literatur mit Auszeichnung abschloß. Nach dem College ging er in den Staatsdienst und blieb bis zu seiner Pensionierung im Finanzministerium. Er war ein großer Bewunderer der Oper, insbesondere Wagners; 1909 begleiteten ihn Adrian und Virginia zu den Bayreuther Festspielen. Er liebte jede Art von Denksport-Aufgaben; über viele Jahre lebte er in einer Zwei-Zimmer-Wohnung in der Great Ormond Street, wo zu beiden Seiten des Kamins im Wohnzimmer je eine immense Abbildung der gleichen Bauernhofszene hing. S. 7, 16 ff., 33, 218

THACKERAY, Anne Isabella (Aunt Anny) (1837–1919), widmete ihr Leben ihrer jüngeren Schwester Minny und führte nach deren Tod den Haushalt der Stephens, bis sie sich in ihren siebzehn Jahre jüngeren Vetter und Patensohn Richmond Ritchie verliebte und ihn heiratete. Leslie Stephen, dessen Motive möglicherweise nicht ganz

uneigennützig waren, lehnte die Heirat ab. S. 51 ff.

THOMSON, Marjorie (1900–1931), arbeitete von Januar 1923 bis Februar 1925 bei der Hogarth Press. S. 210 f., 240

TREVELYAN, Robert Calverley (Bob) (1872–1951), besuchte das Trinity College in Cambridge, Apostel (siehe E. M. Forster), Dichter, lebte in den neunziger Jahren mit Roger Fry in einem Haus. S. 36, 38

WEAVER, Harriet Shaw (1876 bis 1961), Herausgeberin und fast ausschließlicher Financier der Monatszeitschrift *The Egoist*, hatte unter großen Schwierigkeiten (durch den Drucker, der meinte, der Text falle unter das Gesetz zur Veröffentlichung unzüchtiger Schriften) James Joyces *Stephen der Held – Portrait des Künstlers als junger Mann* zunächst in Fortsetzungen und später in Buchform veröffentlicht. S. 164 f.

WEBB, Beatrice, geborene Potter (1858–1943) verheiratet mit:

WEBB, Sydney (1859–1947), Sozialreformer und Mitbegründer der Fabian Society (siehe George Bernard Shaw). Außerdem gründeten sie zusammen die London

School of Economics und die
Wochenzeitschrift *New Statesman*.
S. 75 ff., 83 ff., 90 ff., 115, 153

WILBERFORCE, Dr. Octavia Mary,
Urenkelin von William Wilberforce, lebte mit Elizabeth Robins
in einem Haus in Brighton.
S. 295 ff., 301 ff.

WILBERFORCE, William (1759 bis
1833), Abgeordneter im Unterhaus, gehörte zur Clapham Sekte,
einem Kreis würdiger alter Männer, die mit brennendem Eifer für
die Bekehrung der Heiden und die
Abschaffung der Sklaverei kämpf-
ten. Seine Schwester Sarah
wurde die zweite Frau von Virgi-

nia Woolfs Urgroßvater James
Stephen. S. 295 f.

YEATS, William Butler (1865 bis
1939), Dichter protestantisch-iri-
scher Herkunft. Angeregt durch
altirische Vorbilder und die kelti-
sche Mythologie, die traditionellen englischen Dichter wie Shakespeare, Morris und Blake und die
französischen Symbolisten schuf
Yeats eine national-irische, my-
thisch-mystische, oft symbolisti-
sche Dichtung. S. 138

ZUCKERMAN, Solly (*1904), Zoolo-
gin, 1932 erschien ihr Buch *The
Social Life of Monkeys and Apes*.
S. 233 f.

Nachweise

Das Gedicht *The Hippopotamus* und den Auszug aus dem Gedicht *Sweeney unter den Nachtigallen* (S. 160, 161) von T. S. Eliot entnahmen wir aus: T. S. Eliot, *Gesammelte Gedichte 1909–1966*. Herausgegeben und mit einem Nachwort von Eva Hesse. Suhrkamp Verlag, Frankfurt am Main 1972. *Das Hippopotamus* übersetzte Hedda Soellner; Hans Hennecke den Auszug aus *Sweeney unter den Nachtigallen*.

Friederike Groth besorgte die Übersetzung des Briefes von T. S. Eliot an Virginia Woolf.

Lebensläufe
Spiegel des 20. Jahrhunderts

Günter de Bruyn
Zwischenbilanz
Eine Jugend in Berlin
Fischer

Elisabeth Erdmann-Macke
**Erinnerung an
August Macke**
Fischer

Ludwig Harig
**Weh dem, der aus
der Reihe tanzt**
Roman
Fischer

Mile Braach
Rückblende
Erinnerungen einer
Neunzigjährigen
Band 12111

Günter de Bruyn
Zwischenbilanz
Eine Jugend
in Berlin
Band 12112

Pablo Casals
*Licht und Schatten
auf einem langen
Weg*
Erinnerungen
Band 12113

Edmonde
Charles-Roux
Coco Chanel
Ein Leben
Band 12114

Eve Curie
Madame Curie
Eine Biographie
Band 12115

Elisabeth
Erdmann-Macke
*Erinnerung an
August Macke*
Band 12116

Ralph Giordano
Die Bertinis
Roman
Band 12117

Agnes-Marie
Grisebach
*Eine Frau
Jahrgang 13*
Roman einer
unfreiwilligen
Emanzipation
Band 12118

Ludwig Harig
*Weh dem, der aus
der Reihe tanzt*
Roman
Band 12119

Hayden Herrera
Frida Kahlo
Malerin der
Schmerzen
Rebellin gegen das
Unabänderliche
Band 12120

Fischer Taschenbuch Verlag

fi 7000 / 1 a

Lebensläufe

Spiegel des 20. Jahrhunderts

Thomas Mann
Über mich selbst
Fischer

Arthur Miller
Zeitkurven
Ein Leben
Fischer

Leonard Woolf
**Mein Leben mit
Virginia**
Fischer

Fischer Taschenbuch Verlag

Virginia Woolf
Gesammelte Werke
Herausgegeben von Klaus Reichert

»Um eine neue Bahn einzuschlagen, muß ein Romanautor nicht nur große Gaben besitzen, sondern auch eine große Unabhängigkeit des Geistes. Virginia Woolfs Stil ist von erstaunlicher Schönheit. Ihre Art zu beobachten setzt eine unermeßliche und angespannte Arbeit voraus. Sie erleuchtet nicht nur durch plötzliche Blitze, sondern verbreitet ein ruhiges und sanftes Licht.« T.S.Eliot

Zur Ausgabe

Virginia Woolf ist vielleicht die bedeutendste, gewiß ist sie die fruchtbarste Schriftstellerin dieses Jahrhunderts gewesen. Sie hat die Form des Romans von Grund auf erneuert, und ohne sie und James Joyce hätte die Entwicklung des Romans einen anderen Verlauf genommen. Sie hat die in England hochentwickelte Form des Essays auf neue, ungeahnte Höhen geführt, und sie hat mit ihrem großen Tagebuch ein Dokument der *condition humaine* geschaffen, das nur mit den großen Beispielen der Gattung – Pepys, John Evelyn, Saint-Simon – zu vergleichen ist. Nicht zuletzt ist Virginia Woolf eine der ersten Autorinnen, die sich konsequent um Geschichte und Zukunft weiblichen Schreibens in unserer Gesellschaft gekümmert haben. Durch diesen Aspekt ihres Werkes wurde sie zur zentralen, nicht unumstrittenen Figur der internationalen Frauenbewegung. Bisher war nur ein kleiner Teil des Werkes Virginia Woolfs zugänglich: die Romane bis auf einen, die kurze Erzählprosa etwa zu einem Drittel, von den über tausend Essays rund eine Handvoll, ein paar autobiographische Texte, nichts von dem ebenfalls opulenten Briefwerk. Mit der geplanten Ausgabe soll das Werk der Autorin in angemessener Vollständigkeit vor dem deutschen Publikum ausgebreitet werden.

Editionsplan

Virginia Woolf
Gesammelte Werke

bereits erschienen

Das Mal an der Wand. Gesammelte Kurzprosa
Die Fahrt hinaus. Roman
Zum Leuchtturm. Roman
Orlando. Eine Biographie
Die Wellen. Roman
Zwischen den Akten. Roman
Flush. Eine Biographie
Tagebücher. Band 1 (1915–1919)
Tagebücher. Band 2 (1920–1924)

in Vorbereitung

Nacht und Tag. Roman
Jakobs Zimmer. Roman
Mrs. Dalloway. Roman
Die Jahre. Roman

Tagebücher 1915–1941 in fünf Bänden
Briefe 1888–1941 in drei Bänden
Gesammelte Essays in vier Bänden
Roger Fry. Biographie

Neben der Edition der *Gesammelten Werke*
erscheinen einige ausgewählte Titel als
englische Broschur und werden zu einem
späteren Zeitpunkt in die Ausgabe integriert:

bereits erschienen

Der gewöhnliche Leser. Band 1
Essays
Der gewöhnliche Leser. Band 2
Essays
Frauen und Literatur
Essays

in Vorbereitung

Tagebuch einer Schriftstellerin
Ein eigenes Zimmer
Drei Guineen

S. Fischer

»Eine meisterliche Biographie von jener
intuitiv-einfühlsamen Art, wie Virginia Woolf
sie selbst schätzte.«
(The Times Higher Education Supplement)

Virginia Woolf
Das Leben einer Schriftstellerin
Beschrieben von Lyndall Gordon
420 Seiten und 8-seitigem Bildteil mit 10 Abb., Leinen

Lyndall Gordons Biographie versteht sich als Ergänzung zu
Quentin Bells – er war der Neffe von Virginia Woolf – auf Fakten
konzentrierte Lebensbeschreibung. Gordon differenziert sehr
genau zwischen dem inneren und dem äußeren Leben Virginia
Woolfs: Während das äußere öffentliche Leben durch die Funk-
tion als Leitfigur des Bloomsbury-Kreises gekennzeichnet war,
zeigen ihre Tagebücher, Briefe und Memoiren, daß private Ereignisse ihr Werk formten – die Kindheitserinnerungen, die Todes-
fälle in der Familie, die endgültig ihre Jugend besiegelten und
ihre Gefühle für das Vergangene schärften, die ungewöhnliche
Erziehung durch den exzentrischen Vater, die Bindung an ihre
Schwester, die heftige Gefährdung durch den Wahnsinn, ihre
phantasievolle und inspirierende Ehe und, wichtiger vielleicht als
alles andere, ihre Hingeneigtheit zum Tod.

S. Fischer

fi 599 / 2

Virginia Woolf

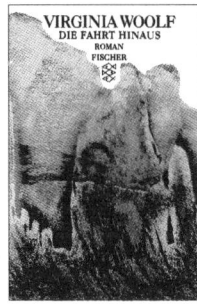  

Fischer Taschenbuch Verlag

Jochen Schimmang
Die Geistesgegenwart

Roman
216 Seiten. Fadenheftung. Schön gebunden
ISBN 3-627-10056-5

Ein Bild ist gestohlen worden in Jochen Schimmangs neuem Roman *Die Geistesgegenwart* und mit dem Bild verschwunden ist die vereinbarte Lösegeldsumme und ihr Überbringer. Mit der »sanften Halstarrigkeit«, die Schimmangs Figuren nachgesagt werden, übernimmt der Detektiv Kleff den Auftrag, Magrittes »Geistesgegenwart«, das Geld und den Überbringer wiederzubeschaffen. Die Spur führt Kleff von Köln über Brüssel bis nach Buenos Aires, bei seinen Nachforschungen erhält er großartige Einblicke in das Gewerbe des internationalen Kunstdiebstahls.

»Die aus allen Texten Schimmangs wohlvertraute Melancholie drapiert sich hier mit einer sprachlichen Leichtigkeit, der überall der Schalk durchs Gewand schaut. Das fünfte Buch des Autors lotet nicht nur auf vergnügliche Art Tiefen und Untiefen eines wohlfeilen Genres aus, sondern wird durchaus der Forderung des Altmeisters Raymond Chandler gerecht, wonach ›eine Detektivgeschichte… (auch) als Roman auf eigenen Füßen zu stehen‹ habe. Wir dürfen also gespannt sein.«

Heribert Hoven, Süddeutsche Zeitung

Frankfurter Verlagsanstalt